高等院校
市场营销
新形态
系列教材

市场营销学

理论、案例与实训

靳洪 刘翠 / **主编**

李唯 姚官丽 王任军 / **副主编**

MARKETING MANAGEMENT

人民邮电出版社

北 京

图书在版编目（CIP）数据

市场营销学 : 理论、案例与实训 / 靳洪，刘翠主编
. -- 北京 : 人民邮电出版社，2023.8
高等院校市场营销新形态系列教材
ISBN 978-7-115-61771-2

Ⅰ. ①市… Ⅱ. ①靳… ②刘… Ⅲ. ①市场营销学－
高等学校－教材 Ⅳ. ①F713.50

中国国家版本馆CIP数据核字(2023)第084497号

内 容 提 要

本书根据市场营销的学科特点，主要介绍以下内容：市场营销概述、市场营销环境、市场调研与预测、购买行为分析、目标市场营销战略、产品策略、价格策略、分销渠道策略、促销策略、市场营销管理、市场营销新发展。本书注重基本理论活化、实践应用深化、时代案例强化，着力体现应用型人才培养的特点及要求。

本书提供教学课件、教学大纲、试题库、模拟试卷等资源，用书教师可登录人邮教育社区（www.ryjiaoyu.com）在本书页面中下载。

本书既可作为普通本科院校经济管理类专业相关课程的教材，也可作为职业院校经济管理类专业相关课程的教材，还可作为社会相关人士的自学用书。

◆ 主　编　靳　洪　刘　翠
　　副主编　李　唯　姚官丽　王任军
　　责任编辑　刘向荣
　　责任印制　李　东　胡　南

◆ 人民邮电出版社出版发行　　北京市丰台区成寿寺路 11 号
　　邮编　100164　　电子邮件　315@ptpress.com.cn
　　网址　https://www.ptpress.com.cn
　　固安县铭成印刷有限公司印刷

◆ 开本：787×1092　1/16
　　印张：12.5　　　　　　　　　　2023 年 8 月第 1 版
　　字数：318 千字　　　　　　　　2025 年 9 月河北第 5 次印刷

定价：49.80 元

读者服务热线：(010)81055256　印装质量热线：(010)81055316
反盗版热线：(010)81055315

前　言

党的二十大报告指出，培养造就大批德才兼备的高素质人才，是国家和民族长远发展大计。为更好地满足新时代我国社会经济发展需要和各地区产业转型升级需要，培养具有"视野全球化、知识系统化、技能专业化"特点的创新型、复合型、应用型市场营销人才，编者编写了本书。

本书共 11 章。

第 1 章"市场营销概述"，介绍市场营销的相关概念、营销观念、市场营销学的产生与发展等。

第 2 章"市场营销环境"，介绍宏观营销环境、微观营销环境、市场营销环境分析等。

第 3 章"市场调研与预测"，介绍市场调研、市场预测等。

第 4 章"购买行为分析"，介绍消费者市场购买行为、组织市场购买行为等。

第 5 章"目标市场营销战略"，介绍市场细分、目标市场选择、市场定位、市场营销组合策略等。

第 6 章"产品策略"，介绍产品与品牌、产品生命周期理论、产品组合策略、新产品开发策略等。

第 7 章"价格策略"，介绍影响产品价格的因素、产品定价方法、产品定价策略、产品价格调整等。

第 8 章"分销渠道策略"，介绍分销渠道及其结构、批发商和零售商、分销渠道的设计与管理等。

第 9 章"促销策略"，介绍促销与促销组合、人员推销、商业广告、营业推广、公共关系等。

第 10 章"市场营销管理"，介绍市场营销组织、市场营销控制、市场营销审计等。

第 11 章"市场营销新发展"，介绍全球营销、绿色营销、网络营销、新媒体营销、数字化营销等。

为了让读者更好地掌握市场营销的相关知识，本书以"读得懂、学得会、能使用"为编写目标，采用基本理论活化、实践应用深化、时代案例强化等方式由浅入深地介绍了上述 11 章内容。本书的特色具体如下。

（1）基本理论活化

本书保留了市场营销的基本理论框架，吸收了市场营销领域的新成果；同时，在对市场营销基本知识进行阐述时，力求清晰与简化，部分知识点旁提供相关视频的二维码，通过扫码观看视频讲解，可增强读者学习市场营销基本理论的兴趣。

（2）实践应用深化

本书遵循应用型人才的培养要求，强化了市场营销的基本原理和方法的应用，通过书中实训演练，帮助读者从实际出发，学习、认识和掌握相关理论，培养读者分析问题、解决问题的实践能力。

（3）时代案例强化

本书提供大量具有时代性的案例，通过真实的案例，加深读者对市场营销原理的感性认识，使理论与实践深度融合，从而增强了本书的可读性。

编者建议读者按照 48 学时的进度学习。学习本书的具体进度分配：第 1 章"市场营销概述"，4 学时；第 2 章"市场营销环境"，4 学时；第 3 章"市场调研与预测"，4 学时；第 4 章"购买行为分析"，5 学时；第 5 章"目标市场营销战略"，5 学时；第 6 章"产品策略"，5 学时；第 7 章"价格策略"，5 学时；第 8 章"分销渠道策略"，4 学时；第 9 章"促销策略"，5 学时；第 10 章"市场营销管理"，2 学时；第 11 章"市场营销新发展"，5 学时。

本书由湖北经济学院、湖北经济学院法商学院等单位，组织长期从事市场营销专业教学的教师、省级市场营销一流课程团队成员、省级市场营销优秀基层教学组织成员共同编写。本书由湖北经济学院靳洪、湖北经济学院法商学院刘翠任主编，湖北经济学院法商学院李唯、姚官丽、王任军任副主编。具体分工如下：第 1 章、第 4 章、第 8 章由靳洪编写，第 2 章、第 3 章由姚官丽编写，第 5 章～第 7 章由李唯编写，第 9 章、第 11 章由刘翠编写，第 10 章由刘翠、王任军编写。靳洪、刘翠为本书的编写做了大量组织工作，书稿完成后，靳洪对全书进行了统稿。本书的编写还得到了湖北经济学院法商学院彭珂、李旭的大力支持，编者在此给予由衷的感谢。

市场营销是一门实践性较强的应用学科，研究的问题会随着时代发展而不断地更新，加之编者水平有限，书中难免存在表达欠妥之处，因此，编者由衷希望广大读者朋友和专家学者能够拨冗提出宝贵的修改建议，修改建议可直接反馈至编者的电子邮箱：hong.jin@hbue.edu.cn。

编　者

2023 年春于武汉藏龙岛

目 录

第1章 市场营销概述

市场营销学是一门研究营销活动及其规律的应用科学。研究企业的市场营销活动并为其营销管理服务，是市场营销学的基本立足点。准确把握市场营销学的相关核心概念，全面理解市场营销的内涵，重视营销、成功营销是企业增强核心竞争力的关键。作为一种指导思想和经营理念，营销观念支配着企业营销管理实践的各个方面。一个企业营销管理水平的高低，往往取决于其营销观念正确与否。正确的营销观念是企业营销活动取得成功的前提。本章主要介绍市场营销学中的基础概念，营销观念的含义、特点、影响因素及营销观念的两次变革，市场营销学的产生与发展、研究对象与方法。

【学习目标】

1. 了解市场营销学中的相关基础概念。
2. 掌握市场营销的概念。
3. 了解营销观念的特点，掌握营销观念的发展过程及各阶段营销观念的主要内容。
4. 掌握市场营销学不断完善的过程及市场营销学的研究对象与方法。

【开篇引例】

飞鹤乳业的营销实践

飞鹤乳业是我国最早生产婴幼儿奶粉的企业之一，自确立"更适合中国宝宝体质"的战略定位以后，它就成了中国奶粉行业的龙头企业。飞鹤乳业所取得的出色成绩主要得益于其本土化的营销策略和出色的品牌形象。飞鹤乳业从产品、价格、渠道、促销4个方面实行自上而下的改革，实现了高端品牌形象的树立。

飞鹤乳业在北纬47°黄金奶源区打造"农牧工"三位一体的产业集群，采用先进的湿法工艺最大限度地保留了生牛乳的营养成分和新鲜度。飞鹤乳业致力于对高端细分产品领域的开拓，其高端化产品包括婴幼儿配方奶粉、A2奶粉、有机奶粉、儿童奶粉、羊奶粉等系列；为配合高端品牌形象，飞鹤乳业更换了所有产品的包装，调整产品设计，以满足消费者的个性化需求。在价格策略上，飞鹤乳业利用消费者"便宜无好货，价高质必优"的心理，采取声望定价策略，制定高于同类产品的价格。在布局渠道时，飞鹤乳业考虑到了消费者的购买习惯，选择入驻以"熟人"模式经营的母婴店，实现了快速的市场渗透。在促销策略上，飞鹤乳业邀请知名演员担任形象代言人，在分众传媒投入了大量资金投放广告，一时间，写字楼、电梯间、电影院、公交站台等地方都出现了飞鹤奶粉的身影，这极大地提高了品牌知名度。

思考：有人认为市场营销就是推销或销售，请结合飞鹤乳业的营销实践，谈谈你对"市场营销"的理解。

1.1　市场与市场营销

1.1.1　市场及其相关概念

市场营销概述　第 1 章

市场营销在一般意义上可以理解为与市场有关的人类活动。对企业来说，市场营销是企业的基本职能之一，而且企业的一切营销活动都是在特定的市场环境中发生的，并从方方面面受到市场因素的影响和制约。因此，研究市场营销，首先要了解市场及其相关概念。

1. 需要、欲望和需求

（1）需要

需要是指未得到满足的感觉状态，如对衣食住行、安全、归属和情感、知识和自我表达的个体需要等。需要是人类本能的基本组成部分，它是一种人类与生俱来的感受，存在于人们自身的生理和社会环境中，并非由营销活动创造，营销活动只可能唤起、激发或者强化人的原始需要，但不可能创造出新的需要。

拓展视频
需要、欲望和需求

（2）欲望

欲望是指想得到某种能满足基本需要的具体产品的愿望，是个人受不同社会及文化环境影响所表现出来的对基本需要的特定追求。如为了满足"解渴"的需要，人们可能选择纯净水、茶、汽水、果汁或者其他解渴之物，因此就形成了对这些产品的欲望。

（3）需求

需求是指有现实或潜在支付能力的欲望。简单来说，顾客对某一产品产生需求，代表着他对该产品既有购买欲望，也具备一定的现实或潜在支付能力。

营销活动不可能创造需要，但可能唤起、激发或强化需要，使之成为欲望，进而变成企业市场营销中可计算或可衡量的需求。

2. 价值和顾客满意

（1）价值

价值是指顾客感知价值。所谓顾客感知价值，可用公式表示为：

$$顾客感知价值 = 顾客购买总价值 - 顾客购买总成本$$

顾客购买总价值是指顾客购买某一产品所期望获得的一系列利益，顾客购买总成本是指顾客为购买某一产品所耗费的时间、精神、体力，以及所支付的货币资金等成本之和。

拓展视频
价值和顾客满意

顾客在购买产品时，总是希望获得较高的购买总价值，同时付出较低的购买总成本，以便获得更多的感知价值，因此顾客在面对企业的营销活动时，总是会选择那些价值更高、购买成本更低的产品。顾客感知价值的存在是营销活动得以顺利开展的基本前提。

（2）顾客满意

顾客满意是指顾客将产品与满足其需要的绩效和期望进行比较所形成的感觉状态。顾客是否满意，取决于其购买后实际感受到的绩效与事先期望之间的差异：绩效低于期望，顾客会不满意；绩效与期望相当，顾客会基本满意；绩效高于期望，顾客会十分满意。

顾客满意是营销活动获得持续性的基本前提，为了实现顾客满意，既要使顾客在消费活动中获得更多的绩效，也不能过分抬高顾客对相关产品的期望，否则期望越大，失望越大。

3. 交换与市场

（1）交换

交换是指人们从他人处取得所需之物，而以其自身拥有之物作为回报的行为。人们为了获得满足需求或欲望之物，会采用多种方式。广义的交换包括自己生产、强取豪夺、乞讨和等价交换等方式。市场营销学中的交换是狭义的交换，是一种自愿、平等、等价、双赢的交换。

（2）市场

在日常生活中，人们习惯将市场看作商品买卖的场所，如集市、超市、商场等。这是一个时空概念，也是有关市场的最为古老和朴素的概念之一。经济学家用"市场"一词来泛指交易某类产品的买方与卖方的集合，如汽车市场、钢材市场、蔬菜市场等。但是，市场营销者认为卖方组成行业，买方组成市场。也就是说，市场是指消费者群体。"市场营销学之父"菲利普·科特勒（Philip Kotler）指出："市场由一切具有特定欲望和需求并且愿意和能够以交换来满足这些需求的潜在顾客组成。"

因此，市场包括 3 个主要因素，即人口、购买力和购买欲望，可用公式表示为：

$$市场 = 人口 + 购买力 + 购买欲望$$

只有具备这 3 个要素的市场才是一个现实有效的市场。人口是市场的首要因素，有人才有消费，才有对消费品的需求，进而有对工业用品的需求。中国是一个拥有 14.12 亿人口的大国，世界知名企业纷纷大举进入中国市场，正是看中了中国人口众多、消费潜力大的国情。

购买力和购买欲望也是市场的必备因素。购买力指人们购买产品的货币支付能力。购买欲望是人们购买产品的动机、愿望和要求，它是潜在购买需求转变为现实购买行为的重要条件。

〰〰〰【案例 1-1】〰〰〰〰〰〰〰〰〰〰〰〰〰〰〰〰〰〰〰〰〰

高端眼镜市场潜力巨大

全球市场研究公司分析，目前价格超过 1 000 美元的极高端眼镜在全球范围内的增长率约为 3%，到 2025 年，奢侈品眼镜市场的收入预计将超过 520 亿美元。在这一巨大的机会下，不少奢侈品品牌在眼镜这一品类上展开行动：开云眼镜与蔻依（Chloé）宣布成为合作伙伴，法国奢侈品品牌巴尔曼（Balmain）与瑞士眼镜品牌阿科尼（Akoni）合作推出最新眼镜系列，奢侈旅行箱品牌日默瓦（RIMOWA）正式推出眼镜系列。

林德伯格（LINDBERG）全球首席商务官、亚太区执行总裁表示：中国市场是十分重要的高端眼镜市场。该品牌在中国市场增速领先的同时，消费者还呈年轻化趋势，该品牌在中国市场的消费者平均年龄要比其他国家消费者的平均年龄小 10 岁。2021 年前 4 个月，中国市场已经成为林德伯格全球最大市场之一。目前，林德伯格已经陆续在上海和成都开设品牌直营专卖店。与此同时，林德伯格在中国 45 个城市还有 300 多个经销商。接下来，林德伯格会考虑在北京、深圳、广州、杭州等地开设品牌专卖店。

〰〰〰〰〰〰〰〰〰〰〰〰〰〰〰〰〰〰〰〰〰〰〰〰〰〰〰〰〰〰

1.1.2 市场营销的概念

美国市场营销协会（American Marketing Association，AMA）于 2004 年给市场营销下的定

义为：市场营销是一种组织职能，是为了组织自身利益及相关者的利益，而创造、沟通与传送价值给顾客，以及经营顾客关系的一系列过程。

菲利普·科特勒认为，市场营销是个人和集体通过创造并同他人交换产品和价值以满足需求和欲望的一种社会和管理过程。依据这一定义，市场营销是为了满足消费者的需要，其核心工作是达成交易，而达成交易的手段则是开展综合性的营销活动。对于市场营销定义的理解应把握以下几点。

①营销是一种创造性行为。有些营销工作者把响应营销与创造营销区分开来，认为响应营销是寻找并满足已存在的顾客需求，创造营销是发现和满足顾客并没有提出但他们会热烈响应的需求。

【案例1-2】

创造需求

电子阅读器在被发明之前，人们是没有捧着电子阅读器阅读的需求的，这听起来也与纸质阅读的习惯大相径庭。但是电子阅读器面世后，人们被其优异的阅读表现"刷新"了认知，就再也没有理由拒绝这款产品了，所以你经常能在地铁、咖啡馆碰到捧着电子阅读器阅读的人。

"饿了么"外卖平台在被投放市场之前，人们是没有线上浏览附近商家进行外卖点餐的需求的，就算有需求，消费者自己也没有意识到。但"饿了么"这样做了，经过广泛的推广，人们点外卖的习惯逐渐被培养起来，"商家＋外卖平台＋用户"的生态也随之形成，消费者形成了一种新的需求，并在这个过程中创造了巨大的消费价值。

正如苹果公司创始人乔布斯所说，消费者并不知道自己需要什么，直到我们拿出自己的产品，消费者才会发现这就是他们想要的东西。

②营销是一种自愿的交换行为。交换是出自人的需要而产生的自觉的行为，也是营销活动的基础。

③营销是一种满足人们需要的行为。人们的各类需要和欲望是营销活动的出发点，在这里，人们的各种需要指的是他们没有得到满足的感受状态，营销的目的就是满足人们的需要。

④营销是一种管理过程。营销是分析、计划、执行和控制的管理过程。具体来说，营销一是研究市场，即研究顾客的需求和需求量，从而做出经营什么、经营多少等决策；二是开展整合营销活动，即通过生产和经营适销对路的产品，选择适当的分销网络，以适当的价格并应用适当的传播手段在满足顾客需要的同时获取利益。

⑤营销是企业参与社会的一种方式。营销工作者在制定营销策略时必须权衡三方面的利益，即企业利润、顾客需要和社会利益，只有权衡好三者利益的企业才能长久地获得营销成功。

1.1.3　市场营销与企业职能

市场营销的主要应用领域是企业的相关活动。在下一节中我们将会看到，市场营销学的产生与发展与企业在不同时期所面临的问题及其解决方案是紧密联系在一起的。

根据市场营销的定义，企业的经营活动必须围绕市场展开，其营销活动主要包括以下内容。

①认识社会需要什么，包括社会现在和将来需要什么，并通过市场分析发现市场机会。

②根据社会分工的需要、自己的专业特长来选择为之服务的目标市场，使自己有能力在特定的范围内满足顾客的需要。

③利用一整套的经营计划和手段来满足这些需求，以实现企业的经营目标。

市场营销是企业工作的核心。企业生存的前提条件是销售产品，企业从产品的销售中获取赖以生存、发展的利润。企业必须实现由过去的偏重生产管理向重视市场营销的转变，将市场营销作为企业首要的核心职能，制定明确的市场营销战略。

1.2　营销观念

一个企业的市场营销水平如何，往往取决于营销观念正确与否。正确的营销观念是企业营销活动取得成功的前提，而不正确的营销观念则在营销活动开始之前就埋下了失败的种子。随着企业内外部环境的变化，历史上各阶段企业营销活动所秉持的观念在不断地演进，营销观念的重心也随之不断地转移，从最开始的以企业为中心，演变为以消费者为中心，近年来更是将营销活动的重心置于企业、消费者和社会利益三者之上。

1.2.1　营销观念概述

1. 营销观念的含义与特点

（1）营销观念的含义

营销观念，又称营销理念、营销哲学，是一种观念、态度或思维方式，是企业开展营销活动及进行营销活动管理的基本指导思想。任何企业的营销活动都是在特定的指导思想或观念指导下进行的，确立正确的营销观念，对企业经营成败具有决定性意义。

（2）营销观念的特点

①企业的营销观念是企业营销活动的根本指导思想，是企业开拓创新经营的前提。观念是先导，有什么样的营销观念，就有什么样的营销思路，有什么样的营销思路，就有什么样的营销策略。企业的营销战略和策略的制定，建立在企业决策者对市场运行规律的领悟、对营销环境的客观认识和分析的基础之上，是他们思维的体现。

②企业的营销观念是不断发展变化的。随着经济的发展和社会的进步，企业所处的市场环境不断发生变化，企业的营销活动和实践也不断变化，作为企业营销活动的指导思想的营销观念必然也不断变革、发展。企业的营销观念自产生至今已经经历了 5 个发展阶段，后面两小节将会详细分析其发展变化过程。

2. 影响营销观念变化的因素

自 19 世纪末 20 世纪初市场营销学形成至今，企业所处的市场环境不断发生着变化，市场的压力迫使企业通过改变自身的经营策略来摆脱困境，于是各种富有创意的企业经营实践不断产生，营销观念也随之不断发展、变化。影响营销观念变化的因素有如下 4 个。

（1）生产力的发展水平

生产力发展水平的变化是影响企业营销观念形成与发展最为重要的因素。二十世纪二三十年代，以"生产过剩"为特征的经济危机开始出现，市场表现为供过于求的买方市场，企业之间竞争加剧。

（2）政策法律和舆论的引导

企业在一定的社会环境下进行生产经营活动，必然会受到政府及公众的影响，也就是说，政府的政策法律及一些公众的舆论在一定程度上影响着企业的营销观念。例如，20世纪70年代，西方资本主义国家出现能源短缺、通货膨胀、失业增加、环境污染严重、消费者保护运动盛行等问题。在这样的背景下，众多企业开始审视自身的社会角色，并承担起相应的社会责任，社会市场营销观念开始被人们普遍接受。

（3）企业家及企业家的个人素质

企业的经营观念及营销观念与企业家有着直接的联系，因为企业家及企业家群体往往在企业经营中处于绝对优势地位，他们往往决定着一个企业的营销战略及策略的制定。因此，一个企业采取什么样的营销观念与企业家的个人素质有着很大的关系，企业家的个人素质和思想影响着企业对营销观念的选取。

（4）企业不同的发展阶段

随着企业发展规模和实力的变化，企业为了适应这种变化往往会对自己的经营方式进行调整，这就会涉及营销观念的变化与调整。

1.2.2 营销观念的第一次变革

企业营销观念伴随着时代的发展也在不停地演变，典型的营销观念可分为生产观念、产品观念、推销观念、市场营销观念和社会市场营销观念。前三个观念通常被称为旧观念，是以企业为中心的营销观念；后两个观念是新观念，分别以消费者为导向和以社会整体利益为导向。后两个新观念的出现，对企业营销活动来说具有深远影响，我们称之为营销观念史上的两次变革。

1. 以企业为中心的营销观念

以企业为中心的营销观念，是以企业利益为根本取向和最高目标来处理营销问题的观念。它包括生产观念、产品观念和推销观念。

（1）生产观念

①生产观念的内涵。生产观念是指导销售者行为的最古老的观念之一。企业经营哲学不是从消费者需求出发，而是从企业生产出发。其主要表现是"我生产什么，就卖什么"。生产观念认为，消费者喜欢那些可以随处买得到而且价格低廉的产品，企业应致力于提高生产效率和分销效率，扩大生产，降低成本以拓展市场。

②生产观念的局限性。生产观念是一种重生产、轻市场营销的商业哲学，不考虑消费者的需求。例如，"美国汽车大王"亨利·福特（Henry Ford）在20世纪初期曾倾全力于汽车的大规模生产，努力降低成本，使消费者买得起汽车，借以提高福特汽车的市场占有率。亨利·福特曾傲慢地宣称："不管消费者需要什么颜色的汽车，我只有一种黑色的。"

生产观念假定了消费者的购买兴趣点在于物美价廉。这种经营导向的存在基础一是产品供不应求，二是生产成本太高且可以降低成本。如果现实的市场状况与此不符，它就不再是一种合理的经营观念。

凤凰自行车的兴与衰

我国改革开放初期，很多企业，如自行车生产企业奉行的就是生产观念。20世纪后半叶，我国堪称自行车王国，普通老百姓的主要交通工具就是自行车。当时国产自行车有永久、飞鸽、金鹿等诸多品牌。其中，最为出众的是凤凰自行车。成就凤凰自行车的时间是20世纪90年代之前。1962年直至1986年，自行车行凭票供应产品。1962年至1963年，一辆凤凰自行车的标价高达650元，即使到了20世纪80年代末，一辆凤凰自行车的价格还仍然维持在近300元。在市场需求的驱动下，凤凰自行车厂不断提高产量，由1958年的年产15.6万辆迅速增加至1990年的年产354万辆，1992年的年产量继续攀升至483万辆，到1993年，凤凰自行车的年生产量突破500万辆大关，达到523万辆。但是，自从进入20世纪90年代，凤凰自行车开始走下坡路。消费者开始更加注重自行车的时尚性和运动性，而凤凰自行车在转型上不够及时，同时，随着电动自行车的迅速崛起，凤凰自行车的销量大幅下滑。

（2）产品观念

①产品观念的内涵。产品观念也是一种较早的企业经营观念，产生于产品供不应求的"卖方市场"形势下。产品观念认为，消费者喜欢高质量、多功能和具有某种特色的产品，因此企业应以产品为中心，提高产品质量，改善产品性能，只要产品质量好，消费者必然会找上门来，企业不需要大力推销。

②产品观念的局限性。产品观念也可以理解为"酒香不怕巷子深"，只要产品好，不愁没有销路。"只要你有更好的捕鼠器，你的门前就会踩出一条平坦大道。"在这种观念的指导下，许多企业经营者往往迷恋自己的产品而对市场的变化缺乏敏感性，导致"营销近视症"，只看见自己的产品质量好，看不见市场在变化，结果把自己引入困境。

"国民床单"走红网络

某日，网友带图发了一条微博，抱怨自己的耳机坏了。意外的是，不少网友发现图中的床单是如此熟悉，"我家也有"，很多人表示现在还在用同款床单，该条微博因此得到大量转发……这条床单也意外走红，被封为"国民床单"。"国民床单"其实是一条老式普通印花床单，基底为浅水红色，上面印有牡丹图案，从20世纪80年代开始风靡市场，时至今日，很多居民家中的这款床单用了接近30年仍然完好。只是这样的产品逐渐淡出了消费者的视野，只在少数渠道还有商家在售，官方正品的价格大概为一条200元。

伴随着"国民床单"的走红，一大批"国民"产品也重回大众视野——"国民水壶""国民脸盆""国民自行车"。这些产品除了饱含复古气息之外，最大的共同点就是质量过硬、经久耐用。然而，当前市面上畅销的很多同类产品在品质上甚至大不如"国民"产品，为什么质量如此出色的产品会慢慢被其他产品淘汰呢？主要原因在于，这些商家将经营的重点放在了提升产品的品质上，而忽略了市场环境的改变。如今消费者购买床单之类的产品时，除了看重产品的品质，也不会忽视产品的美观、个性化以及品牌等因素。可见，质量再好的产品，一旦不能充分满足消费者的需求，最终也只能被淘汰。

（3）推销观念

①推销观念的内涵。推销观念产生于从卖方市场向买方市场过渡的时期。推销观念认为，

消费者通常表现出一种购买惰性或抗衡心理，如果任其自由选择，消费者一般不会足量购买某一企业的产品，因此，企业必须积极推销和大力促销，以刺激消费者大量购买本企业的产品。推销观念也曾经是西方许多企业奉行的市场营销管理的指导思想。

②推销观念的局限性。推销观念仍然是一种"企业中心论"的经营指导思想。推销观念只是重视推销现有产品，只顾千方百计地把产品推销出去，对于消费者是否满意、是否对产品真的有需求则没有给予足够的重视。在这种观念的指导下，企业更为重视和强调的是所谓的推销技巧、促销力度等，认为营销活动成功与否取决于营销者在这方面的水平高低。因此，营销者精心设计各种针对消费者的接待和推销工作，目的就是要抓住消费者，让其购买本企业的产品。

推销观念在现代市场经济条件下被大量用于推销那些非渴求物品，如保险、保健品等。许多企业在产能过剩时，也常常奉行推销观念。随着我国市场经济的不断发展，市场竞争越来越激烈，消费者越来越成熟，推销观念将日益失去效用，甚至会导致企业走入营销的死胡同。

2. 以消费者为中心的观念——市场营销观念

（1）市场营销观念出现的背景

20世纪中叶，市场营销学从概念到内容都发生了深刻的变化。现代科技的进步促进了生产力的高度发展，社会产品数量剧增、花色品种日新月异。垄断资本的竞争加剧，销售矛盾更为尖锐。这时，传统的市场营销观念已经不能适应新形势，需要进行重大变革。

许多市场营销学者经过潜心研究，提出了一系列新的观念。其中之一就是将"潜在需求"纳入市场概念，即把过去的"市场是卖方与买方之间的产品或劳务交换场所"的旧观念，发展成为"市场是卖方帮助买方实现其现实的和潜在的需求的场所"。这就要求企业将传统的"生产—市场"关系颠倒过来，即将市场由生产过程的终点置于生产过程的起点。

由此，出现了一种全新的"市场营销观念"，这一新观念导致市场营销学的基本指导思想发生了重大变化，西方称之为市场营销学的第一次变革。

（2）市场营销观念的内涵

市场营销观念的基本思想是以满足消费者需求为企业经营活动的出发点，即"消费者需要什么，就生产什么"。

市场营销观念认为，实现组织诸目标的关键在于认清目标市场的需要和欲望，并且比竞争对手更有效地生产目标市场所期望的产品。

（3）市场营销观念的意义

在市场营销观念的指导思想下，"顾客至上""顾客永远是正确的""爱你的顾客而非产品""顾客才是企业的真正主人"等说法成为许多企业家的口号和座右铭。

市场营销观念的出现是企业经营思想史上的一次真正变革。市场营销观念要求企业在营销活动中以消费者需求为中心，即以市场为中心，市场需要什么、企业就生产、销售什么，这是一种按需生产经营的"市场中心论"。

企业通过向消费者提供各种服务和保证，力求比竞争对手更有效、更充分地满足消费者的一切需求，以此来获取消费者的信任和企业自身的长远利益。在这里，市场成为生产经营的逻辑起点和自然终点，营销活动从识别市场需求开始，到满足市场需求完成一个循环。

海底捞的核心价值观：以消费者为中心

说到火锅，人们大多会想到海底捞。与其他火锅店相比，海底捞的菜品、口味并没有太多优势，但它却能在众多的火锅品牌中独树一帜，很大一个原因在于其贴心的服务。网络上更是有很多消费者分享其在海底捞的亲身经历，直言在海底捞切实享受到了非常好的待遇。

网友 1 人类已经无法"阻止"海底捞了。周六去吃火锅，朋友不小心把丝袜刮坏了，她饭后还要去玩，正郁闷得不得了，结果结账时服务员居然递上了 3 双全新的丝袜，我们一下就怔住了，接着那位服务员微笑着对我们说："所有海底捞门店常年都备有丝袜和棉袜，以便随时给袜子刮坏或弄脏了的客人更换。"

网友 2 有一次我参加完上海音乐节后去吃海底捞，服务员知道我去看了某演唱组合的表演后，就用蜡烛和花瓣在地上摆出了该组合的名称字样。当时我特别感动！

网友 3 上次去商场里别的店吃饭，结果走错了走到了海底捞，当时尴尬得不行，结果服务员热情地询问我是不是去隔壁烤肉店，然后把我送到烤肉店门口。

网友 4 一次我手上打着石膏去海底捞，店长亲自给我端来一碗鱼头汤，服务员们还站成一排鞠躬祝我早日康复。

类似的经历数不胜数，在微博上搜索关键词"海底捞"，便可感受到广大网友对海底捞服务的满意程度。可以说，以消费者为中心这一营销哲学在海底捞可谓贯彻得深入骨髓。

1.2.3 营销观念的第二次变革

1. 社会市场营销观念的兴起

20 世纪 70 年代，西方发达国家出现了能源短缺、环境污染、消费者保护运动盛行以及可持续发展思潮汹涌等变化。人们对市场营销观念提出了许多批评，认为市场营销观念存在忽视协调消费者个人需要与社会长远利益的矛盾，从而造成了大量资源浪费和环境污染等社会弊端。

在这样的背景下，一些学者提出了一些新的观念来修正和代替单纯的市场营销观念。菲利普·科特勒则认为，可代之以"社会市场营销观念"。社会市场营销观念的出现首次将社会整体利益、消费者需求和企业利益同时纳入营销活动的重心，被称作营销观念的第二次变革。

2. 社会市场营销观念的内涵

所谓社会市场营销观念（简称社会营销观念），就是营销企业不仅要满足消费者的需要和欲望，并由此获得利润，而且要符合消费者自身和整个社会的长远利益。企业应该以维护和促进全社会的利益与发展为最高目标，不仅要满足消费者的需求，还要考虑社会的整体利益和长远利益，即将消费者需求、社会利益和企业利润统一起来。

社会营销观念要求企业管理者在做经济决策时，要综合考虑消费者的需求与利益、企业利益与社会利益、眼前利益与长远利益、个体利益与整体利益，在这样的基础上确定最佳营销计划。

为了地球，麦当劳不"管"了

近年来，减少塑料和一次性餐具的使用，是餐饮界一直密切关注的话题，而麦当劳也在其提出的"因为热爱，尽善而行"全新品牌理念之下，履行着绿色环保的社会责任，鼓励人们用热爱创造更多可能，用善意带来更多美好，助力其品牌发展之路。2020 年，麦当劳全国餐厅陆续停用塑料吸管，在北京、上海、广州、深圳率先推出自带饮嘴的"无吸管"杯盖，并特意在哔哩哔哩视频网站上传"为了地球，我不'管'了"系列动画短片，翻拍大家耳熟能详的《无间道》和《新白娘子传奇》，颇具趣味性。近年来，麦当劳积极行动，减少业务对环境的影响，并且不断回报社会。2020 年，麦当劳全年减塑约 400 吨，能源与环境设计先锋（Leadership in Energy and Environmental Design，LEED）认证绿色餐厅超过 400 家，第二家"麦当劳叔叔之家"在上海启用，为更多远程就医的贫困患儿家庭提供免费住宿。

自社会营销观念产生以后，众多企业开始反思其传统营销活动，认识到企业的营销活动应担负起一定的社会责任。在此基础上，一系列新的营销观念不断出现，如绿色营销、整合营销、文化营销、知识营销等。在 21 世纪，人们又对营销进行了更高层面的思考。具有前瞻性的企业提出，社会、企业、员工的协调与企业持续发展成为其追求的目标，一切产品或服务的营销要符合社会伦理道德，在资源消耗加速的情况下，企业要以环保为己任。相信在未来，这样的营销观念会成为企业营销观念的主流。

1.3　市场营销学的产生与发展

市场营销学源于美国。随着市场经济的发展，市场营销学发生了根本的变化，从传统市场营销学演变为现代市场营销学。如今，市场营销学已成为建立在经济科学、行为科学、现代管理理论基础上的应用学科。

1.3.1　市场营销学的起源

1. 萌芽时期（19 世纪末—20 世纪 20 年代）

人们一般将 19 世纪末至 20 世纪 20 年代称为市场营销学的萌芽时期。在此期间，美国学者先后发表和出版了一些论著，分别论述产品分销、推销、广告、定价、产品设计和实体分配等专题。到 20 世纪初，一些学者如阿奇•W. 肖 (Arch W.Shaw)、爱德华•D. 琼斯 (Edward D.Jones)、拉尔夫•斯塔尔•巴特勒 (Ralph Starr Butler)、詹姆斯•E. 哈格蒂 (James E.Hagerty) 等，将上述内容综合起来形成了市场营销学科。1910 年，巴特勒的《市场营销方法》正式出版，首先将市场营销（Marketing）作为学科名称。1912 年，第一本以分销和广告为主要内容的市场营销学教材在美国哈佛大学问世。

这一时期的市场营销学内容仅局限于流通领域及产品销售，主要研究有关推销术、分销及广告等方面的问题，真正的市场营销观念尚未形成。

2. 形成时期（20 世纪 20 年代—20 世纪 40 年代）

20 世纪 20 年代至 20 世纪 40 年代是市场营销学逐渐成形的时期。这一时期，各企业纷纷成立了专门的市场营销研究机构，开始了理性的市场营销活动。在这一时期，有关市场营销的文章和论著急剧增加，而且越来越趋向于对市场营销理论的系统研究，注重对市场营销理论框架的塑造，其中比较有代表性的是克拉克（Fre.Clark）的《市场营销学原理》（1922年）和梅纳德（H.H.Maynard）、贝克曼（F.W.Beckman）、韦尔德勒（W.C.Weldler）3人合著的《市场营销学原理》。

这一时期的市场营销学著作虽然已基本形成了一定的框架体系，但是就其实质与内涵来看，还没有真正进入以市场需求为导向的营销观念阶段，多数仍停留于从企业的角度出发，研究如何对产品进行宣传和推销。

3. 成熟时期（20世纪40年代—20世纪80年代）

随着第三次科技革命的开展，劳动生产率空前提高，社会产品数量剧增，花色品种不断翻新，市场供过于求的矛盾进一步激化，研究产品生产出来后如何推销的市场营销学，在概念与内容方面都已越来越不能适应新形势。许多学者纷纷提出生产者的产品或劳务要满足消费者的需求与欲望，以及营销活动的实质就是企业对动态市场环境的创造性适应的观点，并通过他们的著作予以论述。

1947年，迭迪（Diedi）和雷博赞（Lebzan）合著的《市场学——体系的形成》的出版，改变了孤立研究产品推销与价格的局面，从经济、社会诸方面综合分析了产品销量变化的规律。1960年，杰尔姆·麦卡锡（Jerome McCarthy）和普利沃特（Prewater）合著的《基础市场营销》第一次将企业的营销要素归结为4个基本策略的组合，即著名的"4P"（Product、Price、Place、Promotion）营销理论，这一理论取代了此前的各种营销组合理论，成为现代市场营销学的基础理论。1967年，菲利普·科特勒的《营销管理——分析、计划与控制》出版了，它从企业管理和决策的角度，系统地提出了包括营销环境、市场机会、营销战略计划、购买行为分析、市场细分和目标市场，以及营销策略组合等在内的市场营销的完整理论体系，成为当代市场营销学的经典著作，使市场营销学理论趋于成熟。

4. 创新与发展时期（20世纪80年代至今）

经过上述3个阶段的发展，市场营销学已成为一门较成熟的学科，建立起了独立、系统、完整的理论体系。但是，作为一门学科的市场营销学并非静止的，而是动态的。它随着科学技术的进步、社会的发展而不断发展和创新。

1.3.2　市场营销学在我国的传播与发展

20世纪30—40年代，市场营销学在我国曾有一轮传播。现存最早的市场营销学教材是复旦大学于1933年出版的丁馨伯编译的《市场学》。当时一些大学的商学院开设了市场营销学课程，授课教师主要是欧美留学归来的学者。市场营销学在我国的传播与发展在当代主要经历了以下几个阶段。

1. 启蒙阶段

1979—1983年是市场营销学被再次引入中国的启蒙阶段。

在此阶段，北京、上海和广州等地的学者就国外市场营销学的研究、应用和人才培养做了大量工作。学者们通过论著、教材翻译，到国外访问、考察和学习，邀请外国专家学者来华讲学等方式，系统地介绍了当代市场营销的理论和方法，组织了第一批市场营销学的讲座，成立了第一个"市场学"方面的培训中心，输送了第一批市场营销学师资，编写了第一批市场营销学教材，在综合大学和财经院校开设了第一组市场营销学课程等。所有这些对市场营销学在我国的重新引入和市场营销观念的先行启蒙都起到了重要的推动作用。

2. 传播阶段

1984—1992 年是市场营销学在我国进一步传播与应用的阶段。此时，国内经济快速增长和市场竞争加剧，企业的营销管理意识也开始形成。市场营销学的应用逐步扩展到国有企业；从消费品市场扩展到工业用品市场。社会对市场营销知识和相应管理人才提出了旺盛的需求。

1984 年 1 月，为了加强学术与教学研究，推进市场营销学的普及与发展，全国高等财经院校、综合大学市场学教学研究会成立（1987 年改名为中国高等院校市场学研究会）。自 1984 年起，开设市场营销学课程的高等院校日渐增多，到目前为止，几乎所有大专院校、中专学校都开设了市场营销学课程。1991 年 3 月，中国市场学会在北京成立。

3. 普及阶段

1992 年以后，是市场营销学理论研究结合我国实际提高、创新的阶段。改革进一步加速并全方位展开，我国国内经济结构发生了进一步变化，外资企业大量快速涌入，买方市场特征日益明显，市场竞争进一步加剧。

在这种形势下，实现营销创新成为企业的重要课题。中国市场营销学术界一方面通过举办一系列市场营销国际学术会议，加强了国际沟通；另一方面通过中国高等院校市场学教学研究会及多种方式，展开了以"从计划经济向市场经济转变，从粗放经营向集约经营转变"为主题的营销创新研究，以及以"跨世纪的中国市场营销"为主题的营销创新研究。

在这一阶段，出现了一批颇有价值的研究成果。同时，因市场竞争的需要，越来越多的企业、社团组织等都无一例外地开始重视市场营销理论研究与实际运用，更多的企业和营销人员借助网络，通过网络媒体和公共活动等途径，了解营销的基础知识及经典的营销理论、方法和手段，以及最新的营销观点和营销动态。至此，"市场营销"一词已经前所未有地深入我国社会的各个阶层，市场营销进入全面普及阶段。

4. 国际化阶段

2001 年以后，随着我国加入世界贸易组织，经济地位在国际上的提升及与他国的商务活动的进一步频繁，我国大中小型企业都在努力使自己的营销策略适应国际形势，迎接新的挑战，我国自此走上了国际化大舞台。与之相适应，以世界贸易组织框架下的市场营销学为主题的中国市场营销研究加速了营销科学化的进程，中国市场营销学及其学者也开始走上国际化市场营销的大舞台。

1.4　市场营销学的研究对象与方法

市场营销学是一门借助现代科学方法，研究以满足消费者需求为中心的企业营销活动过程及其规律的应用科学，主要分为宏观营销学和微观营销学。

1.4.1　市场营销学的性质

（1）市场营销学是一门科学

市场营销学的性质是什么？对于这个问题普遍有两种观点。第一种观点认为市场营销学是一种活动过程、一种策略，因而它是一种艺术。第二种观点认为市场营销学是一门科学。市场营销学是对现代化大生产及商品经济条件下企业营销活动经验的总结和概括，它阐明了一系列概念、原理和方法。本书偏向于第二种观点，认为市场营销学与自然科学一样，是一门有着普遍规律性与适用性的科学。

（2）市场营销学是一门应用科学

美国著名市场营销学家菲利普·科特勒指出："市场营销学是一门建立在经济科学、行为科学、现代管理理论之上的应用科学。"经济科学提醒我们，市场营销学是指对有限的资源进行仔细分配来满足竞争的需要；行为科学提醒我们，市场营销学涉及谁购买、谁组织等问题，企业想开展市场营销，必须了解消费者的需求、动机、态度和行为。

（3）市场营销学既包括宏观营销学又包括微观营销学

宏观营销学是把市场营销活动与社会联系起来，着重阐述市场营销与满足社会需要、增加社会经济福利的关系，它是一种重要的社会过程。微观营销学是指企业活动或企业职能，主要研究如何从消费者需求出发，将产品或劳务从生产者手中转到消费者手中，实现企业盈利的目标。它是一种企业经济活动过程。

1.4.2　市场营销学的研究对象

"Marketing"一词在英文中既作市场营销解释，同时也作市场营销学解释，但这是两个既有联系又有区别的概念。市场营销是指企业的经营、销售活动，市场营销学则是指研究市场营销活动及其规律的科学。

市场营销学的研究对象是企业在动态市场上如何有效地管理其市场营销活动，以增加自身的经济效益，求得生存和发展，实现目标。因此，市场营销学的全部研究都是以消费者为中心，通过运用产品策略、定价策略、渠道策略、促销策略等生产经营适销对路产品、扩大市场展开的，并为此提供理论、思路和方法。

1.4.3　市场营销学的研究方法

1. 传统的市场营销学研究方法

在20世纪50年代前，对市场营销学的研究主要采用传统的研究方法，包括产品研究法、机构研究法、功能研究法。

（1）产品研究法

这是以产品为中心的研究方法。产品研究法以产品为主体，对某类产品，如农产品、工业用品、矿产品、消费品及劳务等分别进行研究，主要研究这些产品的设计、包装、品牌、商标、定价、分销、广告及市场开拓。这种研究方法可详细地分析研究各类产品在市场营销过程中遇到的具体问题，但需耗费巨大的人力、物力和财力，而且重复性很强。

（2）机构研究法

它是一种以人为中心的研究方法。这种方法以研究市场营销制度为出发点，即研究渠道制度中各个环节及各种类型的市场营销机构，如代理商、批发商、零售商等存在的市场营销问题。

（3）功能研究法

这是从市场营销的各种功能，如交换功能（购买与销售）、供给功能（运输与储存）、便利功能（资金融通、风险承担、市场信息等），以及从企业使用各种功能时必定或可能遇到的问题出发来研究和认识市场营销问题的研究方法。

2. 现代的市场营销学研究方法

20世纪50年代以后，市场营销学从传统市场营销学演变为现代市场营销学，研究方法主要是现代科学方法，包括管理研究法、系统研究法及社会研究法。

（1）管理研究法

这是一种从管理决策的角度来分析、研究市场营销问题的方法。它综合了产品研究法、机构研究法和功能研究法。从管理决策的观点看，企业营销受两大因素的影响：一是企业不可控因素，如人口、经济、政治、法律、物质、自然、社会文化等；二是企业可控因素，即产品、价格、分销及促销手段等。企业营销管理的任务在于全面分析外部不可控因素的作用，针对目标市场需求的特点，结合企业目标和资源，制定出最佳的营销组合策略，实现企业盈利目标。

（2）系统研究法

这是具体应用系统理论的一种研究方法，是从企业内部系统、外部系统，以及内外部系统如何协调出发来研究市场营销学的。研究企业内部系统主要是研究企业内部各职能部门，如生产部门、财务部门、人事部门、销售部门等的关系如何协调，以及企业内部系统同外部系统的关系如何协调。研究企业外部系统主要是研究企业同外部系统的关系。内外部系统又是通过产品流程、货币流程、信息流程连接起来的。只有市场营销系统的各组成部分相互协调，才能产生较高的营销效益。

（3）社会研究法

此方法主要研究企业营销活动对社会利益的影响。市场营销活动一方面带来了社会经济的繁荣，增加了社会及广大居民的福利；另一方面造成了某些负面效应，如造成环境污染、生态失衡。因此，我们有必要通过社会研究法，寻求使市场营销的负面效应降低到最低水平的途径。

 【本章小结】

1. 需要是指未得到满足的感觉状态。欲望是指想得到某种能满足基本需要的具体产品的愿望，是个人受不同社会及文化环境影响所表现出来的对基本需要的特定追求。需求则是指有现实或潜在支付能力的欲望。

2. 所谓顾客感知价值，用公式来表示为：顾客感知价值＝顾客购买总价值－顾客购买总成本。本书所说的满意是指顾客满意，是指顾客将产品与满足其需要的绩效和期望进行比较所形成的感觉状态。顾客感知价值的高低是影响顾客是否购买产品的主要因素，而顾客满意是营销活动获得持续性的基本前提。

3. 交换是指人们从他人处取得所需之物，而以其自身拥有之物作为回报的行为。市场由一切具有特定欲望和需求并且愿意和能够以交换来满足这些需求的潜在顾客组成。市场营销的核心工作就是进行各种形式的交换。

4. 营销观念是企业的经营态度和思维方式。企业的营销观念作为企业经营活动的指导思想，是随着企业经营实践的变化而不断变化的。迄今为止，企业的营销观念经历了5个发展阶段：生产观念、产品观念、推销观念、市场营销观念、社会营销观念。营销观念的发展经历了两次变革，第一次变革是市场营销观念的出现，第二次变革是社会营销观念的出现。

5. 企业最显著、最独特的职能之一是市场营销。根据企业应用市场营销理论解决经营问题的情况来看，市场营销学大致经历了萌芽、形成、成熟、创新与发展4个时期。从市场营销学在我国的传播与发展过程看，其大致经历了启蒙阶段、传播阶段、普及阶段、国际化阶段4个阶段。

【重要概念】

需要　需求　顾客感知价值　市场　市场营销　营销观念

【思考练习】

一、单选题

1. 从市场营销的角度看，市场就是（　　）。

　　A. 交换过程本身　　　　　　　　　B. 商品买卖的场所

　　C. 商品交换关系的总和　　　　　　D. 具有购买欲望和支付能力的消费者

2. （　　）要求企业在制定营销策略时，要统筹兼顾三方面的利益，即消费者需求、社会利益和企业利润。

　　A. 生产观念　　　　B. 推销观念　　　　C. 产品观念　　　　D. 社会市场营销观念

3. （　　）不是市场所需具备的要素。

　　A. 购买力　　　　B. 交换方式　　　　C. 人口　　　　D. 购买欲望

4. 在顾客总价值中，决定顾客购买总价值大小的是（　　）。

　　A. 产品价值　　　　B. 服务价值　　　　C. 人员价值　　　　D. 形象价值

5. 市场营销观念的中心是（　　）。

　　A. 推销已经生产出来的产品　　　　B. 发现需求并设法满足他们

　　C. 制造质优价廉的产品　　　　　　D. 制造大量产品并推销出去

二、简答题

1. 分析说明"人多的地方就有巨大的市场"这一观点是否正确。

2. 说明人口、购买力以及购买欲望三者之间的联系。

3. 为什么说创造营销是营销的核心内容？

4. 如今在生活中我们会经常遇到电话推销，那么推销就是市场营销吗？

5. 如何理解营销观念的两次变革？

三、案例分析题

农夫山泉的成功之道

在如今饮料行业陷入"高度同质化，品类创新升级迭代极度缓慢"的困境之时，农夫山泉却以一年净赚36亿元的突出成绩脱颖而出，这不禁让很多人好奇：它究竟是靠什么制胜市场，名扬全国的？

1. 以"天然水"营销理念打开市场，构建差异化认知

农夫山泉是不容小觑的饮用水品牌。1996年农夫山泉创立之际，瓶装水市场份额第一的桂冠属于娃哈哈。它是如何在竞争红海中厮杀出圈的呢？

首先，要归功于其差异化的营销理念。农夫山泉营销的巧妙之处，在于它打造了独此一家的"天然水"营销理念，并借此和整个瓶装水行业"开战"，迅速在我国饮料市场占得一席之地。为了建立竞争壁垒，农夫山泉率先提出"天然水"理念，赢得了消费者的关注。围绕这一营销理念，农夫山泉先后打造了"农夫山泉有点甜""大自然的搬运工""每一滴水都有它的源头"等知名广告语，让"天然水"的产品特性深入人心。

为了进一步诠释"天然水"的营销理念，强调其水源的优质，自2014年起，农夫山泉开始发布其在水源地实景拍摄的纪录片式广告，用直观的影视语言带领消费者探索农夫山泉水源的秘密。农夫山泉的纪录片式广告，在让消费者感受到大自然馈赠的美感之余，进一步深化了消费者的认知，让真实成为农夫山泉的又一竞争力。

农夫山泉在品牌定位上打造了绝对差异化，采取了反其道而行之的营销策略。一方面，用"甜"和"纯净"对打；另一方面，用"天然"给"健康"赋值，告诉消费者，农夫山泉的水是"天然水"，里面有矿物质和微量元素，更好喝，对身体更有益处。凭借这种绝对差异化，农夫山泉"天然饮用水"的品牌形象赫然树立。

2. 多重营销打法齐上阵，深入触达年轻市场

随着时代的发展，"Z世代"（新时代人群）逐渐成为社会的消费主力军，他们看重生活体验和生活品质，对他们中的许多人来说，"好玩比好用更重要"。面对这个崛起的新消费者群体，农夫山泉是怎么做的呢？

（1）以"高颜值"吸引年轻一代的注意力

如今消费者对产品的要求不再是单纯的实用性，还有产品包装的美观性。农夫山泉了解到消费者需求后，将产品的包装设计放在了重要位置，打造"高颜值"、重文化负载的瓶身，吸引了大量消费者的注意力。2016年，十二生肖瓶横空出世，通过只送不卖的饥饿营销模式成功蹿红。另外，农夫山泉在高端玻璃瓶装水的包装中融入树叶、雪花、麋鹿等自然元素，极具趣味；同时，在组画包装瓶装水的包装中分别以蛙、鹿、熊、狸猫等形象连同长白山的自然景象，描绘了童话世界中的胜境，品牌策划与设计独具匠心。

（2）多营销组合拳，助力品牌成功出圈

除了在产品包装上发力外，2017年，农夫山泉还大力推广果味水，并给果味水制定了颇具特色的宣推策略：与2016年下半年出现的现象级手游《阴阳师》合作；2017—2018年，同多个大热网络综艺联合营销，农夫山泉的每次综艺营销都堪称现象级；还有联名营销、独具匠心的瓶身营销等各种各样的营销方式，都让农夫山泉成功"出圈"。通过一系列的营销动作，农夫山泉不仅获得了更多的曝光量和更高的关注度，而且通过不同产品、不同IP和不同场景，让品牌更年轻化，赋予了品牌时尚感和情怀。

（3）开拓新市场与新品类，发掘市场增长潜力

在农夫山泉的品牌版图中，形成了以瓶装水为核心，果蔬汁、茶饮料、功能性饮料等共同发力的多品类格局。除了弱碱性水，农夫山泉还针对中老年人、婴幼儿、学生等人群进行了市场细分，开发了从"老人水"、婴幼儿水再到高端水的产品矩阵。除此之外，农夫山泉还布局咖啡市场、化妆品市场以及农产品市场，先后推出气泡＋咖啡碳酸风味咖啡饮料、面膜、爽肤水、橙子、苹果和大米等新型产品。

问题

试运用市场营销学知识，结合案例材料分析农夫山泉成功的原因。

1. 实训主题

假如你负责一家餐厅的经营，要选用 5 种不同的营销观念（生产观念、产品观念、推销观念、市场营销观念、社会营销观念）中的 1 种，你会怎样做？

2. 实训步骤

（1）教师布置实训任务，指出实训要点和注意事项。

（2）建议学生 4~6 人为一个小组，全班学生分成若干小组，采用组长负责制，组员分工合作完成实训任务。

（3）小组内部充分讨论、认真研究，查阅资料。教师鼓励学生进行实地调查，形成实训分析报告。

3. 实训汇报

小组需制作一份 PPT 并在课堂上进行集中展示，展示时间为 8~10 分钟。展示完成之后，其他小组需进行点评和互动，教师要对小组实训分析报告和小组展示情况进行点评和总结。

第2章　市场营销环境

企业的营销活动总是在一定的外界环境中进行，营销活动要想取得成功，关键是要不断地适应变化的外部环境。企业必须根据环境的实际变化和发展趋势，制定科学的营销战略及策略，并随着环境的变化不断调整，自觉地利用环境带来的机会，防范环境带来的威胁，这样才能取得营销的成功。本章先介绍市场营销环境的含义和特点，再分别介绍宏观营销环境和微观营销环境，以及市场营销环境分析。

【学习目标】

1. 理解营销环境对企业营销活动的制约。
2. 掌握宏观营销环境和微观营销环境的构成。
3. 掌握分析、评价市场环境威胁与机会的基本方法，思考企业面对市场营销环境的变化应该采取的措施。

【开篇引例】

国产取暖"神器"走红欧洲

2022年，国内流行的个人随身取暖设备在欧洲热销，国产热水袋在全欧洲10月上旬销售额环比增长300%，国产暖手宝销售额环比增长447%，国产法兰绒睡衣销售额环比增长95%。国产取暖"神器"走红欧洲的原因主要有两个方面：一方面，欧洲能源危机使得天然气价格升高，对于即将到来的冬天，普通消费者不得不提前进行取暖准备；另一方面，欧洲通货膨胀严重，消费者整体购买力下降，而中国的取暖产品性价比更高，在安全性和耐用性方面有保障。

思考：除了上述原因外，国产取暖"神器"在欧洲的销售额为什么会在2022年大幅提升？

2.1　市场营销环境概述

任何企业的营销活动都不可能脱离周围环境而孤立地进行。环境是企业开展营销活动的不可控因素，但企业可以通过认识和预测环境因素，主动地适应和利用环境，重视研究市场营销环境及其变化，努力去影响外部环境，使其朝着有利于企业生存的方向变化。

2.1.1　市场营销环境的含义

市场营销环境（Marketing environment）是指影响企业营销活动的不可控制的因素和力量。根据影响力的范围和作用方式，市场营销环境可以分为微观营销环境和宏观营销环境。

①微观营销环境，指与企业紧密相连，直接影响企业营销活动的各种参与者，包括供应商、竞争者、企业内部环境、营销中介机构、顾客以及其他社会公众。微观营销环境直接影响与制约企业的营销活动，多半与企业有或多或少的经济联系，也称直接营销环境。

②宏观营销环境，指影响微观营销环境的一系列巨大的社会力量，主要包含人口、经济、政治法律、科学技术、自然及社会文化等因素。宏观营销环境也称间接营销环境。宏观营销环境一般以微观营销环境为媒介去影响和制约企业的营销活动，在特定条件下，也可直接影响企业的营销活动。

宏观营销环境因素与微观营销环境因素共同构成多因素、多层次、多变的企业市场营销环境综合体（见图 2-1）。企业市场营销的本质，就是取得微观营销环境、宏观营销环境和企业经营目标 3 者间的动态平衡。

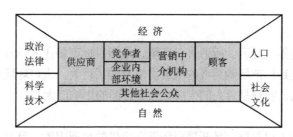

图 2-1　企业市场营销环境综合体

2.1.2　市场营销环境的特点

市场营销环境是企业生存和发展的必要条件。市场营销环境的发展和变化，既可能给企业带来发展的机遇，也可能给企业带来严重的威胁。企业想要在复杂多变的环境中抓住机会、避开威胁，就必须充分了解市场营销环境的特点。

（1）不可控性

市场营销环境作为营销部门外在的不以营销者意志为转移的存在，对企业营销活动的影响具有强制性和不可控性的特点。一般而言，企业无法摆脱和控制市场营销环境，特别是宏观营销环境的束缚，然而，企业可以采取有效的营销策略去适应，甚至在一定程度上影响市场营销环境。

（2）多变性

市场营销环境由诸多因素构成，而每一个构成因素都是随着社会状况的变化而不断变化的，因此市场营销环境是一个动态系统。市场营销环境的改变对企业而言既是一种威胁，也会给企业带来一定的机会，虽然企业无法准确预测市场营销环境的变化，但可以通过设立预警系统，追踪不断变化的市场营销环境，及时调整营销策略。

（3）差异性

不同的国家或地区之间、同一国家不同地区之间、同一国家同一地区不同时空，其宏观营销环境因素都存在广泛差别，如政治、法律、文化、宗教等。市场营销环境的差异，导致企业必须适时调整营销策略，方能适应市场营销环境的变化。

（4）关联性

市场营销环境诸因素之间相互影响、相互渗透、相互制约，某一因素发生变化，其他因素也会随之发生变化，形成新的市场营销环境。但是，在一定的时间内，各个因素之间又有一定的分离性，即某个因素产生变化并不会立即引起另一个因素发生变化，而要经过一段时间才会引起另一个因素发生变化。

2.2 宏观营销环境

宏观营销环境是指给企业营销活动带来市场机会和环境威胁的主要社会力量，包括人口环境、政治法律环境、经济环境、社会文化环境、科学技术环境、自然环境等因素，是企业不可控的外部力量，企业及其微观市场营销环境的参与者无不处于各种宏观营销环境中。

2.2.1 人口环境

人口是构成市场的第一要素。所谓人口环境，是指目标市场在人口方面的各种状况。这些不同的状况必然影响到目标市场购买者的消费需求及购买行为。人口环境对市场营销的影响往往是整体性、长远性的，特别是对人们生活必需品方面的影响巨大。

1. 人口总量

一个国家或地区的人口总量，是衡量市场潜在容量的重要因素。目前，世界人口环境正发生明显的变化，主要趋势是全球人口持续增长，人口增长意味着人们对生活必需品的需求增加；发达国家人口出生率下降，而部分发展中国家人口出生率上升，90%的新增人口在发展中国家，这使得这些国家人均所得的增加及需求的升级受到影响。据国家统计局数据，截至2022年年末，我国人口总数约14.12亿，约占世界人口的1/5。预计到2049年，我国人口总数将达到16亿；2050年，世界人口总数将达到89亿。

2. 人口年龄结构

人口年龄结构是指人口总数中各年龄层次人口的比例。它对市场营销活动的影响主要表现在以下几个方面：①不同年龄层次的购买者的收入状况不同；②不同年龄层次的购买者家庭的大小不同，其购买力的主要投向不同；③不同年龄层次的购买者对商品的价值观念不同，进而影响着其购买行为。例如，婴儿需要奶粉、尿不湿等，儿童需要玩具、故事书、识字课本等，年轻人需要潮流服装、护肤品、旅行产品等，老年人需要保健品、老花镜、助听器等。

3. 家庭组成

家庭是社会的细胞，也是商品采购和消费的基本单位，因而有些商品，特别是以家庭为单位进行消费的商品的购买行为受家庭状况的影响比较大，如住房、家用电器等。再者，处于不同家庭生命周期的家庭，由于收入、购买力倾向、价值观念等不同，家庭购买行为的差异很大。

按照年龄、婚姻、子女等状况，家庭的生命周期可划分为7个阶段：①未婚期，年轻的单身人群；②新婚期，年轻夫妻，没有子女；③满巢期一，年轻夫妻，有6岁以下子女；④满巢期二，年轻夫妻，有6岁及以上子女；⑤满巢期三，年纪较大夫妻，有尚未独立生活的子女；⑥空巢期，身边没有子女的老年夫妻；⑦孤独期，单身独居老人。

一个市场拥有家庭单位和家庭平均成员的多少，以及家庭组成状况等，对市场潜量和需求结构，都有十分重要的影响。

4. 人口地理分布

人口地理分布是指人口在居住地区的疏密状况。它对市场营销的影响主要表现为两个方面：①不同地区的人由于消费习惯和消费支出的结构不同，对商品的基本需求不同；②城乡居民由于生活环境的差异，对商品的需求也不同，如针对同一个商品，他们对其在档次、花色、品种、功能等方面都有不同的评价。

5. 人口性别结构

男性和女性由于生活和工作的特点不同，以及自身在生理、心理等方面的差别，对商品的需求及购买行为都有很明显的差别。受传统思想的影响，购买家庭日常用品的多为女性，购买家庭耐用的大件商品如家用汽车、电器等的则多为男性。

6. 人口流动状况

我国是一个人口大国，由于地区经济发展的不平衡、社会的进步、科学技术水平的提高，产生了大量农村剩余劳动力和城镇剩余劳动力，这些劳动力对就业机会的寻找客观上要求有充分的流动性。同时，随着我国城镇化建设速度的加快，劳动者为了实现自身价值，只有自由流动，才能找到充分实现自身价值的工作，满足自身收回投资和致富的需求。

2.2.2 政治法律环境

政治法律环境是约束企业市场营销活动的各种社会力量的总和。政治法律环境的变化对企业的经营活动有着十分重大而深远的影响，尤其是进行国际市场营销的企业更要十分注重目标市场的政治法律环境。因而，企业在分析市场营销环境时，必须把对政治法律环境的分析放在十分重要的位置。

拓展视频
政治法律环境

1. 政治环境

政治环境是指企业开展营销活动时所处的国内政体的稳定状况以及国际政治气候等。在某一时期，各国政局的变化会导致该国对内、对外一系列经济政策的相应变化，进而影响企业的市场营销活动。因此，企业必须研究目标市场的政治环境，以避免政治上的风险，减少经济损失，甚至可以利用政治环境的变化，创造良好的市场机会。

企业要想对国家政治环境进行分析，应了解政治权力与政治冲突对企业营销活动的影响。政治权力影响市场营销，往往表现为政府机构通过采取某种措施约束外来企业，如进口限制、外汇控制、劳工限制、绿色壁垒等。政治冲突是指国际上的重大事件与突发性事件。政治冲突对企业市场营销工作的影响可大可小，对企业而言，有威胁，也有机会。

2. 法律环境

法律环境是指国家或地方政府颁布的各项法律、法令和条例等。各国由于社会制度不同，经济发展阶段和国情不同，体现统治阶级意志的法制也不同。为保证本国经济良好运行，各国政府都颁布了相应的经济法律来制约、维护、调节企业的活动。我国也颁布了许多法律法规，如《消费者权益保护法》《价格法》《广告法》《专利法》《计量法》《知识产权海关保护条例》《反不正当竞争法》等。

【案例2-1】

"双减"政策出台，学科培训机构纷纷转型

中共中央办公厅、国务院办公厅印发了《关于进一步减轻义务教育阶段学生作业负担和校外培训负担的意见》，即"双减"政策。"双减"政策对学科培训机构性质、办学许可证、从业教师、教师

资格证、培训时间、培训内容、培训形式、培训场地、培训价格、营销方式、融资方式等方面进行了严格的限制和规范。政策落地后，新东方、好未来等学科培训机构也纷纷开始转型。新东方剥离9年级的培训服务业务，回归大学生考试、出国留学业务，并新增非学科培训、硬件以及直播电商等新业务。好未来在2022年3月宣布进入二次创业阶段，定位于科技公司，开始全面转型，转向科技服务、智能硬件、生命科学、海外业务等方向。好未来目前已推出"小猴智能"品牌，该品牌已上线"小猴智能学习灯S10"产品；旗下学而思网校发布了软硬件智能学习课程"少儿编程智慧城市——机器人智能拼搭编程课"；推出"小蓝盒"和"大白盒"两款智能教辅产品；大力发展海外业务，在新加坡、美国、英国建立学习中心，并开始在加拿大等地开展新的海外学习业务；布局电商直播赛道，在抖音推出"学家优品"直播间，进行全品类"带货"。

2.2.3　经济环境

经济环境一般指影响企业市场营销方式与规模的经济因素，如经济发展阶段、地区与行业的经济发展状况、购买力水平等。市场规模的大小不仅取决于人口的多少，还取决于社会购买力的水平。因此企业应当密切注意购买力的变化所带来的环境机会和环境威胁。社会购买力是一系列经济因素的函数，总的来说，社会购买力取决于国民经济的发展水平及由此决定的国民平均收入的水平。而社会购买力则直接或间接地受消费者收入、价格水平、消费者支出状况、储蓄和消费信贷等经济因素的影响。

1. 经济发展阶段

美国学者沃尔特·惠特曼·罗斯托（Walt Whitman Rostow）的经济成长阶段理论，把世界各国的经济发展归纳为5个阶段：①传统经济社会阶段；②经济起飞前的准备阶段；③经济起飞阶段；④迈向经济成熟阶段；⑤大量消费阶段。一般认为，人均国民生产总值从300美元上升到1 000美元属于经济起飞前的准备阶段，超过1 000美元则进入经济起飞阶段。

2. 地区与行业的经济发展状况

我国各地区经济发展不平衡。东部、中部和西部三大区域的经济发展水平客观上存在着东高西低的总体态势。企业一方面要加强与有关部门之间的联系；另一方面有关部门要根据本企业所处的行业或部门发展状况，制定切实可行的营销策略。

3. 购买力水平

购买力是构成市场和影响市场规模的重要因素。购买力水平则由消费者收入、消费者支出模式等因素决定。

（1）消费者收入

消费者收入包括消费者个人工资、红利、租金、退休金、馈赠等收入。它分为个人可支配收入和个人可任意支配收入。个人可支配收入是指从个人收入中减去缴纳税金和其他经常性支出后余下的实际收入。个人可任意支配收入是指从个人可支配收入中减去维持生活的必需支出后余下的部分，这是影响消费需求变化的关键因素之一。

从社会发展来看，一个国家越发达，其国民的个人可任意支配收入就越多，企业的市场营销活动就越有意义。

（2）消费者支出模式

消费者支出模式是指消费者购买各种产品的支出占总支出的比例。消费者支出模式主要受消费者收入的影响。随着消费者收入的变化，消费者支出模式也会发生相应变化。这个问题涉及恩格尔定律，恩格尔定律通常用恩格尔系数来说明。

$$恩格尔系数 = 食物支出额 \div 收入总额 \times 100\%$$

一般认为，恩格尔系数与生活水平息息相关。消费者支出模式及消费结构，不仅与消费者收入有关，而且还会受到家庭所处的生命周期阶段、家庭所在地与消费品生产供应状况、城市化水平、商品化水平、劳务社会化水平、食物价格指数与消费品价格指数变动是否一致等因素的影响。

恩格尔定律的一般表述：①随着家庭收入的增加，用于购买食品的支出占家庭收入的比重（即恩格尔系数）就会下降；②随着家庭收入的增加，用于住宅和家务经营的支出占家庭收入的比重大体不变（在燃料、照明、冷藏等方面的支出占家庭收入的比重会下降）；③随着家庭收入的增加，用于其他方面（如服装、交通、娱乐、卫生保健、教育）的支出和储蓄占家庭收入的比重就会上升。

不同国家和地区的居民，由于经济状况不同，对不同产品的消费倾向表现出巨大差异，对相应商品的需求也会产生明显区别。

（3）实际收入与名义收入

消费者收入有实际收入和名义收入之分，两者尽管关系密切，但并不总是一致。受通货膨胀、失业、税收等因素的影响，有时名义收入虽然增加，但实际收入反而下降。

（4）消费者储蓄额占总收入的比重

储蓄指城乡居民将个人可任意支配收入的一部分储存待用。我国人均收入水平虽不高，但储蓄率相当高，较高储蓄率会推迟现实的消费支出，增强潜在的购买力。从银行储蓄存款余额不断增长的趋势看，国内市场的潜力很大，我国城乡居民储蓄存款余额如表2-1所示。

表 2-1　我国城乡居民储蓄存款余额

项　　目	2018年	2019年	2020年	2021年	2022年
城乡居民年底储蓄存款余额/万亿元	72.44	82.14	93.44	103.64	121.18
人均储蓄存款余额/万元	5.19	5.87	7.15	7.31	8.58

2.2.4　社会文化环境

社会文化主要指一个国家或地区的价值观念、风俗习惯、宗教信仰、审美观、教育水平等的总和。人们在某种社会中生活，久而久之，必然会形成某种特定的社会文化。这种社会文化是企业所面临的一种较为复杂和难以理解的市场环境因素，了解不同社会文化和区分各文化间的差异，对企业的市场营销决策影响十分重大。

拓展视频

社会文化环境

1. 价值观念

价值观念是社会文化环境的核心，指人们对社会生活中各种事物的态度和看法，如人们的生活准则和处世态度等。在不同的文化背景下，人的价值观念差异很大，进而影响着消费需求和购买行为。如东西方人对待储蓄与信贷消费观念相差甚远，东方人大多崇尚节俭，多有储蓄，不愿贷款，怕背债务；西方人则大多愿意进行借贷消费。

23

2. 风俗习惯

风俗习惯是人们在一定的物质条件下，长期形成的风尚、礼节、习俗、惯例和行为规范的总和。它主要表现在人们的饮食、服饰、居住、婚丧、节日、道德伦理、心理、行为方式和生活习惯等方面。在英国、加拿大给女士送鲜花时，不要送百合花，因为其象征死亡；而在我国，百合花寓意百年好合，象征吉祥。巴西人忌讳棕色和黄色，他们认为棕色是凶色，认为人死好比黄叶落下；而泰国、哥伦比亚等国的人则喜爱黄色，认为黄色代表和谐等。企业要想成功营销，不仅要遵从国际商务礼仪，还要了解各国风俗习惯，做到有的放矢。

3. 宗教信仰

在某些国家，宗教控制和影响着国家的经济、政治和人们的日常生活，在这些国家，忽视了宗教就不能从事商务活动，不尊重对方的教义和习俗，他们就不可能和你做生意。

【案例 2-2】

各国的禁忌

在日本，商品包装忌用荷花图案，日本人认为荷花意味着祭葬；日本人对狐狸或獾的图案也很反感，认为二者是贪婪狡猾的象征；在数字上，日本人忌用"4"和"9"，因在日语发音中，"4"同"死"相近，"9"与"苦"相近。

在英国，商品包装忌用白象图案，因为白象象征好吃懒做，有大而无用之意；英国人还忌用孔雀做商标，认为孔雀是祸鸟，孔雀开屏是一种自我炫耀的不良习惯。

4. 审美观

审美观通常指人们对某种事物的好坏、美丑、善恶的评价。不同的国家、民族、种族、宗教、阶层等，往往有不同的审美标准、审美意识和审美习惯。审美观直接影响人们对商品式样、规格、色彩、品种、装潢、包装等的选择。审美观是随着时代的发展而发展的，而不是一成不变的。

5. 教育水平

教育水平不仅影响劳动者的收入水平，还影响消费者对商品的鉴别力，影响消费者的心理、购物理性程度和消费结构，从而影响着企业营销策略的制定和实施。

2.2.5　科学技术环境

科技的发展对经济发展有巨大的影响，不仅直接影响企业内部的生产和经营，还同时与其他环境因素互相作用，给企业营销活动带来有利或不利的影响。新技术的应用，既会引起企业市场营销策略的变化，还会改变经销商的经营业态和消费者的购物习惯。一种新技术的应用，可能为企业创造一个明星产品，并产生巨大的经济效益，也有可能迫使企业已经成功的传统产品退出市场。

【案例 2-3】

全球首款支持北斗卫星消息的大众智能手机

2022 年 9 月 6 日，华为 Mate 50 系列手机正式发布，受到众多消费者的关注，在预售期间被一抢而空。它采用了经典对称星环设计，有着亮眼的机身配色，除此之外，还有众多的高科技傍身。华为 Mate 50 系列手机基于北斗卫星消息提供移动终端硬件，为北斗卫星通信落地提供协议、基带芯片设计、终端产品设计、网络架构设计等专业领域的支持，使得普通消费者也能用上卫星手机。华为 Mate 50 系列手机的卫星通信功能适用于一些接收不到信号的场景，如身处荒漠无人区或在海上遭遇危险。由于这些场景没有网络覆盖，手机无法通过基站发出信息，这时人们就会处于失联的状态，非常危险。而有了华为 Mate 50 系列手机就完全不用担心自己会失联，其可以通过华为畅连应用程序来发送卫星消息，还有定位功能，这样人们在遇到危险的时候，就可以通过它发送位置消息，进行求救。

2.2.6　自然环境

自然环境主要指企业为生产消费者需求的各种产品，而从自然界获得原材料及受营销活动所影响的自然资源。营销活动受自然环境的影响，也对自然环境的变化负有责任，企业应注意当前的自然环境以及由此引发的难题和趋势，如资源短缺加剧、环境污染愈加严重、能源成本持续上涨等。自然环境的恶化引发了全社会对环境保护的重视，也使得企业在营销过程中不得不将自然环境状况列入需重点考虑的范畴。

2.3　微观营销环境

企业营销活动的微观营销环境主要是指对企业营销活动过程和结果有直接影响的各种要素，这些要素与企业经营的供应链直接发生关联，包括以下几种。

2.3.1　企业内部环境

企业为开展营销活动，必须设立某种形式的营销部门，而且营销部门不是孤立存在的，它还与其他职能部门及高层管理部门相联系（见图 2-2）。纵向来看，企业有战略管理（高层管理）、职能管理（中层管理）和作业管理（基层管理）3 个层次；横向来看，企业有技术开发管理、生产管理、物资供应管理、市场营销管理、财务管理、人事管理等部门。企业内部的这些部门与机构构成了企业内部环境，市场营销部门在制订营销计划和做决策的时候，不仅要考虑到企业外部的环境力量，也要考虑到企业内部各部门的协调。

2.3.2　顾客

顾客是企业服务的对象，也是营销活动的出发点和归宿。企业的一切营销活动都应以满足顾客的需求为中心。因此，顾客是企业最重要的营销环境因素之一。企业经营实践证明：谁能赢得顾客的信任和支持，谁就能在市场上立于不败之地。企业必须充分了解、认真研究不同的顾客群，研究顾客的类别、需求特点、购买动机、购买规律、购买方式等，使企业的营销活动能满足顾客需要，符合顾客的期望。

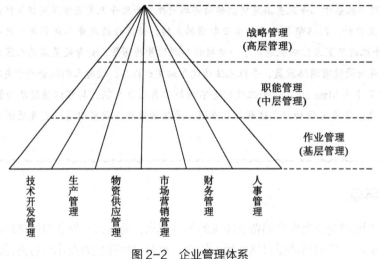

图 2-2　企业管理体系

满足细分需求，激发消费潜力

自 2020 年小家电市场需求火爆增长以来，顾客对小家电的消费需求逐渐回归理性。小家电企业最初通过产品来吸引顾客，现在多通过对顾客需求的分析来升级产品，从而生产出了一些新兴趋势品类，引起了顾客的喜爱，比如空气炸锅、破壁机、果蔬净化清洗机、咖啡机、加热净水器、洗地机、吹护机等。顾客对高品质、多功能属性、场景细分化、改善生活品质的小家电情有独钟，这使得这类产品呈现逆增长态势。这些产品使用频次较高，且符合消费升级趋势，具备一定的成长潜力，成为小家电行业重要的增长动力。

2.3.3　竞争者

竞争是绝对的，并决定企业的成败。竞争同时会创造需求，使企业更强大。竞争中有企业衰落，也有企业成长起来，所以，企业不能回避竞争。回避竞争意味着限制自我发展，缺乏竞争的勇气往往使企业丧失持续发展的劲头，正确看待竞争、主动迎接竞争是企业成功的关键。企业的竞争者主要有以下几种形式。

（1）欲望竞争者

这是满足顾客各种不同欲望的竞争者。人的欲望多种多样，但是受收入及其他各种客观条件的限制，诸多欲望很难同时被满足，在某一时刻可能只能满足其中的某一个欲望，这样就产生了各种不同欲望的竞争。例如，汽车企业可将房地产、高档耐用消费产品等企业看作竞争对手，因为大多数顾客若要购房或购买其他高档消费品，就无力消费汽车了。

（2）一般竞争者

一般竞争者指提供不同产品以满足同一种需要的竞争者，这种竞争是在决定顾客需要后的次一级竞争，也称平行竞争。例如，汽车企业不仅将所有汽车制造商作为竞争者，还将摩托车、自行车等制造商作为竞争者，因为它们都能满足消费者出行的需要。

（3）产品形式竞争者

产品形式竞争者指提供各种不同形式的满足同一需求的产品的竞争者。同一产品、规格、型号不同，性能、质量、价格也各异，消费者将在充分收集信息后做出选择，如购买空调的消费者，要对空调的款式、性能、质量、价格、服务等进行多方比较后再做出购买决策。

（4）品牌竞争者

品牌竞争者指提供不同品牌的满足同一需要的同种形式产品的竞争者。这种竞争只是对参与竞争的同种形式的产品附加了特定品牌而已。如购买可乐的顾客，往往在百事可乐和可口可乐之间做出选择，一般顾客并不能很好地分辨二者的区别，而往往依据品牌的差异做出选择。

2.3.4　供应商

供应商是向企业及其竞争者提供生产经营所需资源的企业或个人，包括提供原材料、部件、能源、劳动力和资金等资源的企业和组织。供应商对企业营销活动有实质性的影响，其所供应的原材料数量和质量将直接影响产品的数量和质量；所提供的资源的价格会直接影响产品成本、价格和利润。根据不同供应商所提供的资源在营销活动中的重要性，企业应对供货商进行归类、建档，以便合理协调资源，保持与供应商的良好关系，切实保证货源供应在时间和连续性上满足生产顺利进行的需求。

2.3.5　营销中介机构

营销中介机构主要指协助企业促销、销售和经销其商品给最终购买者的机构，包括中间商、实体分配公司、营销服务机构和财务中介机构。

（1）中间商

中间商是指在生产者与消费者之间参与商品交易业务，促使买卖行为发生和实现的、具有法人资格的经济组织或个人，是连接生产者与消费者的中介。中间商按是否拥有商品所有权，可分为经销商和代理商，经销商是在商品买卖过程中拥有商品所有权的中间商，代理商是不拥有商品所有权的中间商；按在流通过程中所起的不同作用，又可分为批发商和零售商。

（2）实体分配公司

实体分配公司主要指协助生产企业储存并把商品运送至目的地的仓储物流企业。其基本功能是调解生产与消费之间的矛盾，弥合产销时空上的背离，适时、适地、适量地把商品提供给消费者。

（3）营销服务机构

营销服务机构泛指为生产企业提供营销服务的各种机构，如广告公司、营销调研公司、营销咨询公司等。

（4）财务中介机构

财务中介机构指协助生产企业融资或分担商品购销储运风险的机构，如银行、保险公司等。

2.3.6　其他社会公众

其他社会公众是指对企业实现其市场营销目标构成实际或潜在影响的任何团体和个人，主要包括：①融资公众，即影响企业融资能力的金

拓展视频

其他社会公众

融机构，如开发银行、投资企业、证券经纪企业、保险企业等；②媒介公众，即报纸、杂志、广播电台和电视台等大众传播媒体；③政府公众，即负责管理企业营销业务的有关政府机构；④社团公众，即保护消费者权益的组织、环保组织及其他群众团体；⑤社区公众，即企业所在地邻近的居民和社区组织。

2.4　市场营销环境分析

市场营销环境通过对企业构成威胁或提供机会来影响企业的营销活动。

2.4.1　环境威胁

环境威胁是指环境中不利于企业营销的因素，其对企业形成挑战，对企业的市场地位构成威胁。这种挑战可能来自国际经济形势的变化，也可能来自社会文化环境的变化等。例如，某些国家实施绿色壁垒，这会给那些商品不完全符合环保要求的企业带来进入市场难度加大等负面影响。

1. 环境威胁矩阵

企业最高管理层可以用环境威胁矩阵来分析、评价（见图 2-3）企业所面对的环境威胁。环境威胁矩阵的横排代表"出现威胁的可能性"，纵列代表"潜在的严重性"，表示利润的减少程度。由图 2-3 可见，Ⅱ类威胁潜在的严重性大，出现威胁的可能性也大，这一类威胁是企业最应该引起重视的，甚至应设立相

图2-3　环境威胁矩阵

对固定的机构进行处理；Ⅰ类威胁潜在的严重性大，但出现威胁的可能性小，这一类威胁是企业较应该引起重视的，企业应准备应急预案，但不必设立相对固定的机构进行威胁处理；Ⅲ类威胁潜在的严重性虽然不大，但出现威胁的可能性大，这一类是企业应该引起重视，并交由或划归企业常设机构处理的威胁；Ⅳ类威胁潜在的严重性不大，出现威胁的可能性也不大，它们不是主要威胁，企业不必花太多精力去处理。

2. 环境威胁对策

企业面临环境威胁时有 3 种可选择的对策。

（1）反抗

反抗就是试图限制或扭转不利因素的发展。例如，长期以来，日本的汽车、家用电器等工业品不断打入美国市场，而美国的农产品却受到日本贸易保护政策的威胁。为了应对这一严重的环境威胁，美国政府从舆论方面倡导日本的消费者购买美国产品。另外美国政府向有关国际组织提出起诉，要求进行仲裁。与此同时，美国政府又提出如果日本政府不改变农产品贸易保护政策，美国政府对日本工业产品的进口也要采取相应的措施。结果，美国政府成功扭转了贸易环境。

（2）减轻

减轻即通过调整市场营销组合等来适应环境，以降低环境威胁的严重性。例如，百事可乐针对可口可乐展开竞争，其广告词为："百事可乐是年轻人的恩赐，年轻人无不喝百事可乐。"面对新秀百事可乐的威胁，老牌可口可乐及时调整市场营销组合，来减轻环境威胁的严重性：

一方面，可口可乐对可乐市场购买行为新趋势进行分析，采用更加灵活的宣传方式，向百事可乐展开宣传攻势；另一方面，可口可乐花费比百事可乐多 50% 的广告费用，与之展开"广告战"，力求将广大消费者吸引过来。经过上述努力，可口可乐收到了一定的效果。

（3）转移

转移就是把企业的目标市场转移到其他利润更大的行业或市场。

2.4.2　环境机会

环境机会指对企业营销活动富有吸引力的领域，在这些领域，企业拥有竞争优势。环境机会对不同企业有不同的影响力，企业在每一个特定的市场机会中成功的概率，取决于其业务实力是否与该行业所需要的成功条件相符合，如企业是否具备实现营销目标所必需的资源，企业是否能利用市场机会获得比竞争者更大的"差别利益"。

1. 环境机会矩阵

企业最高管理层可以用环境机会分析矩阵来（见图 2-4）看企业面临的机会。环境机会矩阵的横排代表"成功的可能性"，纵列代表"潜在的吸引力"，表示潜在盈利能力。由图 2-4 可见，Ⅱ 类机会吸引力大，成功的可能性也大，这一类机会是企业的最好机会，企业应该引起高度重视，甚至应不惜一切代价利用这

图 2-4　环境机会分析矩阵

类机会；Ⅰ 类机会的潜在吸引力大，但成功的可能性小，对这一类机会企业应该引起关注或重视，尽可能利用，但不必动用企业主要业务去冒险；Ⅲ 类机会潜在的吸引力虽然不大，但成功的可能性大，对这一类机会企业应该引起重视，并用较多资源来充分利用这类机会，确保稳定的收入；Ⅳ 类机会潜在的吸引力不大，成功的可能性也不大，这是企业应尽可能放弃的一类机会。

2. 环境机会的特征

美国著名市场营销学者西奥多·莱维特（Theodore Levitt）曾这样评价机会："这里可能是一种需要，但没有市场；或者这里可能是一个市场，但没有顾客；或者这里可能是一群顾客，但目前实在不是一个市场。"因此，最高管理层对企业面临的环境机会，必须慎重地评价其质量。

一般来说，环境机会具有以下 4 个方面的特征。

①公开性。任何环境机会都是客观存在的，所以它具有公开性，即每个企业都有可能找到环境机会。

②时限性。机会有行事的际遇或时机之意，所以会有一定的时限性。若企业不及时利用，环境机会所具有的效益，即它本身的效用、价值就会逐渐减弱，最后完全消失。

③理论上的平等性和实践中的不平等性。从理论上说，任何企业都可以发现和利用环境机会，不存在一家独占的情况，在这一方面各个企业都是平等的。但是，由于各个企业的具体情况、内部条件不同，其在利用某一环境机会时的优势也不相同，因而其所能获得的差别利益也就有大有小。

④多样性。市场需求的多样化必然导致环境机会的多样性。同一企业在同一时期可能面对多个环境机会，因而没有必要、也不可能把这些环境机会统统开发利用。

新能源汽车产业迎来发展新机遇

国务院办公厅印发《新能源汽车产业发展规划（2021—2035 年）》，该规划提出我国新能源汽车产业发展的愿景："到 2025 年，我国新能源汽车市场竞争力明显增强，动力电池、驱动电机、车用操作系统等关键技术取得重大突破，安全水平全面提升。纯电动乘用车新车平均电耗降至 12.0 千瓦·时/百公里，新能源汽车新车销售量达到汽车新车销售总量的 20% 左右，高度自动驾驶汽车实现限定区域和特定场景商业化应用，充换电服务便利性显著提高。力争经过 15 年的持续努力，我国新能源汽车核心技术达到国际先进水平，质量品牌具备较强国际竞争力。纯电动汽车成为新销售车辆的主流，公共领域用车全面电动化，燃料电池汽车实现商业化应用，高度自动驾驶汽车实现规模化应用，充换电服务网络便捷高效，氢燃料供给体系建设稳步推进，有效促进节能减排水平和社会运行效率的提升。"可以预见，未来新能源汽车上下游产业链将会迸发出数以万亿元计的市场机遇。

2.4.3 环境状态分析

对企业营销的环境威胁和环境机会分别进行了充分的分析之后，企业还要综合分析营销所处环境的综合状态，以便全面考察企业环境状况，为制定正确的发展战略提供切实可靠的依据。用上述矩阵方法来分析、评价企业环境状态，可能出现 4 种不同的结果，如图 2-5 所示。

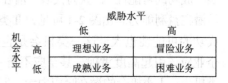

图 2-5 环境状态分析矩阵

（1）理想业务

理想业务即高机会水平和低威胁水平的业务。处于这种环境状态中的企业，其经营活动的风险比较小，企业发展的机会比较多，潜力也比较大，企业蒸蒸日上。此时企业应该充分发挥自身优势，抓住机会，同时密切注意威胁因素的变化情况。

（2）冒险业务

冒险业务即高机会水平和高威胁水平的业务。处于这种环境状态中的企业，如果业务成功，企业可能因此占领市场，取得巨大的胜利；如果业务失败，企业则可能遭受毁灭性的打击，所以是冒险的状态。因此，企业应该在慎重调研的基础上，选用适当的营销策略，勇于冒险，努力控制、减少或转移威胁因素或降低威胁水平，使企业向理想化企业转变。

（3）成熟业务

成熟业务即低机会水平和低威胁水平的业务。成熟环境是企业在长期成功经营之后所取得的。在这种环境状态中，企业经营的环境机会已被充分利用，同时，企业经营的环境威胁也被基本化解，企业不必为处理环境威胁而承担另外的费用。企业应在继续其一般经营活动时，积极寻找适合自己生存的环境，开拓新的营销领域，发掘对企业有利的环境因素，提高企业经营的机会水平。

（4）困难业务

困难业务即低机会水平和高威胁水平的业务。处于这种环境状态中的企业，其经营活动处处受到环境因素的制约，即使有环境机会，往往也是高风险的。此时，企业应该因势利导，发挥自己的主观能动性，"反抗"或扭转对企业不利的威胁因素，或实行撤退和转移战略，调整目标市场，经营对企业有利、威胁水平较低的产品。

【本章小结】

1.市场营销环境是指影响企业营销活动的不可控制的因素和力量。根据影响力的范围和作用方式，市场营销环境可以分为微观营销环境和宏观营销环境。

2.宏观营销环境指影响企业营销活动的一系列巨大的社会力量，主要是人口、经济、政治法律、科学技术、社会文化及自然等因素。微观营销环境指与企业紧密相连，直接影响企业营销活动的各种参与者，包括供应商、竞争者、企业内部环境、营销中介机构、顾客以及其他社会公众。

3.对企业营销的环境威胁和环境机会分别进行了充分的分析之后，可能出现4种不同的结果，即理想业务、冒险业务、成熟业务和困难业务。企业面临环境威胁时有3种可选择的对策：反抗、减轻和转移。

【重要概念】

营销环境　微观营销环境　宏观营销环境　欲望竞争者　一般竞争者

【思考练习】

一、单选题

1.王老吉和加多宝属于（　　　）。

　　A.欲望竞争者　　　B.一般竞争者　　　C.产品形式竞争者　　　D.品牌竞争者

2.下列选项中不属于微观营销环境要素的是（　　　）。

　　A.顾客　　　　　B.政治法律环境　　　C.供应商　　　　　D.竞争者

3.市场营销环境诸因素之间相互影响、相互渗透、相互制约，某一因素发生变化，其他因素也会随之发生变化，这体现了市场营销环境的（　　　）。

　　A.不可控性　　　B.多变性　　　C.差异性　　　D.关联性

4.麦当劳餐厅遍布全球，不同国家和地区的麦当劳餐厅向消费者提供的食品是有差异的，如中国的麦当劳餐厅会给消费者提供豆浆、油条等富有中国特色的食品，这主要体现了（　　　）对营销活动的影响。

　　A.自然环境　　　B.社会文化环境　　　C.经济环境　　　　D.政治法律环境

二、简答题

1.企业如何适应环境变化来调整市场营销战略战术？

2.宏观营销环境包括哪些因素，它们各有什么特点？

3.现代企业应如何处理与竞争者的关系？

4.企业在进行经济环境分析时，主要考虑哪些经济因素？

5.企业对所面临的环境威胁可能采取的对策有哪些？

6.企业为什么必须重视对市场营销环境的研究？

三、案例分析题

昔日奶茶巨头风光不再

2017年11月30日，香飘飘食品股份有限公司（以下简称香飘飘）挂牌上市成为奶茶第一股，市值曾一度接近140亿元。谁也没有预料到的是，上市后的香飘飘，并没有实现经营业绩的飞跃，反而出现了严重的亏损。2018年上半年，香飘飘净利润亏损约5459万元。2019年上半年，香飘飘销售产品产生的净利润仅为2.28万元。2020年前三季度，香飘飘营收同比下滑20.47%，为18.93亿元，净利润同比下滑97.9%，为216.14万元。除了业绩惨淡外，香飘飘还出现了经销商组团退出、高管离职等危机。数据显示，在2020年前三季度，香飘飘的经销商共减少316个。显然，昔日的奶茶巨头，已经风光不再。

曾经多数消费者选择购买香飘飘奶茶，更多是因为杯装奶茶携带便捷，冲饮方便，但如今杯装奶茶的这一优势已不存在，饿了么、美团外卖等外卖平台的兴起让消费者可以随时随地喝到冷热皆有、口味丰富的现做奶茶。年轻人，特别是以"95后""00后"为代表的奶茶主力消费群体，其消费观念也发生了巨大的变化，他们求新、求异、求变，从以前的吃饱、吃好到吃得营养健康，现在升级到体验享受，消费升级使得速溶产品如今已经不再受消费者青睐。

近年来，随着"网红"奶茶店的崛起，香飘飘的竞争对手变得越来越多。从前的香飘飘，最强大的竞争对手便是优乐美、康师傅等，但如今的香飘飘却要与众多新式奶茶店竞争，如茶颜悦色、蜜雪冰城、喜茶、奈雪的茶等。而且，如今的新式奶茶店品牌众多，店铺密集程度非常高。除了外部原因外，香飘飘自身也存在产品过于单一、轻研发重广告等问题。由此可见，香飘飘不"香"了，是一种必然结果。

问题

1. 运用所学的知识，结合案例材料分析香飘飘奶茶风光不再的原因。

2. 你认为香飘飘应该如何调整自己的营销策略？谈谈你的想法。

【实训演练】

1. 实训主题

请选取一个你感兴趣的企业，分析其面临的环境机会和威胁，以及可采用的对策。

2. 实训步骤

（1）教师布置实训任务，指出实训要点和注意事项。

（2）建议学生4~6人为一个小组，全班学生分成若干小组，采用组长负责制，组员分工合作完成实训任务。

（3）小组内部充分讨论、认真研究，查阅资料。教师鼓励学生进行实地调查，形成实训分析报告。

3. 实训汇报

小组需制作一份PPT并在课堂上进行集中展示，展示时间为8~10分钟。展示完成之后，其他小组需进行点评和互动，教师对小组实训分析报告和小组展示情况进行点评和总结。

第3章 市场调研与预测

面对复杂并不断变化的市场营销环境，营销管理者要想做出正确的营销决策，就必须掌握准确、全面的市场信息。实践证明，企业只有从市场出发，深入细致地进行调查研究，在掌握大量市场信息的基础上，对它们进行有效的管理并进行科学的市场预测，才能做出正确的营销决策，在激烈的市场竞争中获得成功。本章主要介绍市场调研的含义、内容、类型和程序，市场调研的主要方法与资料整理，以及市场预测及其方法。

【学习目标】

1. 了解市场调研的含义、市场调研的程序。
2. 掌握市场调研的内容、市场调研的主要方法。
3. 掌握市场预测的方法。

【开篇引例】

某餐饮公司盲目开店，1年亏光3年利润

某餐饮公司2021年全年业绩公告显示，2021年公司实现营业收入411.1亿元，同比2020年增长43.7%；全年亏损41.6亿元，而2020年全年净利润为3.09亿元。截至2021年12月31日，该餐饮公司在全球共有门店1 443家。2021年全年，该餐饮公司新开业421家门店，关闭276家门店，其中16家因租约到期等关闭。该餐饮公司的总体平均翻台率为3.0次/天，同店平均翻台率为3.5次/天。

对于业绩的糟糕表现，该餐饮公司官方在公告中称，原因主要在于新开门店较多导致支出增加，新开门店首次盈亏平衡时间较长，以及突发事件对客流产生持续影响等3个方面。对于为什么该餐饮公司要如此激进扩张，该餐饮公司创始人张某在公司管理层交流会议中给出了答案，他承认，是由于自己对形势判断过于乐观。2020年6月，他盲目自信，做出进一步扩张的错误决策，等到意识到问题存在的时候已经是2021年1月，做出反应的时候已经是2021年3月。

思考：该餐饮公司为何会做出错误的经营决策？

3.1 市场调研

市场是一个不断变化的、开放的系统，它有着自身的发展变化特征与规律。企业要想在市场经济条件下生存与发展，就必须及时、准确地掌握市场中与企业相关的各种因素的变化情况。通过市场调研，企业可以分析市场情况，了解市场现状及其发展趋势，为市场预测和营销决策提供客观的、正确的资料。

3.1.1 市场调研概述

1. 市场调研的概念

一般企业所能获取的信息主要包括两个方面，即企业内部信息和外部信息。企业内部信息的获取主要通过企业的内部报告系统或会计系统，这方面的信息主要是由企业的会计、财务管理和统计等部门提供。而企业获取外部信息除了依赖二手资料外，还需要企业自身或委托其他单位或机构直接开展市场调研活动。

广义的市场调研是企业为制定营销决策而有目的、有计划、系统地搜集和分析处理有关市场信息情报资料并形成企业需要的相关研究成果而进行的所有活动。狭义的市场调研主要指针对市场本身的调研活动。

2. 市场调研的内容

市场调研的内容十分广泛，根据调研重点不同可具体分为市场环境调研、市场需求调研、市场营销策略调研、市场营销效果评估调研。

（1）市场环境调研

市场环境调研是针对与企业市场营销活动相关的各种环境因素进行的调研活动。影响企业的环境因素大致可分为宏观环境因素和微观环境因素两类。宏观环境因素主要指政治法律因素、经济因素、社会文化因素、科学技术因素、人口与地理因素等。微观环境因素主要指企业内部因素、企业的供应商、企业的中介、企业的竞争者与其他社会公众等。

（2）市场需求调研

市场需求调研是根据市场需求的规模、特点及变化规律进行的调研活动。市场需求调研主要包括对市场现实需求与市场潜在需求的调研。市场现实需求调研是针对市场已经具有的需求的结构、数量、特点等进行的调研活动；而市场潜在需求调研是就市场未来的发展规模、需求特点、购买力因素等进行的调研活动。

（3）市场营销策略调研

市场营销策略调研是针对企业销售的产品、价格、分销渠道及促销等营销变量进行的调研活动。比如产品调研，研究现有产品处在其生命周期的哪个阶段，应采取的产品策略，如何进行新产品设计、开发和试销；价格调研，研究影响产品价格的因素，分析产品价格策略的合理性和竞争性；分销渠道调研，调查企业现有销售渠道的合理性，研究如何正确地选择和扩大销售渠道；促销策略调研，调查企业现有促销策略是否合理，实施效果如何，是否还有改进的空间；等等。

【案例 3-1】

中国休闲食品市场发展趋势

中国休闲食品市场规模已突破万亿元，2017 年以来，年复合增长率超过 10%，2021 年休闲食品市场规模突破 1.4 万亿元，休闲食品行业市场稳步扩张，发展空间广阔。休闲食品的销售渠道中，电商和新兴渠道增速快，休闲食品线上销售规模占比不断提升，但传统线下渠道仍占据主导地位。据麦肯锡调研数据，超过 50% 的受访消费者偏爱健康和营养食品，低糖、低盐、低脂、无添加剂已成为新的消费诉求。国内众多食品饮料品牌通过跨界合作、改良产品迎来新的市场机遇。儿童零食品牌快速崛起，出现越来越多基于传统零食的创新零食，注重提供营养均衡的产品，助力儿童健康成长。

（4）市场营销效果评估调研

市场营销效果评估调研是对企业所进行的各种营销战略及营销策略实施的效果的评价与分析，以此来指导和修正企业市场营销计划、市场营销策略及其实践的活动。

3. 市场调研的类型

市场调研主要分为探索性调研、描述性调研、因果关系调研、预测性调研4种。

（1）探索性调研

探索性调研主要应用于企业对所要研究的对象不十分明确之时，是为了发现并提出问题，为进一步地深入考察确定研究重点，是一种非正式的初步调研。

探索性调研的应用十分广泛，如国内钢铁价格上涨，造成这种情况的原因可能有多种，包括国内制造业发展导致原材料需求增加，战争导致出口需求增加，国内钢铁厂商生产成本上升导致供给减少，贸易壁垒加强导致进口不足等。对于这种问题，一般就要从探索性调研入手，因为如果不经过广泛的调查，就难以确定什么原因是最重要的，进一步地深入调研便难以进行。

简言之，探索性调研是正式调研的序曲，通过探索性调研，企业可以广泛地收集信息，从这些信息中发现问题，找到症结所在，从而确定下一步的调研重点。

（2）描述性调研

描述性调研在市场调研中的应用较广，指通过翔实的调查与分析，对市场营销活动的某个方面进行客观的描述，对已经找出的问题做如实反映和具体回答。例如，在上面那个国内钢铁价格上涨的例子中，若通过探索性调研发现这主要是由贸易壁垒引起的，此时就应当拟订调研计划，对相关资料进行收集、整理和分析，并对结果进行描述，以如实地反映客观情况，找出对策。

与探索性调研相比，描述性调研的目的无疑更加明确，研究的问题也更加具体，所以描述性调研的形式和方法的规范性都较强，企业的投入也更多。基于以上考虑，在开始探索性调研之前，企业往往需要制订非常周密的调研计划，做好各项准备工作，以确保整个调研工作顺利进行。在实际工作中，描述性调研需要进行实地调查，收集第一手资料，所以询问法是其经常运用的方法之一。

（3）因果关系调研

描述性调研不是万能的，因为它只能说明变量之间的某些关系，面对实际工作中大量存在的因果关系它就无能为力了，此时我们有必要引入因果关系调研。所谓因果关系调研，顾名思义，就是在描述性调研的基础上进行进一步分析，以揭示变量的变化受到哪些因素的影响、各种影响因素的变化，以及各因素对变量产生影响的程度。就实际情况而言，在调研过程中，实验法是其主要使用的研究方法。

（4）预测性调研

预测性调研就是对未来市场的需求进行估计，它对企业合理制订营销计划、有效进行营销环节控制以及防范市场风险，具有非常重要的特殊意义。在国内钢铁价格上涨的例子之中，我们通过预测性调研就可以估计出未来的国内市场钢铁需求量，进而使产量和库存保持在最佳范围，最终使企业盈利最大化。与探索性调研类似，出于目的和性质的考虑，预测性调研可采用的研究方法较多，研究方式也较为灵活。

4. 市场调研的程序

市场调研是一项比较烦琐而复杂的活动，但市场调研的结果会直接对企业的经营活动产生较大影响，因此企业必须认真、科学地计划与实施市场调研活动才能完成市场调研目标。市场调研是指根据企业的市场调研目标，组织实施市场调研计划，对市场调研的结果做全面研究分析的整个过程。市场调研活动基本可以划分为7个步骤，如图3-1所示。

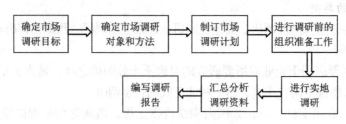

图3-1　市场调研活动程序

（1）确定市场调研目标

在确定市场调研目标前，应先明确问题所在。调研人员要对企业的生产经营状况进行全面分析研究，找出需要解决的问题，再根据问题的重要程度确定调研目标的层次。即在调研前，要知道为什么进行调研，调研时要了解什么问题，了解这些问题可帮助解决什么问题。因此，只有找到了问题，才能确定市场调研目标。

（2）确定市场调研对象

确定市场调研对象，就是明确获取第一手资料和第二手资料的对象是单位、机构还是个人，明确市场调研时间、地点，是一次性调研还是多次性调研，是普查还是抽查等。

（3）制订市场调研计划

市场调研计划是整个市场调研的关键。市场调研计划应包括采用什么调研方法，分几个步骤进行调研，由哪些人员参加调研及如何组织分工，整个调研工作的时间和进度，调研预算等。

（4）进行调研前的组织准备工作

调研前的组织准备工作主要包括：①对调研人员进行选择和集中培训，因为市场调研的某些内容具有一定的专业性，为做好市场调研工作，必须对现场调研人员进行选择和培训；②确定调研项目；③确定抽样设计方式；④安排好各项具体工作，包括所需调研资料的类型、确定调研项目，根据调研任务和调研规模建立组织、人员费用核算，做好实地调研所需物资的准备工作等。

（5）进行实地调研

调研人员按计划规定的时间、地点、方法、内容进行具体的实地调研，收集有关资料。

（6）汇总分析调研资料

首先，按照市场调研项目对结果进行汇总和整理。然后，对调研资料进行统计分析和技术处理，以保证资料的系统完整和真实可靠，以便揭示问题的本质和各种市场现象之间的因果关系。

（7）编写调研报告

调研报告是对具体问题或项目进行深入分析研究之后所编写的书面报告。调研报告应该用事实材料对所调研的问题进行系统的分析与说明，并提出结论性意见。编写调研报告是整个市场调研最后阶段的主要工作，以此反映市场调研的全部成果。调研报告虽然没有统一的格式，但一般都包括引言、正文、结论、附件等基本内容。

3.1.2　市场调研的主要方法

市场调研的主要方法包括询问法、观察法、实验法，具体如下。

1. 询问法

询问法是调研人员通过一定的方式询问被调研者相关问题来收集所需信息和资料的一种常用调研方法。调研人员一般会事先设计好一系列的问题，常按编制成的一套调研表或问卷有步骤地提问，以免被调研者被任意提问导致回答的内容和质量下降。询问法主要有以下几种形式。

（1）人员访问调研法

这种方法也称个人访问法，就是由进行调研的企业或调研机构派出调研人员直接当面询问被调研者（可以是企业或个人）问题。这是一种最常见的调研方法，这种方法的优点是调研人员可以直接观察到被调研者的反应；二者可以相互沟通交流，调研人员可以从中发现事先没有预料到的问题；调研人员可以更深入地了解情况，对不明确的地方可以连续提出问题。

以上优点使人员访问调研法与别的调研方法相比能得到更为翔实的信息和资料，但是这种方法也有缺点：成本相当高、时间比较长，调研所得到的信息和资料受调研人员的主观倾向的影响较大。所谓主观倾向，就是调研人员事先对问题的认知。调研人员在市场调研时切忌带有偏见，应该力求实事求是。

（2）书面调研法

书面调研法是通过将设计好的调研表分发或邮寄给被调研者，由被调研者进行书面回答并寄回给调研人员的一种常用的市场调研方法。这种方法的优点是空间局限性小，只要邮寄信函可以到达就能开展调研；调研的成本比较低；进行书面调研时，被调研者有足够的时间就自己不清楚的问题与别人讨论，这样在调研表中就可能会反映出多人的意见。

这种方法的缺点是答复率比较低，尤其是调研问题比较多且内容复杂时，通常答复率为1%～5%。目前，针对这一缺点可考虑采用有酬邮寄调研法或有奖邮寄调研法。另外，这种方法所获取的市场信息与被调研者的书面表达能力直接相关，一般来说，文化层次越高的被调研者，书面表达能力就越强，而这可能会使调研资料"跑偏"。

（3）电话调研法

电话调研法以电话为媒介与被调研者进行交谈来收集所需市场信息。这种方法的优点是收集市场信息的速度快，时效性强；收集市场信息的空间限制小；成本比较低。

这种方法的缺点是手段会受较大限制，如一些书面资料或图表资料就用不上；所使用的问题一般都比较简单，复杂问题难以沟通，因为在电话里常说不清楚；对被调研者的基本情况掌握较少，不利于调研；会受该市场范围内电话覆盖率的影响，如果电话覆盖率低则会不利于调研。

（4）网络调研法

网络调研法是随着互联网的不断发展而发展出来的一种新的市场调研方法，它是以网站或网页为平台对被调研者进行调研的一种方法。这种方法的优点是收集市场资料的速度较快，时效性较强；收集到的市场资料可能是多方面的，调研表的设计自由度比较大；空间限制小。

这种方法的缺点是受互联网覆盖率的影响很大，互联网覆盖率低的地区的调研效果会很差；无法了解被调研者的反应。

（5）组合市场调研法

根据以上分析，各种市场调研方法各有利弊。在实施市场调研的过程中，企业通常都是将多种市场调研方法组合使用，这样在取得良好调研效果的同时，也可以保证市场调研的经济性。例如，将电话调研法、书面调研法与人员访问调研法组合使用等。

2. 观察法

观察法与询问法的差别很明显，强调的是"耳听为虚，眼见为实"。观察法一般不会向被调研者直接提问，而是重点观察被调研者的行为活动及反应。观察法主要有以下形式。

（1）直接观察法

这种方法以企业派出观察员到现场亲眼观察为主，利用调研人员的视、听器官感知被调研者的行为活动。例如，移动电话生产商在进行市场调研时，可通过调研人员观察记录消费者对何种款式、具备何种功能的手机感兴趣，以及其对生产商或经销商所做的促销活动反应如何等。

（2）亲身实践法

这种方法要求调研人员直接参与所要调研的活动。例如，公交企业的管理人员想了解公交服务质量水平下降的问题，就可以装作乘客，在乘车过程中进行实际观察和亲身感受。这种亲身实践法对掌握公交、旅游、宾馆、零售等服务业的服务水平等情况相当有效。

（3）痕迹分析法

痕迹分析法的应用主要是在企业广告宣传的效果等方面。例如，某珠宝生产企业开发出一系列新款首饰，并进行了大量的广告宣传。为了掌握宣传的效果，该企业可在报纸广告或宣传单上附加印花，通过印花回收来判断分析宣传的效果。当然，这种印花的回收应是有偿的，或可以根据印花给顾客一定的折扣等。

（4）记录分析法

记录分析法主要是以机器设备来记录被调研者活动的一种方法。其所使用的机器设备包括录像机、录音机、照相机等，将这些设备固定在被调研者活动的现场就可以将现场情况如实地记录下来。

通过以上几种方法收集的市场信息都比较客观真实，这几种方法的主要优点是对被调研者的观察是非常直观而具体的；被调研者当时的反应都是自然的、真实的；途中可能会发现一些意想不到的新情况或新问题。但需要注意的是，观察法只能观察到被调研者的外在行为与活动，而对其内在实际思想与态度是无法直接感知的，也就是说，我们不能只依据表象来对事物进行判断分析进而寻求因果。

3. 实验法

实验法原是实验者实验求证的一种方法。在进行市场调研时如果条件允许，如调研一个较小的细分市场，该细分市场的情况与目标市场总体情况相似，调研人员就可以对某种影响新产品销售的主要因素进行实际试验取证，分析其原因，以判断企业营销活动是否有大规模推行的可能。

3.1.3 市场调研的资料整理

市场调研的资料整理是指根据市场分析研究的需要，运用科学的方法对市场调研所获得的市场信息进行审核、分组、汇总、列表，或对二手资料进行再加工，使其集中化、条理化、系统化的活动或过程。

1. **市场信息概述**

（1）市场信息的含义

市场信息是指有关市场及市场发展变化趋势规律的，并与企业市场营销活动相关的各种信息、情报、数据、资料等。

迅速、准确、及时地搜集和掌握国内外市场动态、信息、情报、资料，对企业制定市场营销组合策略，实现营销目标和经营目标具有十分重要的意义。企业营销成功的关键在于营销决策的成功，而营销决策成功的关键在于对市场信息的掌握。企业的市场营销活动由信息活动开始并贯穿始终，市场信息的传递效率与质量直接决定了企业市场营销活动的水平，甚至关系到企业营销决策的成功与否。

（2）市场信息的特征

①市场信息具有时效性。信息是有价值的，其价值的存在是通过交换来实现的。也就是说，市场信息非常重要的价值在于它交换的时效性。如果这个信息是准确的、及时的，它可能价值连城；但如果这个信息是准确的但交换不及时，它可能一文不值。所以，市场信息的时效性是其最主要的特征。

②市场信息种类繁多。市场信息主要来自企业外部，是对企业经营环境的客观反映。基于复杂的环境，市场信息的种类也非常多。因此，企业要想全面掌握市场信息就必须从各个信息渠道获取信息，如供应商、经销商、竞争者、顾客等。无论忽略了哪个方面，企业在进行决策和开展营销活动时，都会受到不同程度的影响。而不同种类的信息在获取和处理上也并非完全相同。

③市场信息数量大。市场信息来源广，同时企业又处在一个动态变化的环境中，因此，每分每秒都会有新的信息产生。而且随着科学技术的发展，技术周期缩短和信息传递技术水平的提高，企业必须面对体量庞大的市场信息，并能够应付自如，才不至于被信息淹没。

④市场信息具有模糊性。不是所有信息都是完美无缺的，由于信息来源渠道、来源时间、传递手段不同，事实上企业得到的高质量、准确、及时的信息并不多，在大多数情况下，都需要去伪存真。分析市场信息是非常重要的企业活动，任何市场信息的使用都是有风险的，市场信息分析能力越强，企业的经营风险就会相对越小，其对企业经营决策活动的消极影响就越小。

⑤市场信息具有动态性。市场信息作为对市场的客观反映，其所反映的事物在时空中有对应的时点，那么企业在获取、传递、分析、运用信息等方面就会存在滞后性，这会在一定程度上制约企业对市场信息的使用效率。因此，企业在处理市场信息时就要有意识地考虑制定的市场营销策略在时间上与市场发展的差距，在信息系统建设中解决以上问题。

（3）市场信息的功能

市场信息对企业营销活动的影响很大，即所谓"运筹帷幄之中，决胜千里之外"，决胜千里之外一定是以掌握大量的信息为基础的。

①市场信息是企业制定正确的市场营销决策的基本保证。企业在进行营销决策甚至经营决策时，必须要掌握大量的市场信息作为决策的直接依据和间接依据。企业只有掌握了大量的市场信息，才能做出科学合理的营销决策。没有市场信息做基础，企业的营销决策不亚于"摸着石头过河"，风险可想而知。

②市场信息是企业进行市场预测的必要条件。企业在进行营销决策和实施营销策略前，通常都要进行市场预测，这是进行营销活动必需的环节。市场信息则是进行市场预测活动的必要

条件。没有市场信息作为支撑的市场预测本身就是一种冒险。

美国克莱斯勒汽车公司的失误

20世纪70年代末，美国克莱斯勒汽车公司由于没有对"石油危机"之后的市场需求做出正确的预测，仍继续生产耗油量高的大型轿车，结果汽车销量大大下降，存货积压，每天都要损失200多万美元，仅3个季度的损失就多达7亿多美元，导致公司停产，董事长辞职，公司濒临破产。

③市场信息是企业制定营销策略的基本前提。企业的营销策略是用于实现营销目标和营销战略的，而如何制定营销策略是个复杂的专业问题。制定营销策略的决定因素虽然是可控的，但如何做出选择，要以企业不能控制的环境条件为依据，这样制定出来的营销策略才能针对顾客需求，发挥促进销售的作用。企业对不可控因素的掌握则要通过了解市场信息来实现。

④市场信息是企业制订营销计划的基础。营销计划作为企业计划的重要组成部分，规定了企业营销活动的目标和达到目标的主要途径和措施。企业要想了解市场需求情况，必须掌握市场信息。如果企业不了解市场信息，就无法制订符合实际的营销计划。

【案例3-3】

童装市场的兴起

自实施以来，鼓励生育举措持续正向影响童装产业。2021年6月，三孩生育政策颁布几天后，婴幼儿服装品牌"星巷"获得千万元人民币天使轮融资；同年7月，深圳母婴跨境电商平台PatPat接连获得5.1亿元人民币、1.6亿美元的融资和投资；同年8月，童装品牌幼岚完成近亿元人民币的A轮融资；同年11月，童装企业衣拉拉更新招股说明书，备战上交所上市。

2021年7月，国家颁布了"双减政策"，旨在有效减轻义务教育阶段儿童过重作业负担和校外培训负担，让儿童走出学校，走进操场、田野、艺术场馆等，让儿童的生活变得愈发多彩。这让不少品牌看到儿童运动装备的前景，不少运动品牌开始大力发展童装系列，有了良好的发展势头。

⑤市场信息是企业营销控制的保障。市场变幻莫测，企业在营销活动中会遇到许多新的问题和未知的情况，这会使原本的营销决策和销售计划无法适应变化后的市场环境。这就需要企业管理者重新制订或修订计划，使企业目标保持动态平衡。因此，企业在营销活动过程中要随时注意市场信息的变化，据此来进行营销控制。

【案例3-4】

企业的外销转内销

一家铅笔生产企业获悉国际市场石油价格在不断下降时，推断中东产油国的经济状况可能会因此而受到消极影响，而该企业有相当批量的产品是出口到中东地区国家的。所以，该企业迅速对原有的营销计划进行了调整，适当降低内外销的比例，丰富和提高内销产品的种类和质量，拓宽销售渠道。结果，在铅笔出口订单量大幅下降的不利条件下，该铅笔生产企业却实现了订货量上升20%，在整个行业不景气的情况下，成为该行业中唯一销售额上升的企业。

2. 市场信息的收集

信息收集是指为保证完成某项任务，从各种信息源处获得信息的过程。信息收集是企业利用信息的第一步，也是非常关键的一步，它直接关系到整个市场调研工作的质量。为了保证信息收集的质量，市场调研应坚持以下几项原则。

①针对性原则。信息的收集必须有非常强的针对性，必须根据具体的任务和实际的需要，有的放矢地展开。没有明确目的作为指导的信息收集，只会浪费企业的人力、物力和时间，造成不必要的损失。

②准确性原则。这项原则要求我们所收集到的信息必须真实可靠。信息收集者必须对收集的信息的真实准确性进行反复核实与检验，把误差降到最低水平。因为不准确的信息不仅会浪费资源，严重的时候甚至会导致决策失误，造成巨大的经济损失。

③全面性原则。全面性原则要求我们所收集到的信息广泛完整，因为只有这样的信息才能反映企业营销活动的全貌，从而为决策的科学性提供保证。因此，我们在收集信息时，应尽量采取多种方法，多方位地收集，并在可能的范围内把收集对象的相关点联系起来加以综合，找出其中的共性和一般规律。

④系统性原则。由于信息具有分散性和大量性的特点，信息不是一次性地集中发出的，而往往在时间上有间隔，内容上也不完善。因此，我们要多方面拓展信息的来源，平时注意对信息的积累，以增强收集信息的系统性，最终提高信息的质量。

⑤时效性原则。信息只有及时迅速地提供给使用者才能有效地发挥作用。信息只有是"事前"的，对决策才是有效的。如果过时了，信息也就失去或减弱了使用价值。保证信息收集时效性的办法，就是积极做好信息预测工作，抓住潜在信息，走在时间的前面。

3. 信息资料的整理

信息资料的整理指按不同的研究目的，将收集到的信息资料加以校编、分类、编号、制表和统计，以方便研究，并为信息分析提供平台和基础。信息资料的整理至少包括5个步骤，如图3-2所示。

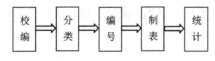

图3-2 信息资料整理的步骤

（1）校编

校编是指检查核对收集到的信息资料，消除信息资料中的错误、遗漏或含糊之处，用以提高信息资料的准确程度。这项工作要在信息资料收集完成之后立即进行，为的是在发现问题的时候，调研人员能够凭记忆或临时记录加以处理。

（2）分类

分类是市场营销信息资料整理的一个重要环节。由于其对保证调研结果的客观性和准确性至关重要，分类工作必须严格遵循科学的原则、应用科学的标准、采取科学的方法。这里的分类实际上是对设计问卷时已经进行的分类做出的补充。由于对某些信息资料在调研以前进行分类工作的难度较大，所以只能采取这种事后的分类方法。

（3）编号

编号是指用数字来代表类别。

（4）制表

制表是指将经过上述处理的信息资料进行进一步加工，使其成为便于分析和使用的表格形式。常见的表格有单栏表和多栏表两种。前者适用于列出某一种特性的调研结果；后者则可用于列出多种特性的调研结果。

（5）统计

这是信息资料整理的最后一步，指对信息资料进行必要的统计加工，但仅包括最为初级的统计加工，深入的统计推断属于信息资料分析阶段的内容。

4. 信息资料的分析

整理资料的目的在于对收集到的信息资料进行分析，进而获得调研结论。依照不同的性质，信息资料的分析可以分为定量分析与定性分析。

（1）定量分析

定量分析指依据统计数据，建立数学模型，并利用此模型计算出分析对象的各项指标及相应数值。常用的定量分析方法包括判别分析、聚类分析、相关分析、回归分析、方差分析等。

①判别分析（统计分辨）。判别分析是根据表明事物特点的变量值和它们所属的类别求出判别函数，再根据判别函数对未知所属类别的事物进行分类的一种分析方法。在进行判别分析时，由于假设前提、判别依据和处理手法的不同，有不同的数学模型和具体方法，实际工作中常用的有距离判别、贝叶斯（Bayes）判别、费希尔（Fisher）判别等。判别分析的步骤如图 3-3 所示。

图 3-3　判别分析的步骤

②聚类分析。聚类分析是指根据事物之间彼此不同的属性进行辨认，将具有相似属性的事物归为一类，使得同一类的事物具有高度的相似性。聚类分析根据类间距的不同可以分为最短距离法、最长距离法、中间距离法、平均距离法、重心法、类平均法、离差平方和法等。聚类分析的步骤如图 3-4 所示。

图 3-4　聚类分析的步骤

③相关分析。相关分析是指对客体间具有的相关关系进行研究分析，为其密切程度和变化规律提供判断依据，并作为预测的基础。相关关系指客体之间在数量上的不严格的依存关系，即两者之间不具有确定性的对应关系。相关关系具有两个特点：第一，客体之间确实存在数量上的依存关系，即某一社会经济现象的变化要引起另一社会经济现象的变化；第二，客体之间的这种依存关系是不严格的，即无法用数学公式表示。相关分析的步骤如图 3-5 所示。

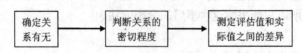

图 3-5　相关分析的步骤

④回归分析。回归分析是在考虑预测对象发展变化本质的基础之上，根据已知的一个或一个以上的变量的值来估计另一个变量的值，并得出估计误差的分析方法，用以描述变量之间的平均变化数量关系，进而进行控制或预测。回归分析的步骤如图3-6所示。

图3-6　回归分析的步骤

⑤方差分析。方差分析又称变异数分析或F检验，其目的是推断两组或多组资料的总体均数是否相同，检验两个或多个样本均数的差异是否有统计学意义。其基本原理是不同处理组的均数间的差别基本来自随机误差和实验条件。根据资料设计类型的不同，方差分析可分为单因素方差分析和二因素方差分析两种。方差分析的步骤如图3-7所示。

图3-7　方差分析的步骤

虽然我们可以借定量分析深入研究对象的构成比例、规模大小和水平高低，但定量分析不是万能的，如果我们试图了解某种新事物的概念或者事物发展的方向、趋势等，就不得不借助于定性分析。

（2）定性分析

定性分析指凭借分析者的经验和直觉、凭分析对象过去和现在的状况以及各种最新的信息，对客体的性质、特点和变化发展规律进行判断。定性分析和定量分析既有区别又有联系。其区别在于相较于后者，前者需要的数学统计知识较少；其联系在于，就算只使用定量分析，也要使用定性分析中较常用的比较对照方法，同时从另一个方面来说，定性分析也需要建立在一定的数据处理基础之上。

在目前的市场调研工作中，大部分的企业对定性分析都不够重视，一旦提到市场调研和信息资料分析的准确性、专业性，就会立刻想到定量分析，好像只有定量分析才是唯一的、科学的调研分析方法，而同样科学实用的定性分析却被人视为主观臆断而遭到排斥和贬低。在没有定性分析的辅助时，企业会花费大量的人力、物力、财力进行市场调研从而得到大量的数据，然而由于没有定性分析作为指导而单纯地使用定量分析，分析的结果不可能具有客观实用性。

正是由于定量分析和定性分析相辅相成、缺一不可，在通常情况下，企业往往需要将这两种分析方法结合起来使用，以保证分析结果具有准确性和客观性。

5. 信息资料的解释

信息资料分析的目的是把收集到的数据以某种形式重新组合起来以便从中发现有用信息，而信息资料的解释则是在信息资料分析的基础之上进行的，是为了把经过分析的信息资料与其他信息资料放在一起进行比较，进而得到与所研究主题相关的信息。

在市场调研的实际工作之中，一般而言，信息资料的解释方法是灵活多样的，大多需要根据实际情况选择。尽管信息资料的解释没有统一的模式可以遵循，但仍然有几点需密切注意。

①坚持客观性原则。在信息资料的解释中，坚持客观的态度非常重要，如果人为地加入主观因素，解释的结果往往就会丧失可靠性，甚至和所要反映的客体完全相反。

②坚持全面性原则。全面性原则要求信息资料的解释人员尽量从各个不同的角度去解释。信息资料的解释工作实际上是从信息资料中提炼某些规律的过程，这些规律要真实、全面地反映客观的事物和现象，否则将导致调研结果丧失客观性，失去使用价值。

③坚持创造性原则。解释也是一种创造，它以理性的信息资料为依据，从中发现相关规律，进而提出对企业开展营销活动有用的结论。企业的整个营销活动都是新鲜的、充满生命力的，所以缺乏创造性的信息资料解释是没有意义的。

④坚持谨慎性原则。谨慎性原则是指在信息资料解释的过程中，解释人员处理具体工作时要认真细致，对内容或者处理环节都应当持负责的态度。解释工作还必须对信息资料进行筛选，此时筛选的原则和标准对解释结果的有用性来讲就至关重要了，若尺度过松则会导致解释结果冗长杂乱，降低其对企业营销决策或营销控制活动的相关性和有效性，所以解释人员必须坚持谨慎性原则。

⑤坚持相关性原则。在信息资料的解释过程中，相关性也非常重要。前面提到解释工作必须对经过分析的信息进行筛选，所以就存在一个筛选尺度的问题。尺度不能过松，也不能过紧，否则会导致与所研究的主题相关程度高、具有重要价值的信息不能在解释结果中反映出来，所以在这一点上除了要坚持谨慎性原则外，坚持相关性原则也是相当重要的。

⑥坚持科学性原则。科学性原则要求解释人员在解释工作中要坚持科学的态度和方法。这里需要注意的是，虽然不存在统一的解释模式，但在进行解释工作的时候，也是有章可循的，如经常使用的归纳推理方法和演绎方法等，前者是由个别的事物或现象推出该类事物或现象的普遍性规律，后者则是从整体的现象推出个别的现象。

⑦坚持明晰性原则。明晰性原则是指阐述解释结果时要尽量简单明确，使之易于理解和使用。由于解释结果是由专业人员得出的，而使用解释结果的人往往是非专业人员，那么就需要尽量使解释结果简明通俗、便于直接使用，从而减少可能的沟通问题。

【案例3-5】

新配方可口可乐

可口可乐公司曾经有过一个重大的营销失误。在经历了99个成功的年头后，它放弃了长期以来的准则——"别和老可乐混为一谈"——并且放弃了它的老配方可乐！取而代之的是新配方可乐，新配方可乐有着更甜、更润滑的口感。

开始时，得益于狂轰滥炸式的产品介绍广告，新可乐销售得很好。但很快，新可乐的销量变得低迷。每天可口可乐公司都会收到不满的消费者的大量邮件和电话。一个名为"喝老可乐的人们"的组织发出抗议，威胁说如果可口可乐公司不重新使用老可乐配方，他们将提起公诉。仅仅3个月后，可口可乐公司就重新采用了老可乐配方。那之后，现在被称为"经典可乐"的老可乐和新可乐被并排摆放在超市的货架上。公司认为新可乐可以保持佼佼者的地位，但消费者不这么认为，那年年末，超市中老可乐的销量是新可乐的2倍。

迅速的反应把公司从潜在的巨大危机中挽救出来，它增加了对老可乐的投入，老可乐再次成为公司的主要产品，新可乐成为公司的"攻击品牌"——作为百事可乐的拦路者，其在广告中直接与百事可乐做对比。随后，可口可乐公司重新包装了新可乐，并把它冠以新名字"可乐Ⅱ"以作为品牌延伸。今天，老可乐约占领了美国软饮料市场份额的17%，而"可乐Ⅱ"已悄无声息地退出了市场。

为什么新可乐会被推到这一位置？哪里出错了？许多分析都把错误归咎于拙劣的市场调研。

3.2 市场预测

市场预测服务于营销决策，企业通过市场预测准确把握未来市场的有关动态，降低未来的不确定性和营销决策的盲目性，使营销决策目标得以顺利实现。

3.2.1 市场预测概述

1. 市场预测的概念

市场预测是指企业在通过市场调研获得一定信息资料的基础上，针对企业的实际需要及相关的现实环境因素，运用已有的知识、经验和科学方法，对企业和市场未来发展变化的趋势进行适当的分析和判断，预测企业目标市场的未来发展趋势、企业的市场占有率变化、商品销售趋势变化、竞争对手营销策略变化等，为企业营销决策的制定提供可靠依据的活动。

2. 市场预测的意义

（1）有利于更好地满足市场需求

随着人们的物质、文化消费需求变化迅速，过去的卖方市场已经转变为买方市场。企业只有通过预测及时掌握市场需求变化的趋势和可能达到的需求水平，根据企业的经营条件，选择和确定企业的目标市场，才能在市场变化中避免盲目经营，不断地满足市场的现实需求和潜在需求。

（2）有利于企业通过市场调节合理配置资源

市场调节是市场经济条件下资源配置的一种形式。它是按市场价格的波动来调节各个企业的生产经营活动。市场预测能向企业决策者提供由市场价格波动反映的市场供求行情变化趋势，以便企业适应市场对各种商品的需求量的变化，自觉地选择和调整生产经营方向，合理组织人、财、物的比例和流向，减少资源在使用中的浪费，促进企业资源得以充分利用。

（3）有利于提升企业的竞争能力

现代竞争观念认为决定企业竞争能力的关键是企业对信息资料掌握的多少和质量的高低。在激烈的竞争中，谁先占有情报谁就能处于主动地位。如果一个企业技术先进，人才济济，但不能及时开展市场预测以及对情报的全面、综合利用，就会因缺乏预见能力、判断能力，使自身的竞争能力得不到充分发挥。相反，如果条件差的企业能及时准确地掌握市场动向，采取有效对策，在竞争中也会变弱为强。

3.2.2 定性预测方法

定性预测指根据掌握的信息资料，凭借专家个人或群体的经验、知识，运用一定的方法，对市场未来的趋势、规律、状态进行主观的判断和描述。

1. 德尔菲法

德尔菲法，也称专家意见法，是以匿名的形式轮番征询专家意见，最终得出预测结果的一种集体经验判断法。这种方法是市场预测定性方法中最重要、最有效的一种方法，应用十分广泛，可用于商品供求变化、市场需求、产品的价格、商品销售、市场占有率、商品生命周期等方面的预测。这种方法不仅能在企业预测中发挥作用，还在行业预测、宏观市场预测中被广泛应用。德尔菲法不仅可用来进行短期预测，还可用来进行中长期预测，效果比较好，尤其是当预测中缺乏必要历史数据或应用其他方法有困难时，采用德尔菲法预测能得到较好的效果。

德尔菲法是借用社会各方面专家的头脑，综合他们的预测经验进行判断预测，因此，其预测的准确性要比其他经验判断法高。同时，德尔菲法采用匿名的形式，大大减少和避免了面对面预测可能带来的诸如附和权威意见或意气用事等问题，使专家能充分发表个人预测意见，从而减少预测误差。

2. 购买意向调查法

这种调查法是通过抽样调查、典型调查等方式，选择一部分或全部潜在购买者（主要是生产资料购买者），直接向他们了解未来某一时期（即预测期）购买商品的意向，并在此基础上对商品需求或销售进行估计的方法。在缺乏历史统计数据的情况下，运用这种方法，可以取得数据，进行推断。因此，这种方法在市场调查预测中得到了广泛的应用。

购买意向调查法有多种询问调查形式，如面谈调查、邮寄调查、电话调查、留置问卷调查、网上问卷调查等。购买意向调查法对高档耐用消费品或生产资料等商品的销售来说，是一种有效的预测方法。值得注意的是，当市场上有多种性能、价格都类似的商品存在时，企业很难对某种特定的商品进行购买意向调查。因为不少消费者往往要到商店现场购买时，才能决定买何种品牌和型号的商品。

此外，购买意向调查法也可用来预测消费者对商品花色、品种、款式、规格、价格等的需求，以便生产经营企业能向市场提供适销对路的商品。

3. 市场试销法

市场试销法是对商品在小范围内进行销售试验，直接调查消费者对商品的反映和喜爱程度，并以此为依据进行市场预测的方法。

尽管从新商品构思到新商品实体开发的每一个阶段，企业开发部门都会对新商品进行相应的评估、判断和预测，但这种评价和预测在很大程度上带有开发人员的主观色彩。最终投放到市场上的新商品能否得到目标市场消费者的青睐，企业对此并没有把握，通过市场试销将新商品投放到有代表性的地区进行小范围测试，企业才能真正了解该新商品的市场前景。

4. 销售人员意见综合法

销售人员意见综合法是企业直接将商品销售经验丰富的人员组织起来，先由预测组织者向他们介绍预测目标、内容和预测期的市场经济形势等情况，要求销售人员利用平时掌握的信息结合提供的情况，对预测期的商品销售前景提出自己的预测结果和意见，最后提交给预测组织者进行综合分析，以得出最终的预测结论的方法。

3.2.3 定量预测方法

定量预测是指依据市场的统计数据资料，选择或建立合适的数学模型，分析研究其发展变化规律并对未来进行预测。定量预测方法可分为因果性预测方法、延伸性预测方法和其他方法三大类。

1. 因果性预测方法

因果性预测方法是通过变量之间的因果关系，分析自变量对因变量的影响程度，进而对未来进行预测的方法。一个事物的发展变化，经常与其他事物存在直接或间接的关系。如居民收入的增加会引起多种商品销量的增加。这种变量间的相关关系，要通过统计分析才能找到，还要用确定的函数关系来描述。通过寻找变量之间的因果关系，对因变量进行预测，这是广泛采用的因果性预测方法，主要包括回归分析法、弹性系数法、消费系数法和购买力估算法，主要适用于存在关联关系的数据的预测。

2. 延伸性预测方法

延伸性预测方法是根据市场各种变量的历史数据的变化规律，对未来发展进行预测的定量预测方法。延伸性预测方法主要包括移动平均法、指数平滑法、成长曲线分析法等，适用于具有时间序列关系的数据的预测。它以时间为自变量，以预测对象为因变量，根据预测对象的历史数据，找出其中的变化规律，从而建立预测模型并进行预测。

3. 其他方法

其他方法主要包括投入产出分析、系统动力模型、计量经济分析、马尔科夫链等，这些方法主要借助复杂的数学模型模拟现实经济结构，分析经济现象中的各种数量关系，从而增加人们认识经济现象的深度、广度和精确度，适用于现实经济生活中的中长期市场预测。

 【本章小结】

1. 市场调研是企业发现市场机会，进行市场预测和营销决策的依据，包括市场环境调研、市场需求调研、市场营销策略调研、市场营销效果评估调研等内容。

2. 市场调研一般包括确定市场调研目标、确定市场调研对象和方法、制订市场调研计划、进行调研前的组织准备工作、进行实地调研、汇总分析调研资料、编写调研报告等7个步骤。

3. 市场信息是指有关市场及市场发展变化趋势规律的，并与企业市场营销活动相关的各种信息、情报、数据、资料等。迅速、准确、及时地搜集和掌握国内外市场动态、信息、情报、资料，对企业制定市场营销组合策略，实现营销目标和经营目标具有十分重要的意义。

4. 市场预测是指企业在通过市场调研获得一定信息资料的基础上，针对企业的实际需要及相关的现实环境因素，运用已有的知识、经验和科学方法，对企业和市场未来发展变化的趋势进行适当的分析和判断，预测企业目标市场的未来发展趋势、企业的市场占有率变化、商品销售趋势变化、竞争对手营销策略变化等，为企业营销决策的制定提供可靠依据的活动。市场预测的方法一般可以分为定性预测方法和定量预测方法两大类。

 【重要概念】

市场调研　　探索性调研　　描述性调研　　回归分析　　市场预测

一、单选题

1. 信息收集原则中的（   ）要求市场调研收集到的信息资料广泛完整，反映企业营销活动的全貌，从而为决策的科学性提供保证。

    A. 针对性原则   B. 准确性原则   C. 全面性原则   D. 系统性原则

2. 企业对所要研究的对象并不十分明确，为了发现并提出问题，进一步地深入考察确定研究重点而开展的市场调研属于（   ）。

    A. 探索性调研   B. 描述性调研   C. 因果关系调研   D. 预测性调研

3. 市场调研的第一步是（   ）。

    A. 确定市场调研目标   B. 确定市场调研对象和方法

    C. 制订市场调研计划   D. 进行调研前的组织准备工作

4. 将设计好的调研表分发或邮寄给被调研者，由被调研者进行书面回答并寄回给调研人员的市场调研方法是（   ）。

    A. 书面调研法   B. 网络调研法   C. 观察法   D. 组合市场调研法

5. 下列选项中属于定量预测方法的是（   ）。

    A. 德尔菲法   B. 销售人员意见综合法

    C. 市场试销法   D. 移动平均法

二、简答题

1. 市场调研的概念及程序是什么？

2. 如何收集市场信息？市场信息收集的方法和原则是什么？

3. 如何进行市场调研信息资料的分析？

4. 简述市场预测的方法有哪些。

5. 简述市场预测方法中的德尔菲法。

三、案例分析题

麦当劳奶昔的市场调研

多年前，麦当劳曾发起了一个项目：增加奶昔的销量。和很多大公司一样，麦当劳自己有一套研究顾客的方法。他们找到购买奶昔的顾客，请他们填写调查表，并向他们提问："要怎样改进奶昔，你才会买更多的奶昔呢？你想要这杯奶昔再便宜点儿吗？巧克力味再重点儿吗？"根据调查的反馈信息，麦当劳着手对奶昔进行了很多改进工作。奇怪的是，奶昔越做越好，但是销量和利润都没有得到增长。于是，麦当劳请了哈佛大学商学院教授克莱顿·克里斯坦森（Clayton M.Christensen）和他的团队帮他们解决问题。

通过一系列观察、记录和访谈，克莱顿团队发现了一个有趣的现象：几乎所有的奶昔都是在早上卖出的，来买奶昔的顾客几乎是独自前来，他们只买了奶昔，并且所有人都是打包带走的。进一步的研究表明，所有顾客每天一大早都会做同样的事情：他们要开很久的车去上班，中间等红绿灯时，需要做些什么让路途更有意思一点；喝奶昔是一个很棒的选择，用细细的吸管喝奶昔要花很长时间。至于奶昔的成分，其实大部分顾客根本不在意。如何改进奶昔已经显而易见了，那就是帮助顾客更好地打发无聊的通勤时间。例如，让奶昔再稠一点儿，让顾客吸的时间更长；给奶昔加一点点果肉，不是为了让顾客觉得健康，而是给顾客一些小惊喜；等等。这些举措大大提高了麦当劳奶昔的销量。

问题

试分析麦当劳是如何开展奶昔产品的市场调研的？

 【实训演练】

1. 实训主题

请选取某一企业，搜集相关市场信息，综合运用所学市场调研方法对该企业的产品、价格或经营情况展开调研，并对其未来经营情况进行预测。

2. 实训步骤

（1）教师布置实训任务，指出实训要点和注意事项。

（2）建议学生 4~6 人为一个小组，全班学生分成若干小组，采用组长负责制，组员分工合作完成实训任务。

（3）小组内部充分讨论、认真研究，查阅资料。教师鼓励学生进行实地调查，形成实训分析报告。

3. 实训汇报

小组需制作一份 PPT 并在课堂上进行集中展示，展示时间为 8~10 分钟。展示完成之后，其他小组需进行点评和互动，教师对小组实训分析报告和小组展示情况进行点评和总结。

第4章　购买行为分析

　　根据购买者的特点及其购买商品的目的，学术界普遍将市场划分为消费者市场和组织市场两种基本形态，这两类市场在购买决策的过程、购买行为的影响因素等方面存在显著差异。市场是企业赖以生存的土壤，企业必须深刻认识消费者市场和组织市场的特征，准确把握其购买行为规律，才能制定科学有效的营销策略，更好地满足市场需要，实现企业的经营目标。此外，消费者市场几乎是所有产品的最终归宿，其购买行为最为复杂、需求量最大，对整体市场起决定性作用，因此消费者市场是本章探讨的重点。

【学习目标】

　　1. 了解消费者市场购买行为、组织市场购买行为的含义及特点。

　　2. 熟悉影响消费者购买、组织市场购买行为的主要因素。

　　3. 掌握消费者购买、组织市场购买的决策过程。

【开篇引例】

"国货出海"背后的启示

　　2022年"双十一"期间，不少国货品牌漂洋过海。京东全球销售数据显示，"双十一"预售期间，布鞋、绣花鞋等国潮好物颇受海外消费者欢迎，订单额同比增长400%。国潮走红还带动了传统文化产品消费增长，在一些国家和地区，历史小说成交额同比增长380%，海外消费者尝试通过书本深入了解中国。在电商平台上，国货品牌成交额迅猛增长；打开搜索引擎可以看到国货搜索热度持续攀升；放眼全球，中国品牌的知名度和市场认可度不断提高。越来越多的中国商品与服务在海内外市场收获肯定、赢得声誉。

　　"国货"的崛起彰显了中国品牌实力的不断提升。近年来，我国企业不断增强品牌意识，着力提升品牌水平，打造了一系列名声响亮的国货品牌。从故宫文创借着国宝色口红大红大紫，到冰墩墩"一墩难求"，再到中国潮玩受热捧，不少国货在跨境电商平台上快速走红，吸引了大量国内外消费者。在广交会、进博会、服贸会、消博会等国家级展会上，越来越多的优质国货品牌、原创设计被看见、被体验、被认可。

　　国潮国货的兴起，背后是民族自信、文化自信的增强，更是中国制造、中国设计的升级。无论是快速崛起的新品牌，还是久负盛名的"老字号"，都从完善生产工艺、瞄准用户需求、改善使用体验、拓展推广渠道等多个方面发力，不断塑造竞争新优势。作为观察中国消费的一扇重要窗口，"双十一"购物车里呈现的"消费新风"背后，是国货品牌质量和影响力不断提升的不争事实。

　　思考：请站在消费者的角度，思考国货崛起的多重原因。

4.1 消费者市场购买行为

人们习惯上根据购买者的特点及其购买商品的目的，将市场划分为消费者市场和组织市场两种基本形态。企业必须深刻认识消费者市场和组织市场的特点，准确把握其购买行为，才能制定科学的营销策略，满足市场需要，实现企业的经营目标。其中，消费者市场是各种市场中最复杂、需求量最大、对其他市场能起决定性作用的市场，因此，我们首先对消费者市场的购买行为加以探讨。

4.1.1 消费者市场的含义及特点

1. 消费者市场的含义

消费者市场是个人或家庭为了生活消费而购买商品或服务的市场。生活消费是商品和服务在流通环节中的终点，因而消费者市场也称最终商品市场。

2. 消费者市场的特点

（1）分散性

生活中的每一个人都不可避免地发生消费行为或消费品购买行为，成为消费者市场的一员，因此，消费者市场人数众多，范围广泛。而且消费者市场的购买单位是个人或家庭，家庭人口较少，商品消耗量不大；消费者每次的购买量较少，购买次数多。

（2）复杂多变性

消费者受到年龄、性别、身体状况、性格、习惯、文化、职业、收入、教育程度和市场环境等多种因素的影响，具有不同的消费需求和消费行为，几乎找不到两个真正相同的消费者、消费需求和消费行为。此外，随着生产技术的发展、消费水平的提高和社会习俗潮流的变化，消费者的需求结构和层次将不断发生改变。这就要求企业必须在对消费者进行市场细分的基础上，根据自身条件准确地选择目标市场。

（3）无限扩展性

社会和科技的进步必然带来消费者收入水平和消费水平的不断提高，进而消费需求也就呈现出量和质由低到高的转变。一种需求被满足了，消费者又会产生新的需求。因此企业需要不断开发新产品，开拓新市场。

（4）可诱导性

消费者需求的产生，有些是出自本能，但更多是受外界的刺激产生的。经济政策的变动、社会交际的影响、商业广告的投放等，使消费者不断被诱导，甚至他们会因场景变化、心情变化改变原有的购买计划或购买意向。消费者市场的这一特点，要求企业不仅要满足消费者当下的需求，更应该通过各种途径挖掘、诱导出消费者新的需求。

（5）非专家性

大多数消费者对所购买的商品大多缺乏专门的甚至是必要的知识，对质量、性能、使用、维修、保管、价格乃至市场行情都不太了解，消费者多根据个人好恶做出购买决策，受环境因素、情感因素的影响较大，受企业广告宣传和推销活动的影响较大。

4.1.2 消费者行为研究范式

消费者行为是指消费者在寻求、购买、使用、评价和处理预期能满足其需要的商品或服务时所表现出来的行为。研究消费者行为就是研究消费者是如何用有限的可支配的资源（时间、精力、金钱等）来更高效率地、尽可能多地满足自身的需要。

1. 消费者行为要素

菲利普·科特勒研究了一系列较为完整的消费者购买行为后，将消费者行为研究所涉及的要素归纳为7个问题，由于这几个问题的答案的英文单词首字母都是O，所以称为"7O"研究法。

消费者市场由谁构成？（Who）——购买者（Occupants）

消费者市场购买什么？（What)——购买对象（Objects）

消费者市场为何购买？（Why)——购买目的（Objectives）

消费者市场的购买活动有谁参加？（Who)——购买组织（Organizations）

消费者市场怎样购买？（How)——购买方式（Operations）

消费者市场何时购买？（When)——购买时间（Occasions）

消费者市场何地购买？（Where)——购买地点（Outlets）

诸多因素的共同作用使得消费者最终做出一定的购买行为，决定如何满足其需要和欲望。

2. 消费者购买行为模式

梳理消费者购买行为模式可以发现，营销和环境的刺激会进入消费者的思维，消费者在自身特征的作用下对这些刺激产生反应，从而导致了消费决策过程的产生，并形成各种不同的购买决策。营销人员的任务就是弄清楚从消费者接受外界刺激到最终形成购买决策的过程中，消费者的自身特征起了何种作用。消费者购买行为模式可以用图4-1来表现。

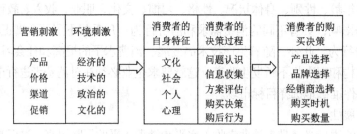

图4-1　消费者购买行为模式

【案例4-1】

智能健身行业的兴起

智能健身是一种以科学技术为核心，以智能化健身硬件为载体的新型健身方式。智能健身多元、高效、新颖，近年来吸引了许多人。根据艾瑞网发布的数据，2021年我国智能健身行业市场规模约180亿元，在居家生活观念转变的背景下，人工智能技术的融合对智能健身运动行业起到了推动作用。我国智能健身市场将在未来5年保持在40%以上的复合增长。

说到居民健身的瓶颈，最根本的原因是"开始难"和"坚持难"。"开始难"一是因为不方便，比如办公室或者家附近没有健身房或者健身房的开放时间和能去健身的时间不太匹配；二是不知道怎么开始，健身是比较专业的领域，需要根据年龄、运动表现、身体状态等寻求千人千面高度定制的课程，而这也需要投入一定的成本。而"坚持难"则是因为健身的过程中会经历相对痛苦的阶段，克服困难以及过程中不断的陪伴、反馈和激励也至关重要，这就意味着健身需要营造一种类似于互动社区的感觉。

随着技术的发展，智能健身的应用领域愈加广泛，经过行业的孕育与发展，智能技术与健身更好地融为一体。目前，智能健身已经从全民热练跃升到智能硬件开发阶段，运用面更加广泛，所服务的健身场景更多元、更具针对性。

4.1.3　影响消费者购买行为的因素

消费者的购买行为在很大程度上受到他们自身的一些特征，如文化、社会、个人、心理等因素的影响。

1. 文化因素

（1）文化

文化是人类需求和行为最基本的决定因素之一，是从生活实践中建立起来的价值观念、道德、理想和其他有意义的象征的综合体。它包含法律、宗教、风俗、语言、艺术、工作方式及其他能影响社会及社会成员行为的人文环境。文化决定人类个体起居、建筑风格、节日、礼仪等物质和文化生活的各个方面。比如，中国人讲究礼尚往来，每逢节假日，各种消费需求旺盛。

拓展视频

文化因素

（2）亚文化

任何文化都包含着一些较小的群体，这些较小的群体中的人们由于受各种因素的影响而在价值观、风俗习惯、审美观念等方面呈现出一定特征，我们就可以称这些群体为亚文化群体。它们以特定的认同感和社会影响力将各成员联系在一起，使这些较小群体具有特定的价值观、生活方式和生活情趣。就目前而言，对消费者最具影响力的亚文化主要有4种：民族亚文化群、宗教亚文化群、种族亚文化群、地理亚文化群。不同的亚文化群中的消费者对商品和服务的需求构成不同，而且对企业的促销方式也有不同的要求。因此，企业在用亚文化群分析需求时，应把每一个亚文化群视作一个细分市场，分别制订不同的营销方案。

2. 社会因素

消费者做出购买决策时，通常乐于听取所依赖或信任之人的意见，以降低购买决策中的潜在风险，并从了解他们的想法和行为中获得慰藉。因此，消费者的购买行为也受到诸如参照群体、家庭、身份和地位、社会阶层等一系列社会因素的影响。

拓展视频

社会因素

（1）参照群体

参照群体是指个人在形成其购买或消费决策时用以参照、比较的个人或群体。参照群体可分为直接参照群体和间接参照群体，如图4-2所示。

参照群体	直接参照群体	首要群体
		次要群体
	间接参照群体	向往群体
		厌恶群体

图4-2　参照群体的划分

①直接参照群体又称成员群体，即消费者本人所属的群体或与其有直接关系的群体。直接参照群体又分首要群体和次要群体。

首要群体是指与消费者直接并经常接触的一群人，一般都是非正式群体，比如家庭成员、亲戚朋友、同事、邻居等。次要群体是与消费者并不经常直接接触，但一般都较为正式的群体，如宗教组织、行业协会等。

②间接参照群体是指消费者的非成员群体，即消费者不属于此群体成员，但有时又会受其影响。间接参照群体又分为向往群体和厌恶群体。向往群体是指消费者尊敬或崇拜的一些人，如体育明星、影视艺人等，因此消费者往往愿意购买其尊敬或崇拜的人推荐或使用的商品。厌恶群体是指消费者讨厌或反对的人群，一个人总是不愿意与厌恶群体发生任何联系，在各方面都希望与其保持一定的距离。

参照群体对购买行为的影响表现在 3 个方面：①示范性，即参照群体的购买行为和生活方式为消费者提供可选择的模式；②仿效性，参照群体的购买行为引起消费者的仿效欲望，影响消费者对商品的选择；③一致性，即由于仿效而使得购买行为趋于一致。

参照群体对消费者购买行为的影响程度视商品类别而定。参照群体对汽车、摩托车、服装、食品和药品等商品的购买行为影响较大，对家具、冰箱、杂志等的购买行为影响较小，对洗衣粉、收音机等的购买行为几乎没有影响。

（2）家庭

消费者大多以家庭为单位购买商品，家庭成员和其他有关人员在购买活动中往往起着不同作用并且相互影响，从而构成了消费者的"购买组织"。分析这个问题、了解这个组织，对于企业抓住关键消费者开展营销活动、提高营销效率十分重要。

①家庭经济因素。家庭经济因素是指家庭的可支配收入、储蓄、资产和借贷能力。家庭经济因素是决定其购买行为的首要因素，既决定着能否发生购买行为及发生何种规模的购买行为，也决定着所购买商品的种类和档次。

②家庭权威中心点。家庭不同成员对购买决策的影响往往由家庭特点决定，家庭特点由家庭权威中心点确定。根据家庭权威中心点不同，所有家庭可分为以下 4 种类型。

①各自作主型，指每个家庭成员对自己所需的商品可独立做出决策，其他人不加以干涉。

②丈夫支配型，指家庭购买决策权掌握在丈夫手中。

③妻子支配型，指家庭购买决策权掌握在妻子手中。

④共同支配型，指大部分购买决策由家庭成员共同协商后做出。

家庭权威中心点会随着社会政治、经济状况的变化而变化。

（3）身份和地位

每个人的一生会被归入许多群体中，如家庭、企业、俱乐部及各类组织。一个人在群体中的影响可用身份和地位来确定。身份是周围的人对一个人的要求或一个人在各种不同场合应起的作用。比如，某人在女儿面前是父亲，在妻子面前是丈夫，在企业员工面前是经理。

每种身份的人都伴随着一种地位，地位反映了社会对一个人的总评价。消费者做出购买选择时往往会考虑自己的身份和地位。例如，因为有着教师的身份，为了体现为人师表该有的身份面貌，教师们在校期间总会选择穿戴较为正式、得体的服饰。

（4）社会阶层

社会阶层是社会学家根据职业、收入来源、教育水平、价值观和居住区域对人们进行的一种社会分类，是按层次排列的、具有同质性和持久性的社会群体。不同阶层的人们，无论是在商品的购买行为还是购买商品种类上都具有明显的差异。例如，在服饰、家具、活动及活动方式等方面，不同社会阶层的人存在着不同偏好。

新中产阶层人群画像

目前研究机构普遍把年收入超过 15 万元人民币，或者家庭年收入超过 20 万元人民币的人群定义为"新中产阶层"。

新中产阶层人群画像：以"80 后"为主，人群相对比较年轻，年龄位于 26~45 岁的占比为 71%；具有良好的教育背景，本科及以上学历占比为 85%。1980—1990 年出生的人是目前新中产阶层的主力人群。社会物质文化产品的丰富，使他们在成长过程中被贴上鲜明的标签——"普遍接受过高等教育，有不错的收入和体面的工作，自己驾车或出门打车，坚持自己的兴趣爱好，经常出现在高尔夫球场、保龄球馆、艺术展览馆等时尚场合，偶尔参加周末聚会"。新中产阶层人群在各个区域内的占比均超过 50%。新中产阶层人群即将成为今后 10 年带动消费支出上涨的重要引擎之一。

3. 个人因素

（1）生理因素

生理因素指年龄、性别、体征、健康状况和嗜好等生理特征。生理因素使消费者对商品款式、构造和细微功能有不同需求。不同年龄层次的人们除了有不同的世界观或价值观外，他们也会因本身的年龄层次选择与自身的年龄相一致的商品。例如，儿童和老人的服装要宽松，体格较大的消费者往往更看重汽车内部空间，有减肥需要的消费者更在意食物的热量。

拓展视频
个人因素

（2）个性因素

每个人都有影响其购买行为的不同个性。个性会导致人对自身所处环境产生相对一致和连续不断的反应。个性有若干种类型，如外向与内向、创新与保守、自恃与谦逊、乐观与悲观、细腻与粗犷、谨慎与急躁、独立与依赖等。一个人的个性影响着他的消费需求和对企业市场营销活动的反应。例如，外向的人多爱穿颜色明快的衣服；追随性或依赖性强的人大多对市场营销活动的敏感度高，独立性强的人可能对市场营销活动的敏感度低等。

（3）生活方式

生活方式是指人们的生活格局和格调，集中表现在人们的思想见解、兴趣爱好和活动方式上。有着不同生活方式的群体对商品和品牌有不同的需求。企业应设法从多种角度区分有不同生活方式的群体。如"80 后"多愿意追求高品质的商品和极致的服务体验，满足与众不同和享受的消费心理；而"00 后"消费者往往更倾向于生活品质的提升，他们看中消费中的个人感受，乐于尝试有故事、有"灵魂"的小众品牌商品。

（4）信念和态度

信念指一个人对某些事物所持有的确定性看法。人们对企业商品或服务所持有的信念，就是企业商品和品牌的形象。人们总是会根据自己的信念采取行动，因此企业需要尽可能修正或影响消费者心目中对于企业商品和品牌的不良信念。态度指一个人对某些事物或观念长期持有的好或坏的认识评价、情感感受和行动倾向。近年来，国民品牌强势崛起，我国越来越多的消费者转变了国货就是"低质的山寨品"的态度，纷纷支持国货，"中国制造"已经成为名声响亮的品牌。

【案例 4-3】

宝马迷你库柏（MINI Cooper）用户的生理画像

宝马迷你库柏是一款具有 50 余年历史的经典两厢小车，这款个性十足的汽车风靡全球，拥有无数的粉丝。几乎每个年轻人都想拥有这样一辆彰显个性、动力强劲的小型汽车，但是宝马迷你库柏适合所有年轻人吗？其实不然——尤其是身材高大的人并不适合购买此车。50 年前，经济型定位的宝马迷你库柏正式诞生，更小的车身以及更低的售价是为了让普通消费者都买得起，所以汽车十分"袖珍"。虽然是 4 座设计，但实际上只适合两人乘坐。因为车身尺寸较小、车身高度较低，身材高大的消费者在驾驶宝马迷你库柏时会感觉比较局促，特别是头顶空间。而后排座椅最适合儿童乘坐，一般身材的人几乎无法安然落座。

4. 心理因素

（1）动机

动机是引发和维持人的行为导向一定目标的心理动力，是决定行为的内在驱动力。人由于某种需要会引起内在的心理冲动，这种冲动会引发人的购买行为。企业要了解消费者的动机及其对购买行为的影响，从而诱导消费者产生动机，促使消费者产生购买行为。关于动机的形成和发展，如下经典理论均作出了一定探讨。

🎧 **拓展视频**
心理因素

①需要层次论。美国行为科学家亚伯拉罕·马斯洛（Abraham Maslow）提出了需要层次论，将人类的需要分为由低到高的 5 个层次，即生理需要、安全需要、社会需要、尊重需要和自我价值实现需要，如图 4-3 所示。

马斯洛需要层次论最初应用于美国的企业管理中，分析如何满足企业员工的多层次需要以调动其工作积极性，后被用于市场营销中分析消费者的多层次需要并提供相应的商品来予以满足。例如，满足低层次需要的消费者，企业要提供经济实惠的商品，满足高层次需要的消费者，企业应提供能显示其身份地位的高档消费品，企业还要注意消费者的需要层次会随经济发展而由低级向高级发展变化。

②精神分析论。西格蒙德·弗洛伊德

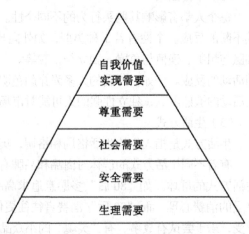

图 4-3 马斯洛需要层次论

（Sigmund Freud）创立了精神分析理论，他认为造成人类行为的真正心理力量大部分是无意识的，这种无意识由冲动、热情、被压抑的愿望和情感构成。无意识动机理论建立在 3 个体系基础之上，即本我、自我和超我。

a. 本我。本我是心理体系中最原始的、与生俱来、无意识的部分，由遗传的本能、冲动、欲望等组成，是所有行为的心理动力来源。

b. 自我。自我是从本我中分化出来并得到发展的那一部分，处于本我和外部世界之间，是与外部世界接触的体系，统管个人的行为。

c. 超我。超我是在人格诸领域中最后形成的，反映社会的各项准则，由理想、道德、良心等组成。它的运转是抑制本我不可接受的冲动，而不会同自我一样寻求延长或保持它们。

超我主要是有意识的，代表理想而不是行动。本我是生长进化的产物，自我是客观现实相互作用的产物，超我是社会化的产物。

③双因素理论。美国心理学家弗雷德里克·赫茨伯格（Frederick Herzberg）创立了双因素理论。双因素理论认为，影响人们行为的因素包括保健因素和激励因素，这两种因素是彼此独立的并且以不同的方式影响人们的行为。将赫茨伯格的双因素理论运用于消费者动机分析，有着多重价值与意义。

商品的基本功能或为消费者提供的基本利益与价值，实际上可视为保健因素。商品如果不具备这类基本的利益与价值，就会使消费者不满。比如保温杯不能很好地保温，收音机杂音较大等。

然而，商品具备了某些基本利益与价值，也不一定能保证消费者对其满意。要使消费者对企业商品、服务产生忠诚感，还需在基本利益或基本价值之外，提供附加价值，比如使商品或商标具有独特的形象，使商品的外观、包装具有与众不同的特点等。后一类因素才属于激励因素，对满足消费者社会层次的需要具有直接意义。

（2）知觉

知觉是指个人选择、组织并解释信息的投入，以便创造一个有意义的外界事物图像的过程。不同的人对同一刺激物会产生不同的知觉，相应地也会有不同的判断、采取不同的行为方式。为什么不同的人对同一刺激物会产生不同的知觉呢？因为知觉是经过人们结合社会现实，经过大脑主观判断后的反应，即选择性注意、选择性扭曲和选择性保留。

①选择性注意。选择性注意是指众多信息中，人们更容易注意到对自己有意义的信息，或者与周围信息相比有明显差别的信息。例如，一位消费者在逛超市时打算购买洗衣液，那么消费者就会更容易注意到洗衣液相关的促销信息。

②选择性扭曲。选择性扭曲是指人们总是习惯将信息加以扭曲，使之符合自己原有的认知和态度，然后接受。由于选择性扭曲的存在，消费者所接收的信息不一定与信息的本来面貌相一致。例如，消费者一直认为A品牌的质量就是优于B品牌，当家电卖场的B品牌的促销员向其介绍B品牌商品的先进技术时，消费者总是习惯性挑毛病，认为促销员所介绍的B品牌商品不如A品牌商品好。

③选择性保留。选择性保留是指人们更容易记住与自己的态度和信念相一致的信息，忘掉与自己的态度和信念不一致的信息。同样是上述例子，在逛了半天的家电卖场之后，消费者更容易记住A品牌的促销员介绍的A品牌商品的特色与优势，而容易忘记B品牌促销员介绍的B品牌商品的亮点。

知觉使得面对同样数量和内容的信息，不同的消费者会产生不同的反应，而且都会在一定程度上阻碍消费者对信息的接收。这就要求企业营销人员必须采取相应的市场营销策略，如大力加强广告宣传，不断提高和改善商品的质量和外观造型、包装等，以打破各种感觉障碍，使企业的商品信息更易为消费者所注意、了解和接收。

（3）学习

学习是指由于经验而引起的个人行为改变的过程。人们可以通过书籍学习前人的经验，通过交往学习父母、亲朋、同事、老师、同学等的经验，也可以通过自己的生活积累经验。这些经验都直接改变着人们的行为。当今社会，由于新商品、新品牌不断涌现，消费者必须从多方收集相关信息，结合自身先前积累的经验，才能做出适宜的购买决策，这本身就是一个学习的过程。

4.1.4　消费者购买决策过程

企业在分析了影响消费者购买行为的主要因素之后，还需要了解消费者如何做出购买决策，即了解是谁参与了购买决策以及消费者如何一步步完成购买决策。

1. 参与购买决策的角色

在购买活动过程中，以下 5 种角色会参与决策。

①发起者。发起者是指首先想到和提出购买意向的人，可以是有消费需求的消费者本人，也可以是与其相关的人。

②影响者。影响者是指对购买决策施加直接或间接影响的人，一般是与购买决策或购买者或使用者有关的群体或个人。

③决策者。决策者是指做出购买决策的人，通常是权力的拥有者。

④购买者。购买者是指具体执行购买决策、从事购买活动的人，主要是个人和家庭，他们是购买活动的主体。

⑤使用者。使用者是指实际上最终使用或消耗商品的人。

以上 5 种角色，在实际购买过程中，可能由一个人同时担任，也可能由不同的人担任，企业需要充分分析 5 种角色人员的特点，尤其需要重视决策者的需求特点。

2. 消费者购买决策过程

（1）认知需要

消费者只有先认识到需要得到满足的需求，才会产生购买动机。唤起消费者认知需要的刺激可以来自以下 3 个方面。

🎧 **拓展视频**
消费者购买决策过程

①人体内部的刺激，如饥饿、寒冷等。

②人体外部的社会环境刺激，如流行趋势、相关群体影响。

③企业销售环境的刺激，如面包的芳香、茶座的优雅等。

消费者对自身的各种需要加以正确认识，可以为购买决策限定范围，因而其是有效决策的前提。企业不仅可在交易行为上下功夫，而且可从认知需要阶段开始，调查研究那些与本企业商品实际上和潜在地有关联的驱动力，以及根据消费者的购买规律，适当地安排诱因，促使消费者对本企业生产经营的商品的需要变得强烈，并转化为购买行动。

（2）收集信息

消费者认识到自身的需求后，就会广泛收集有关信息，包括能满足需求的商品的种类、规格、型号、价格、质量、维修服务、替代品、出售时间和地点等。消费者收集信息的积极性高低取决于需求强弱。消费者收集信息的主要途径如下。

①工商企业，包括企业广告、商品介绍、商品展示、营销人员讲解等。

②相关群体，包括家庭成员、亲朋好友、同事邻居的推荐介绍等。

③公众传播媒介，包括报纸、杂志、广播、电视的新闻报道等。

④个人经验，即通过对各种商品的触摸、查看、试验、使用等得来的信息。

企业应该分析和了解消费者获得商品信息的渠道，以及对渠道的信赖程度，设计有效的广告和有利于本企业的传播信息，从而影响消费者的购买决策，促使他们采取购买行动。例如，对护肤品的选择，女性消费者多愿意寻求专业护肤达人的建议或意见，因此诸多护肤品品牌总是会寻找有一定网络知名度的美容护肤博主发布对本公司商品的使用体验等相关文章。

（3）判断选择

收集信息后，消费者要对得来的信息进行分析、整理，对可供选择的商品进行分析、对比和评估，最后做出选择。

①确定商品的主要属性，这些属性是消费者购买商品时主要考虑的因素，如购买服装时，消费者在意的属性是服装的质量、款式、价格、店铺服务、品牌等。

②确定商品属性的重要性，如很多年轻女性消费者就认为服装的款式、价格比质量重要。

③确定各个商品的综合期望价值（加权平均值法），并以此综合期望价值的大小，判断商品的优劣。

基于以上分析，企业应该积极采取行动，如修正商品的某些属性，使其符合消费者心中对商品相关属性的要求，或者通过各种宣传活动消除消费者对商品属性的误解。另外，企业也可以通过相关的宣传策略改变消费者对商品各种属性的重视程度，努力提高自身商品占优势的属性在消费者心目中的重要程度。

【案例 4-4】

简爱酸奶——改写酸奶评价标准

国内高端酸奶品牌"简爱酸奶"上市已达两年，成长足迹遍布华南、华中、华东、华北区域，线下覆盖超过 73 个城市，进驻 2138 家门店，线上覆盖超过 90 个城市，售出 3 000 万杯酸奶，备受消费者欢迎，成为当之无愧的"网红"酸奶。

作为酸奶行业的"新人"，两年来，简爱酸奶专注于研发打造高品质的健康无添加酸奶，充分强调其商品不含食品添加剂，只含生牛乳、乳酸菌、糖，并在包装上直白地描述"其他没了"。这让过去更注重酸奶口感和益生菌含量的消费者首次注意到，原来酸奶成分有生牛乳和奶粉的区别，原来酸奶可以真正做到不含添加剂，充分唤醒了消费者对本品牌优势的重视。

（4）购买决策

消费者对收集的信息进行综合评价，并根据一定的选购模式对商品进行判定后，就会形成明确的购买意图。但购买意图不一定会导致购买行动，这一过程中还可能受到其他因素的干扰，这种干扰因素主要来自多个方面。

①相关群体态度。如果关系密切的人陈述种种理由，坚决反对购买，且否定的态度越强烈，关系越亲近，则消费者改变其原先购买意图的可能性就越大。

②意外收入变化。这个因素会影响消费者的购买意图，比如家庭收入减少或由于意外或变故而改变购买计划等。

③营销意外情况。商品的质量和服务人员的态度也会改变消费者的购买意图，如消费者购买时突然发现商品有明显瑕疵，偶然发现商品存在大量退货，或突然与服务人员发生激烈争吵等都会影响消费者的购买意图。由此可见，消费者对某种商品的偏好和购买意图只是指出了消费者购买行为的方向，但并不能完全决定消费者最后的购买决策。

（5）购后评价

消费者完成购买并不是购买行为的结束，消费者在购买过程中将体会到某种程度的满足或不满足，由此形成购买后的感受，这将影响消费者以后的行动，并对相关的群体产生影响。因此，现代市场营销非常重视消费者购买后的评价。有关消费者购买后的评价的理论如下。

① "预期满意理论"，即认为消费者对商品的满意程度取决于其预期的实现程度。若以 S 表示满意感或不满意感，以 E 代表预期希望，以 P 代表商品的实际效用，则三者之间存在函数关系：$S=f(E, P)$。如果这个商品的实际效用与购买该商品的期望相符，则消费者的满意感较强；实际效用与期望相差越大，则消费者的不满意感就越强。这不仅会影响消费者以后的重复购买行为，也会影响其周围人的购买选择。

② "认识差距论"，即认为消费者购买商品后都会引起程度不同的不满意感。原因是任何商品总有它的优点和缺点，别的同类商品越是有吸引力，消费者购买商品的不满意感就越强。企业的任务就是要使消费者的不满意感尽可能降到最低水平。

购后评价是购买过程中重要的信息反馈，反映了企业所经营的商品对消费者需求的满足程度，这是企业能获取的最原始的信息。因此，企业应重视收集消费者的购后评价，加强售后服务，以增强消费者的满意感。

4.2　组织市场购买行为

组织市场是企业所面临的市场的重要组成部分，企业应该充分认识组织市场的构成、特点、影响组织市场购买行为的因素，以及购买决策过程。

4.2.1　组织市场构成

组织市场指以某种组织为购买者所构成的市场，其购买行为是为了生产、销售、维持组织运作或履行组织职能。它可分为 4 种类型，即生产者市场、中间商市场、非营利组织市场和政府市场。

1. 生产者市场

生产者市场也称产业市场或企业市场，指所购买的一切商品或服务都将用于生产其他商品或服务，以销售、出租或供应给他人和组织的市场。生产者市场通常由以下产业组成：农业、林业、水产业、制造业、建筑业、通信业、公用事业、保险业和其他服务业等。

2. 中间商市场

中间商市场也称转卖者市场，是指以将购买的商品或服务转售或出租给他人获取利润为目的的组织市场。转卖者不提供形式效用，而是提供时间效用、地点效用和占用效用。中间商市场由各种批发商和零售商组成。批发商的主要业务是购买商品或服务并将之转卖给零售商和其他商人以及产业用户、公共机关用户等，但其不能把商品大量卖给最终消费者；而零售商的主要业务则是将商品或服务直接卖给最终消费者。

3. 非营利组织市场

非营利组织指所有不以营利为目的、不从事营利性活动的组织。我国通常把非营利组织称为机关团体、事业单位。非营利组织市场指为了维持正常运作和履行职能而购买商品或服务的各类非营利组织所构成的市场。

4. 政府市场

政府市场指为执行政府的主要职能而采购或租用商品或服务的各级政府单位，也就是说，政府市场中的购买者是国家各级政府的采购机构。因为各国政府通过税收、财政预算等掌握了相当大一部分国民收入，所以形成了一个很大的政府市场。

4.2.2　组织市场特点

（1）购买者数量较少

组织市场营销人员比消费品营销人员接触的顾客要少得多。发电设备生产者的顾客是各地极其有限的发电厂，大型采煤设备生产者的顾客是少数大型煤矿，某轮胎厂的命运可能仅仅取决于能否得到某家汽车厂的订单。

（2）购买量比较大

组织市场的顾客每次购买量都比较大，有时一位顾客就能买下一个企业较长时期内的全部产量，有时一张订单的金额就能达到数千万元甚至数亿元。

（3）供需关系密切

组织市场的购买者需要有源源不断的货源，供应商需要有长期稳定的销路，每一方对另一方都具有重要的意义，因此供需双方保持着密切的关系。有些顾客常常在商品的花色、品种、技术规格、质量、交货期、服务项目等方面提出特殊要求，供应商应经常与顾客沟通，详细了解其需求并尽最大努力予以满足。

（4）购买者的地理位置相对集中

组织市场的购买者往往集中在某些区域，以至于这些区域的业务用品购买量占据全国市场的很大比重，如北京、上海、天津、广州、沈阳、哈尔滨、武汉等城市和江浙等地区的业务用品购买量就比较大。

（5）需求弹性小

组织市场对商品或服务的需求总量受价格变动的影响较小。一般规律是，需求链条上距离消费者越远的商品，价格的波动越大，需求弹性却越小。原材料的价值越低或原材料成本在制成品成本中所占的比重越小，其需求弹性就越小。组织市场的需求在短期内无弹性，因为企业不可能临时改变商品的原材料和生产方式。

（6）专业人员采购

组织市场的采购人员大多受过专业训练，具有丰富的专业知识，清楚地了解商品或服务的性能、质量、规格及有关技术要求。企业应向他们提供详细的技术资料和特殊的服务，从技术的角度说明本企业商品或服务的优点。

（7）影响购买决策的人多

与消费者市场相比，影响组织市场中的购买决策的人多。大多数企业有专门的采购组织，重要的购买决策往往由技术专家和高级管理人员共同做出，其他人也直接或间接地参与，这些组织和人员形成事实上的"采购中心"。

（8）直接采购

组织市场的购买者往往向供应商直接采购，而不经过中间商环节，价格高昂或技术复杂的项目更是如此。

4.2.3　影响组织市场购买行为的因素

1．环境因素

环境因素指组织无法控制的宏观环境因素，包括国家经济前景、市场需求水平、技术发展、竞争态势、政治法律状况等。假如国家经济前景看好或国家扶持某一产业的发展，有关组织就会增加投资，增加原材料的采购和库存，以备生产扩大之用。在经济衰退时期，组织会减少甚至停止购买，供应商的营销人员试图增加组织需求总量往往是徒劳的，只能通过艰苦努力维持或扩大自己的市场占有率。

2．组织因素

组织因素指组织自身的有关因素，包括经营目标、战略、政策、采购程序、组织结构和制度体系等。例如，追求高市场占有率的企业会把价格放在其次，追求降低成本的企业会对低价格商品更有兴趣等；安居工程会把性价比放在首位，品牌工程会更注重质量、外观等。

3．人际关系因素

人际关系因素指组织内部参与购买过程的各种角色（使用者、影响者、决策者、批准者、采购者和信息控制者）的职务、地位、态度和相互关系等。这些人际关系都会对购买行为带来直接影响。企业的营销人员应当了解在组织购买决策中，每个人扮演的角色是什么、各角色相互之间的关系如何等，合理地利用这些因素促成商品交易。

4．个人因素

个人因素指组织内部参与购买过程的人员的年龄、教育背景、个性、偏好、风险意识等因素。这些因素对购买行为的影响，与影响消费者购买行为的个人因素相似。

4.2.4　组织市场的购买决策过程

从一般理论意义上说，组织市场中完整的购买过程可分为 8 个阶段，但是具体依不同的购买类型而定，直接重购和修正重购可能跳过某些阶段，新购则会完整地经历各个阶段。

（1）认识需要

认识需要指组织用户认识自己的需要，明确所要解决的问题。认识需要是组织用户购买决策的起点，它可以由内在刺激或外在刺激引起。

①内在刺激。比如，企业决定推出一种新商品，需要新设备或原材料来制造；机器发生故障，需要更换零件；已购进的商品不理想或不适用，须更换供应商。

②外在刺激。采购人员通过广告、商品展销会或供应商推销人员介绍等途径了解到有更理想的商品，从而产生需要。

在组织市场上，内在刺激是最重要、最多的需要产生来源。供应商可利用上述方式刺激组织用户认识需要。

（2）确定需要

确定需要指通过价值分析确定所需商品的品种、性能、数量和服务。标准化商品易于确定以上项目，而非标准化商品须由采购人员和使用者、技术人员乃至高层经营管理人员协商确定。营销人员应当向组织用户介绍商品特性，协助组织用户确定需要。

（3）说明需要

说明需要指说明所购商品的品种、性能、数量和服务，写出详细的技术说明书，作为采购人员的采购依据。组织用户会委派一个专家小组从事这项工作，供应商也应通过价值分析向潜在购买者说明自己的商品和价格比其他品牌更理想。未被纳入组织用户选择范围的供应商可通过展示新工艺、新商品把直接重购变为新购，争取打入市场。

（4）物色供应商

物色供应商指采购人员根据技术说明书的要求寻找最佳供应商。如果是新购或所需商品复杂，组织用户为此花费的时间就会较长。而供应商应当进入"工商企业名录"和计算机信息系统，制订强有力的广告宣传计划，寻找潜在或现实的购买者。

（5）征求供应建议书

征求供应建议书指组织用户邀请合格的供应商提交供应建议书。营销人员必须擅长调查研究、写报告和提建议。这些建议应当是营销文件而不仅仅是技术文件，从而能够坚定组织用户的信心，使自己在竞争中脱颖而出。

（6）选择供应商

选择供应商指组织用户对供应建议书加以分析评价，确定供应商。评价内容包括供应商的商品质量、性能、产量、技术、价格、信誉、服务、交货能力等。组织用户在作出决定前，还可能与较为中意的供应商谈判，以争取较低的价格和较好的供应条件。组织用户会同时保持几条供应渠道，以免受制于人。供应商要及时了解竞争者动向，制定竞争策略。

（7）签订合同

签订合同指组织用户根据所购商品的技术说明书、需要量、交货时间、交货条件、担保书等内容与供应商签订合同。许多组织用户愿意签订长期采购合同，而不是短期的采购合同。组织用户若能在需要商品的时候通知供应商随时按照条件供货，就可实行"无库存采购计划"，降低或免除库存成本。供应商也愿意接受这种形式，因为这样可以与组织用户保持长期的供货关系，增加业务量，抵御新竞争者。

（8）绩效评估

绩效评估指组织用户对各个供应商的绩效加以评价，以决定维持、修正或中止供货关系。评价方法是询问使用者或按照若干标准加权评估。供应商必须关注该商品的采购者和使用者是否使用同一标准进行绩效评价，以保证评价的客观性和正确性。

【案例 4-5】

华为公司企业业务占比大增

据华为公司官网数据，2022 年上半年，华为公司共实现销售收入 3 016 亿元，净利润率为 5%。华为公司运营商业务收入同比增长 4.2%，企业业务收入同比增长 27.5%，终端业务收入同比下降 25.3%，企业业务收入同比增长最快。

据了解，2021 年开始，华为在内部大力推行"军团化运作"的组织变革，带动了供给端业务的回升。目前，在数字化转型浪潮下，面向政府、交通、金融、能源以及制造等重点行业，华为公司发布了十一大场景化解决方案，先后成立了煤矿、智慧公路、海关和港口、智能光伏、数据中心能源、电力数字化、数字金融、站点能源等二十大军团，整合资源高效服务客户。

由于芯片供应受限等因素，华为手机销量大幅下滑。2022 年第一季度和第二季度，华为手机出货量分别为 560 万部和 640 万部，华为手机在全球的市场排名已滑落至前五之外。2022 年上半年，终端业务对华为公司的收入贡献也由此前的超过 50% 降至 33%。

【本章小结】

1. 消费者市场是个人或家庭为了生活消费而购买商品或服务的市场，也称最终商品市场、消费品市场、生活资料市场、个人消费者市场或个人市场。消费者市场有分散性、复杂多变性、无限扩展性、可诱导性、非专家性等特点。消费者的购买行为受文化、社会、个人和心理等因素的影响。消费者的购买决策过程一般分为认知需要、收集信息、判断选择、购买决策、购后评价几个阶段。在诸多因素的影响下，消费者在购买过程中会表现出不同的具体行为。

2. 组织市场，简单地说，是指各种组织机构形成的对商品或服务需求的总和，它主要包括生产者市场、中间商市场、非营利组织市场、政府市场等 4 种类型。

3. 组织市场与消费者市场具有明显的区别，组织市场主要有消费者数量较少、购买量比较大、供需关系密切、消费者的地理位置相对集中、需求弹性小、专业人员采购、影响购买决策的人多、直接采购等特点。

4. 组织采购人员在做出购买决策时受到许多因素影响。我们可以把影响组织市场购买行为的因素归为 4 类：环境因素、组织因素、人际关系因素和个人因素。

5. 在组织市场中做出购买决策的过程与在消费者市场中有相似之处，但其又有特殊性。一般认为，组织市场购买决策过程可分为 8 个阶段：认识需要、确定需要、说明需要、物色供应商、征求供应建议书、选择供应商、签订合同、绩效评估。

【重要概念】

消费者市场　　选择性注意　　选择性曲解　　选择性保留　　组织市场

【思考练习】

一、单选题

1. 消费者的购买决策过程由认知需要→信息收集→判断选择→（　　）5 个阶段组成。

　　A. 购买决策→付款方式　　　　　　　　B. 付款方式→决定购买数量

　　C. 购买决策→购后评价　　　　　　　　D. 决定购买数量→选择品牌

2. "最好的广告是满意的顾客"，是指企业在分析购买决策过程时要重视（　　）。

　　A. 认知需要　　　　B. 购后评价　　　　C. 信息收集　　　　D. 购买决策

3. 人们易于记住与自己态度和信念相一致的信息，忘掉与自己态度和信念不一致的信息，这称为信息接受的（　　）。

　　A. 选择性扭曲　　B. 选择性保留　　C. 选择性注意　　D. 选择性了解

4. 不属于消费者市场特点的是（　　）。

　　A. 可诱导性　　B. 复杂多变性　　C. 专业性购买　　D. 无限扩展性

5. 精神分析论的创立者是（　　）。

　　A. 马斯洛　　　　B. 弗洛伊德　　　　C. 科特勒　　　　D. 赫茨伯格

二、简答题

1. 消费者市场有哪些特点？

2. 影响消费者购买行为的因素有哪些?

3. 简述消费者的购买决策过程并举例说明。

4. 影响组织市场购买行为的因素有哪些? 其与消费者市场相比有哪些不同?

5. 简述组织市场的购买决策过程。

三、案例分析题

丁小姐的烦恼

丁小姐最近心情复杂,既为买到大批便宜货而高兴,也为这笔全年最高消费而心痛。在面对"双十一"购物后高达9 000多元的巨额账单时,丁小姐发誓当年的购物到此为止。可是"双十一"刚走,"双十二"又来了。在"便宜货"的诱惑下,丁小姐忍不住又一次加入"抢货大军",结果就是在30天内,她的网购花费总额轻松突破1万元大关,如今家中堆满快递包裹。丁小姐苦笑着说,这1万多元花得莫名其妙,她甚至有些怀疑,自己是为了享受"抢便宜货的快感"而购物,至于购买的东西实用与否则并不重要。

虽然依旧在"双十二"用掉2 000多元,但丁小姐依然明显感觉到和一个月前相比,自己购物的积极性已经降低。"看到好东西还是想买,但有一种力不从心的感觉。"丁小姐告诉记者,商品再便宜,她的购买力毕竟有限,30天的网购消费总额轻松超过全年其余时间购物消费金额的总和,丁小姐已经取消元旦购物计划,甚至通知在国外的朋友,收回之前提出的代购要求。即便对廉价商品再感兴趣,丁小姐也已经对促销活动产生了"审美疲劳"。

"平时购物可以和客服线上沟通,一到活动,小店的客服根本应付不过来,要么下线要么忙到回答不上,我也不敢买太多,只在一些熟悉的网店购物。"丁小姐还发现,虽然大多数网店的优惠措施都比较"实诚",但也有个别网店弄虚作假,如"双十一"活动时她在一家网店购买了一件打5折的衣服,结果活动结束后这件衣服的标价依然是折后价,她怀疑这件衣服是涨价后再打折,打折后的价格就是其正常的零售价,参加活动其实就是一个噱头。

问题

1. 从案例中分析,网店商家可以利用消费者的哪些心理刺激其消费?

2. 消费者的购物积极性为何会在"双十二"时减弱? 据此,商家可以如何改良营销策略?

【实训演练】

1. 实训主题

请选取某一消费群体,对其消费心理和消费行为进行总结分析。

2. 实训步骤

(1) 教师布置实训任务,指出实训要点和注意事项。

(2) 建议学生4~6人为一个小组,全班学生分成若干小组,采用组长负责制,组员分工合作完成实训任务。

(3) 小组内部充分讨论、认真研究,查阅资料。教师鼓励学生进行实地调查,形成实训分析报告。

3. 实训汇报

小组需制作一份PPT并在课堂上进行集中展示,展示时间为8~10分钟。展示完成之后,其他小组需进行点评和互动,教师对小组实训分析报告和小组展示情况进行点评和总结。

第5章 目标市场营销战略

任何企业都无法满足所有消费者的全部需求。一是由于企业资源的有限性，二是由于消费者在诸多方面存在显著差异，企业仅凭自己的力量无法为整个市场服务。因此，企业想要在市场上生存下去，必须找到适合自己的生存空间。在找寻适合自己的生存空间时，目标市场营销战略就显得尤为重要。企业需要对市场进行细分，从而确定哪些消费者群体才是本企业的目标市场。在对自身和目标市场都有了充分、客观的认识的同时，企业也需要在市场上找到自己的位置，以区别于其他竞争对手，即进行正确的定位。正确的定位可以使企业在市场营销中处于更为有利的位置。目标市场营销在市场营销理论和实践中的意义重大，几乎是现代营销的核心战略。目标市场营销主要包括3个环节，即市场细分（Segmenting）、目标市场选择（Targeting）、市场定位（Positioning），所以目标市场营销战略也被称为STP战略。

【学习目标】

1. 理解市场细分、目标市场和市场定位的含义。
2. 掌握市场细分的步骤与方法。
3. 熟悉目标市场的选择以及市场定位的方式。
4. 掌握通过市场定位使竞争优势最大化的方法。

【开篇引例】

元气森林——开辟饮料行业新赛道

随着生活水平的提高，健康养生理念逐渐深入人心，尤其是对于19~35岁这个年龄区间的消费者来说，他们追求生活品质，热衷于塑造完美身材。元气森林抓住这个独特的发展机遇，率先使用"赤藓糖醇"这一无糖甜味剂，快速推出口味丰富的多种气泡饮料。口感多样又无发胖风险的全新产品，既符合消费者健康养生的理念诉求又让消费者有了口感上的多重享受，元气森林高举"0糖0脂"的大旗，一举打入饮料市场。

企业要想发展，单靠自身努力远远不够，关键还要看所处的市场是否饱和。调查数据显示，目前国内饮料市场主要分为以百事可乐、可口可乐等为代表的外来知名品牌和以汇源果汁、农夫山泉等为代表的具有极长发展历史的本土品牌。饮料市场急需新鲜血液，元气森林不仅创新产品配比，还致力于在产品外观上努力迎合当代年轻人的审美观念。

从2017年推出首款热销产品燃茶到后来大火的无糖气泡水，元气森林这个以产品研发为核心发展模式的饮料公司从未停止创新脚步。奶茶风潮来袭，它便推出"0蔗糖低脂肪"元气乳茶；能量饮料"火了"，它便推出"外星人"系列饮品。跟随着社会发展、消费需求变化，元气森林不断推陈出新、丰富自身产品，以求在饮料市场"永葆青春"。

思考：元气森林的目标消费者群体是谁？他们有何特征？饮料产品拥有什么卖点更容易吸引他们？

5.1 市场细分

目标市场营销战略是市场营销理论和实践中极具意义的成果，是现代营销的核心战略。目标市场营销主要包括3个环节，即市场细分（Segmenting）、目标市场选择（Targeting）、市场定位（Positioning），所以目标市场营销战略也被称为STP战略。

市场由购买者构成，而不同的购买者在许多方面各不相同。任何企业都应清楚地认识到，企业所拥有的资源是有限的，仅凭自己的力量不可能为整个市场服务。因此企业就必须对市场进行细分，以确定哪些子市场或子群体才是适合本企业的目标市场。

拓展视频

市场细分

5.1.1 市场细分的含义和作用

1. 市场细分的含义

市场细分的概念最早由美国市场学家温德尔·R.史密斯（Wendell R.Smith）于1956年提出。市场细分是指营销者通过市场调研，依据消费者在需要和欲望、购买行为和购买习惯等方面的差异，把某一产品市场划分为若干消费者群体的过程。每个消费者群体都是一个细分市场，每个细分市场都是由具有类似需求倾向的消费者构成的群体，如服装市场可细分为男性服装市场、女性服装市场以及儿童服装市场和老年服装市场等。

2. 市场细分的作用

（1）有利于企业发掘新的市场机会

市场机会实质上是消费者尚未被满足或没有被充分满足的需要和欲望。企业通过市场调研和分析，进行市场细分，可以了解不同消费者群体的需要情况和需要目前的满足程度，从而发现哪些消费者群体的需要没有得到满足或没有得到充分满足。没有得到满足或没有得到充分满足的部分就可能是企业的市场机会。对于中小企业而言，如果能通过市场细分选择一个合适的较小的细分市场，见缝插针或拾遗补阙，往往能在竞争中较好地生存和发展。

（2）有利于企业有针对性地开展营销活动

通过科学的市场细分、选择目标市场，企业可以有的放矢地采取措施，提高市场营销水平。例如，企业可以根据目标市场及其需求的变化，及时调整其产品组合，使产品适销对路；企业还可以科学地安排价格策略、分销策略和促销策略，使产品顺利地抵达目标市场，并占领和巩固市场。

（3）有利于合理地利用企业的资源

进行科学的市场细分之后，每一细分市场上竞争者的优势和劣势都会暴露出来。企业只要看准市场机会，利用竞争者的劣势，同时有效地开发本企业的优势资源，就能用较少的资源把竞争者的消费者和潜在消费者变为本企业的消费者，提高市场占有率，增强竞争能力。

拓展视频

市场细分的依据

5.1.2 市场细分的依据

市场细分的依据，就是导致消费者需求具有异质性、多元性的各种因素。它使得消费者的需要、动机和行为千差万别、不尽相同，从而为市场细分提供了依据。

1. 消费者市场细分的依据

消费者市场细分的依据主要包括地理因素、人口因素、心理因素、行为因素等。

（1）地理因素

企业可按照消费者所处的地理位置、自然环境来细分市场，如根据地区、气候、城镇规模等方面的差异将整体市场分成不同的小市场。

处在不同地理位置的消费者会产生不同的需求和爱好，并对企业的同一产品及其市场营销手段产生不同反应。现代市场营销把地理因素作为消费者市场细分的重要依据，认为地理因素会对消费者需求产生重要影响。例如，在我国沿海的一些城市，某些海产品被视为珍稀食物，而别的地方的许多消费者则觉得其味道平常；又如，由于居住环境的差异，城市消费者与农村消费者在室内装饰用品上的需求往往大相径庭。

（2）人口因素

按地理因素进行市场细分后，处于同一地理位置的消费者，比如居住在同一国家或地区的消费者，其需求的差别也很大。因此，企业还可以按人口因素，如性别、年龄、收入、职业与教育程度、家庭生命周期、社会阶层等因素进一步细分市场。

人口因素比较容易衡量，有关数据相对容易获取，因此企业经常以它作为市场细分的重要依据。

①性别。由于生理上的差别，男性与女性在产品需求与偏好上有很大不同，如在服饰、发型、生活必需品等方面均有不同。例如，洗发水品牌海飞丝从整体市场中细分出有去屑需求的男性群体，推出了海飞丝男士去屑洗发水。

②年龄。不同年龄的消费者有不同的需求特点，如青年人对服饰的需求与老年人对服饰的需求差异较大：青年人大多喜欢鲜艳、时髦的服饰，老年人大多喜欢端庄素雅的服饰。

③收入。高收入消费者与低收入消费者在产品选择、休闲时间的安排、社会交际与交往等方面都会有所不同。比如，同是外出旅游，在交通工具以及食宿地点的选择上，高收入消费者与低收入消费者会有很大的不同。正因为收入是引起需求差别的一个直接而重要的因素，诸如服装、化妆品、旅游服务等领域根据收入来细分市场的情况相当普遍。

④职业与教育程度。企业可按消费者职业的不同、受教育程度的不同，以及由此引起的需求差别来细分市场。比如，消费者受教育程度的差异所引起的审美观具有很大的差异，如不同消费者对装修用品的品种、颜色等会有不同的偏好。

⑤家庭生命周期。一个家庭的生命周期按年龄、婚姻和子女状况，可划分为单身阶段、新婚阶段、满巢阶段、空巢阶段、孤独阶段 5 个阶段。在不同阶段，家庭购买力、家庭成员对产品的兴趣与偏好会有较大差别。

⑥社会阶层。社会阶层是指在某一社会中具有相对同质性和持久性的群体。处于同一阶层的成员具有类似的价值观、兴趣爱好和行为方式，不同阶层的成员则在上述方面存在较大的差异。很显然，识别不同社会阶层的消费者所具有的不同特点，对于很多产品的市场细分将提供重要的依据。

此外，经常用于市场细分的人口因素还有家庭规模、国籍等。实际上，大多数企业通常是采用两个或两个以上人口因素来细分市场的。

（3）心理因素

按人口因素细分市场之后，各个市场中的消费者仍有可能表现出具有较大差别的心理特征。因此，企业还可根据消费者的生活方式、个性等心理因素进行市场细分。

①生活方式。通俗地讲，生活方式是指一个人是怎样生活的。人们追求的生活方式各不相同，如有的追求新潮、时髦，有的追求恬静、简朴，有的追求刺激、冒险，有的追求稳定、安逸。服装生产企业就可为生活方式不同的女性分别设计不同的服装。

②个性。个性是指一个人比较稳定的心理倾向与心理特征，它会导致一个人对其所处环境作出相对一致和持续不断的反应。俗话说，"人心不同，各如其面"，每个人的个性都有所不同。通常，个性会通过自信、自主、支配、顺从、保守、适应等性格特征表现出来。因此，企业可以将这些性格特征作为细分市场的依据。

（4）行为因素

根据消费者对产品的了解程度、态度、使用情况及反应等方面的差异将他们划分成不同的群体，称为行为细分。行为因素如购买时机、利益追求、使用者状况、使用数量、品牌忠诚状况、购买准备阶段和消费者对产品的态度等对建立细分市场至关重要。

①购买时机。根据消费者产生需要、进行购买和使用产品的不同时机，可以将他们划分成不同群体。例如，航空企业根据旅客的度假需要，专门在节假日提供租机服务。

②利益追求。按消费者购买、使用产品所期望得到的主要利益，进行市场细分。例如，在牙膏市场上，有的消费者追求价格低的牙膏，有的消费者希望牙膏具有防蛀功能，还有的消费者希望牙膏能够更好地清洁牙齿，而儿童消费者选择牙膏时主要是依据其嗅觉的偏好。根据消费者追求利益的不同，佳洁士特别推出具有防蛀功能的牙膏，在市场上取得了很大的成功。

③使用者状况。许多企业可以根据产品的使用者情况，把消费者细分为从未使用者、曾经使用者、潜在使用者、首次使用者和经常使用者等群体。市场占有率较高的企业，努力争取把潜在使用者变为首次使用者或经常使用者；小企业则注重稳住经常使用者，吸引竞争对手的曾经使用者和首次使用者。

④使用数量。根据消费者使用产品的数量可以把消费者细分为大量使用者、中度使用者和少量使用者等群体。通常大量使用者的人数只占市场人数的一小部分，但是他们的消费量在市场全部销量中占有很大的比重。因此，企业更愿意吸引大量使用者，而不是少量使用者，并会把大量使用者作为自己的目标消费者。

⑤品牌忠诚状况。企业可以根据消费者对品牌的忠诚状况进行市场细分：不忠诚于任何品牌的多变者；经常在几种固定品牌中选择的不坚定忠诚者；由偏爱一种品牌转向偏爱另一种品牌的转移型忠诚者；始终坚持购买某一种品牌的坚定忠诚者。企业通过了解消费者的品牌忠诚状况和不同品牌忠诚状况的消费者的各种行为与心理特征，不仅为市场细分找到了依据，同时也为选择目标市场或改进营销策略提供了启示。

⑥购买准备阶段。任何时候，人们对于购买一件产品的准备程度都各不相同。有些人虽然有某种消费需求，却不知道该产品的存在；有些人虽然知道产品的存在，但是对产品还有一定的疑虑；有些人则正在考虑购买。

⑦消费者对产品的态度。在市场中，消费者对某种产品的态度可分为热情、肯定、无差别、否定和敌视 5 种类型。企业可根据消费者对产品的不同态度进行市场细分。

2. 生产者市场细分依据

大多数用于细分消费者市场的依据，也可用于细分生产者市场。但毕竟生产者与消费者在购买动机和行为上有一定的差别，所以除了运用消费者市场的细分依据外，细分生产者市场还可以使用一些新的依据。

（1）产品的最终用途

不同的最终用户常常追求不同的利益，所以其对所购产品通常都有特定的要求。如橡胶轮胎市场，飞机制造商所需轮胎比农用拖拉机制造商所需轮胎在安全标准方面严格得多；同是钢材用户，根据用途不同，有的用户需要普通钢，有的用户则需要硅钢、钨钢或其他特种钢。企业可根据产品的最终用途，将产品的最终用途大致相同的用户划分到同一个细分市场。

（2）用户的购买规模

在生产者市场中，有的用户购买规模很大，而有的用户购买规模很小。以钢材市场为例，造船企业、汽车制造商对钢材的购买规模很大，而一些小的机械加工企业，其对钢材的购买规模通常较小。企业可依据用户购买规模的不同进行市场细分，同时针对不同购买规模的用户采用不同的营销策略。

（3）组合因素

许多企业实际上不是用一个因素，而是用几个因素，甚至用一系列因素来细分市场。企业在进行市场细分时，可采用一项标准，即单一因素细分，也可采用多个因素组合或系列因素进行市场细分。

5.1.3　市场细分的原则

市场细分有多种标准和方法，然而，并不是所有的细分标准和方法都是有效的。使用的细分标准越多，相应的子市场也就越多，每一个子市场的容量就越小。相反，使用的细分标准越少，子市场就越少，每一个子市场的容量则相对较大。有效地进行市场细分，在营销实践中并非易事。一般而言，有效的市场细分应遵循一系列基本原则。

（1）可衡量性

可衡量性是指用来划分细分市场容量大小和购买力的标准应该是能够加以测定的，即细分的市场是可以识别和衡量的。可衡量性要求细分出来的市场不仅范围明确，而且其容量的大小也能得到大致的判断。如果在实际中很难测量市场容量，那么以此为依据进行市场细分就没有什么意义。

（2）可盈利性

可盈利性即细分市场的容量要大到能够让企业盈利的程度。进行市场细分时，企业必须考虑细分市场上消费者的数量、购买力状况等。一个细分市场应该值得企业为之专门设计一套营销方案。如果细分市场的容量太小，企业将很难获利。例如，为身高不足 1.4 米的人设计生产专用的汽车对汽车制造商来说是不合算的。

（3）可进入性

指企业通过努力能够使产品进入细分市场，否则该细分市场就没有价值。

（4）可区分性

可区分性是指细分市场在观念上能被区别，并且对不同的营销组合和方案有不同的反应。如果不同细分市场对产品需求或对不同营销方案反应的差异不大，行为上的同质性远大于异质性，企业就不必费力进行市场细分。

5.1.4　市场细分的程序

美国市场学家杰罗姆·麦卡锡提出了细分市场的一整套程序，这一套程序包括 7 个步骤。

（1）选定产品市场范围

这是指确定进入什么行业，生产什么产品。产品市场范围应根据消费者的需求，而不是产品特性来确定。例如，某房地产企业打算在乡间建造风格简朴的住宅，若只考虑产品特征，该企业可能认为这类住宅的出租对象是低收入消费者；但从市场需求角度看，高收入消费者也可能是这类住宅的潜在消费者。因为高收入消费者在住腻了高楼大厦之后，恰恰可能向往乡间的清静，从而可能成为这种住宅的消费者。

（2）列举潜在消费者的基本需求

例如，企业可以通过调查，了解潜在消费者对前述住宅的基本需求。这些需求可能包括遮风避雨、安全、方便、宁静，设计合理，室内设施完备，工程质量好等。

（3）了解不同潜在消费者的不同要求

对于列举出来的基本需求，不同消费者的侧重点可能会存在差异。例如，遮风避雨、安全是所有消费者共同强调的，但有的消费者可能特别重视生活的方便，另外一类消费者则对环境的安静、内部的装修等有很高的要求。通过这种差异比较，不同消费者群体即可初步被识别出来。

（4）选取重要的差异需求作为细分标准

剔除潜在消费者的共同需求，以重要的差异需求作为细分标准。上述共同需求固然重要，但不能作为市场细分的标准。如遮风避雨、安全是每位消费者的需求，就不能作为市场细分的标准，因而应该剔除。

（5）为不同细分市场确定名称

根据潜在消费者在基本需求上的差异，划分出不同的子市场，并赋予每一子市场一定的名称。例如，房地产企业常把购房的消费者分为好动者、老成者、新婚者、度假者等多个子市场，并针对不同的子市场采用不同的营销策略。

（6）进一步分析各细分市场的特点

进一步分析每一细分市场的购买行为等特点，并分析其原因，以便在此基础上决定是否可以对这些细分出来的市场进行合并，或做进一步细分。

（7）评估各细分市场的规模

评估每一细分市场的规模，即在调查基础上，估计每一细分市场的消费者数量、购买频率、平均每次的购买数量等，并对细分市场上的产品竞争状况及市场发展趋势进行分析。

5.1.5　市场细分的方法

市场细分的方法主要包括单一变量因素法、多变量因素组合法和系列变量因素法 3 种。

（1）单一变量因素法

单一变量因素法就是根据影响消费者需求的某一个重要因素进行市场细分。例如，服装企业按年龄细分市场，可分为童装、少年装、青年装、中年装、中老年装、老年装；或按气候细分市场，可分为春装、夏装、秋装、冬装。

（2）多变量因素组合法

多变量因素组合法就是根据影响消费者需求的两个或两个以上的因素进行市场细分。例如，服装市场可以依据消费者的性别、年龄、生活方式细分出 20~30 岁男性运动装这样一个子市场。

（3）系列变量因素法

系列变量因素法是指企业根据自身经营的特点并按照影响消费者需求的诸因素，由粗到细地进行市场细分。这种方法可使目标市场变得更加明确而具体，有利于企业更好地制定相应的市场营销策略。例如，自行车市场可按地理位置（城市、乡村）、性别（男、女）、年龄（儿童、青年、中年、中老年）、收入（高、中、低）、职业（工人、农民、学生、职员）、购买动机（求新、求美、求价廉物美、求坚实耐用）等因素细分市场。

【案例 5-1】

宝洁公司何以成为全球日化巨头之一？

宝洁公司从 19 世纪的小工厂起家，到如今已有超过 180 年的历史，发展成为全球日化巨头之一。经过长期并购与剥离，宝洁公司目前主要涉及化妆品与家庭洗护两大行业，涵盖美发、洗护、护肤、婴幼儿护理、彩妆等领域。

作为全球最大的日用消费品公司之一，宝洁公司旗下有很多我们耳熟能详的品牌，如汰渍、佳洁士、帮宝适、舒肤佳、护舒宝、飘柔，这些是宝洁公司自主研发的核心品牌，另外还有收购来的潘婷、玉兰油、伊卡璐、威娜、吉列等。宝洁公司的成功离不开以多品牌和首创品牌经理制为代表的品牌战略。

日化市场细分程度极高，且各品类间关联度不高，比如消费者对于餐具清洁、衣物清洁、房间（卫生间、地板等）清洁等家庭洗护产品的功能和场景需求不同，单一品牌无法满足所有消费者群体的不同品类需求，宝洁公司通过深挖各细分领域，培育专业品牌，研发"热销款"产品，解决消费者痛点，在欧美消费升级的趋势下迅速发展。

宝洁公司实施"一品多牌"的多品牌战略，即同品类有多个品牌，起初是作为内部竞品的激励模式，逻辑是对单一品类需求进行深度挖掘，以不同功能进行品类细分，将品牌化需求升级为个性化需求，如此既帮助宝洁公司扩大了品类份额，又巩固了品牌辨识度和消费者黏性。

5.2 目标市场选择

如果说市场细分显示出了企业所面临的市场机会，目标市场选择则是企业通过评价各种市场机会、决定为哪几个细分市场服务的重要营销策略。企业只有选择了适合自己经营、潜力较大的目标市场，才能围绕目标市场有针对性地开展营销活动，保证自身的生存发展。

5.2.1 目标市场相关含义及选择条件

目标市场是企业制定市场营销战略的基础，是企业经营活动的根本出发点之一。没有目标市场，企业的经营活动就是盲目的，必然事倍功半，甚至"竹篮打水一场空"。

1. 目标市场相关含义

①目标市场。目标市场就是企业决定要进入的那个市场，也就是企业拟投其所好，为之服务的那个顾客群。

②目标市场的选择。目标市场的选择是指一个企业在进行市场细分的基础上，根据市场的

吸引力和企业自身的生产经营能力，确定企业的服务范围和具体对象，即选择企业究竟满足哪些地区、哪类顾客的哪种需求。

2. **目标市场的选择条件**

（1）有足够的市场规模

企业进入某一市场的目的是盈利，如果市场规模太小或趋于萎缩状态，企业进入后很难获得较好的发展，就不宜轻易进入。当然企业也要力求避免"多数谬误"，即与竞争对手遵循同一指导思想，都将规模最大、吸引力最强的市场作为目标市场。企业如果都争夺同一目标市场，势必会造成过度竞争和社会资源的浪费，而其他一些本应得到满足的需求却会遭受冷落和忽视，所以企业在选择目标市场时要从多个角度来考虑问题。

（2）企业在选定的目标市场上有较强的竞争力

企业应尽量选择那些竞争相对较小，竞争对手较弱的市场作为目标市场。如果目标市场中的竞争已经十分激烈，竞争对手实力较强，企业进入后则竞争优势不明显。

（3）符合企业的发展目标和能力

有些市场虽然有较大的吸引力，但不能推动企业实现发展目标，甚至会分散企业的精力，这样的市场，企业要主动放弃。另外，还应考虑企业的能力是否满足在该市场中经营的要求。只有选择那些自己有能力进入，又能充分发挥自身资源优势的市场作为目标市场，企业才能取得更好的发展。

5.2.2 目标市场的选择模式

通过对细分市场的评估，企业将发现一个或几个值得进入的细分市场，企业可采用的目标市场选择模式主要有以下 5 种。

（1）市场集中化

市场集中化即企业只选取一个细分市场，集中力量经营一类产品或服务，供应某一单一的顾客群，进行集中营销（见图 5-1）。例如，某制鞋厂只生产儿童休闲鞋。企业选择市场集中化模式一般基于以下考虑：具备在该细分市场从事专业化经营或取胜的优势；限于资金能力，只能经营一个细分市场；该细分市场中没有竞争对手；准备以此为出发点，在这一市场取得成功后向更多的细分市场扩展。

（2）有选择性地专业化

有选择性地专业化即企业选取若干个具有良好的盈利潜力和结构吸引力，且符合企业的发展目标和能力的细分市场作为目标市场，其中每个细分市场与其他细分市场之间较少关联（见图 5-2）。其优点是可以有效地分散经营风险，即使在某个细分市场中盈利状况不佳，仍可在其他细分市场盈利。采用有选择性地专业化模式的企业一般应具有较丰富的资源和较强的营销实力。例如，某制鞋厂商选择同时经营儿童休闲鞋和青年人穿的皮鞋。

（3）产品专业化

产品专业化是指企业集中生产一种或一类产品，并向各类顾客销售这种或一类产品（见图 5-3）。如饮水机厂只生产一个品种的饮水机，同时向家庭、机关、学校、银行、餐厅、招待所等各类顾客销售。产品专业化模式的优点是企业专注于某一种或某一类产品的生产，有利于形成和发展生产和技术上的优势，在该领域树立良好的形象。其缺点是当该领域被一种全新的技术与产品所代替时，产品销量会有大幅度下降的危险。

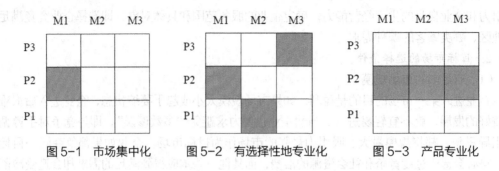

图 5-1 市场集中化　　图 5-2 有选择性地专业化　　图 5-3 产品专业化

（4）市场专业化

市场专业化是指企业专门生产满足某一顾客群全部需求的各种产品（见图 5-4）。比如某工程机械企业专门向建筑业顾客供应推土机、打桩机、起重机、水泥搅拌机等建筑工程中所需要的机械设备。采用市场专业化模式的企业经营的产品类型众多，能有效地分散经营风险。但由于集中于某一顾客群，当其需求减少时，企业也会面临收益下降的风险。

（5）市场全面化

市场全面化是指企业生产多种产品满足各个顾客群的需求（见图 5-5）。实力雄厚的大型企业多选用这种模式，可以收到良好效果，如美国 IBM 公司、大众汽车集团等。

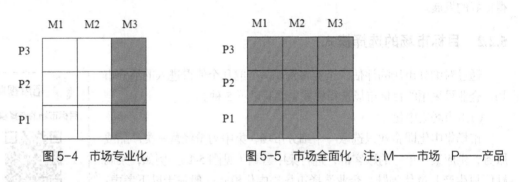

图 5-4 市场专业化　　图 5-5 市场全面化　注：M——市场　P——产品

5.2.3 目标市场战略

目标市场战略有 3 种，即无差异化市场战略、差异化市场战略和集中化市场战略（见图 5-6）。

（1）无差异化市场战略

无差异化市场战略是企业将产品的整个市场视为目标市场，用一种产品和一套营销方案去服务和吸引顾客。它只考虑顾客需求中的相同之处，不关心差异。可口可乐公司的早期营销就采用了无差异化市场战略，只生产一种同一包装、同一口味的饮料来面向所有顾客。

拓展视频

目标市场战略

企业采用无差异化市场战略，可以减少产品的品种，增加生产批量，产品的生产、储存和运输成本也相应减少。另外，企业单一的促销活动可以降低促销费用，在不需要进行市场细分的情况下还可以节省市场调研支出等，所以无差异化市场战略是一种与标准化生产和大批量生产相适应的市场营销战略。

然而，对大多数产品而言，实施无差异化市场战略也存在一定的问题：①顾客的需求客观上是千差万别并不断变化的，一种产品很难长期为所有顾客接受；②当众多企业都采取这种战略时，会造成市场竞争过度；③当其他企业针对不同细分市场提供更有特色的产品或服务时，采用无差异化市场战略的企业可能会发现自己的市场正在遭受蚕食却无法有效地给予反击。

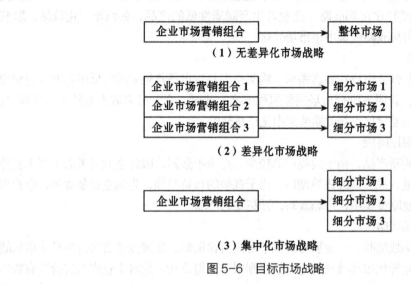

（1）无差异化市场战略

（2）差异化市场战略

（3）集中化市场战略

图 5-6　目标市场战略

（2）差异化市场战略

差异化市场战略是将整体市场划分为若干细分市场，并针对各个细分市场的特点，设计不同的产品和营销方案。例如，通用汽车公司针对不同消费层次、目的和个性的消费者，设计和生产不同种类、型号的汽车。

差异化市场战略有批量小、品种多、生产机动灵活、针对性强等优点，能更好地满足顾客的需求；另外，由于企业同时在多个细分市场上经营，发展的机会较多，也可以分散经营风险。

差异化市场战略也存在两个方面的不足：①会增加企业的经营成本，如生产成本、产品改进成本、管理成本、存货成本和促销成本等都会有所增加；②可能使企业的资源配置不能有效集中，顾此失彼，使拳头产品难以形成优势。

（3）集中化市场战略

采用无差异化市场战略和差异化市场战略的企业均是以整体市场作为企业的服务对象，而采用集中化市场战略的企业则是集中力量进入一个或少数几个细分市场，实行专业化的生产和销售。采用这种战略的企业由于能够集中力量，因而可能在一个细分市场上有较大的市场占有率。如果细分市场选择得当，企业可获得较高的投资收益。集中化市场战略特别适合资源、力量有限的中小企业。

集中化市场战略也存在两个方面的问题：①市场范围相对狭窄，企业的发展受到限制；②潜伏着较大的经营风险，一旦目标市场的需求突然发生变化，或者出现强有力的竞争者，都可能使企业因没有回旋余地而陷入困境。

5.2.4　影响目标市场战略选择的因素

（1）企业的资源和能力

实力雄厚的大企业经常采用差异化市场战略或无差异化市场战略，而中小企业由于资源不足、能力有限，无力把整个市场作为目标市场，所以多采用集中化市场战略。

（2）产品的同质性

有些产品，虽然由不同的企业生产，但在顾客眼里，它们没有太大的差别，这种产品称为同质性高的产品，反之则称为同质性低的产品。企业若生产同质性高的产品，如大米、钢材、食盐等，适合采用无差异化市场战略。企业若生产同质性低的产品，如汽车、化妆品、服装等，适合采用差异化市场战略或集中化市场战略。

（3）市场的同质性

市场的同质性指各细分市场在顾客需求、购买行为及对市场营销刺激的反应等方面的相似程度。市场同质性高，说明各细分市场的相似程度高，此时，企业可采取无差异化市场战略；反之，企业则适合采用差异化市场战略或集中化市场战略。

（4）产品的生命周期阶段

对刚刚推向市场的新产品，由于同类产品较少，竞争不激烈，因此企业可考虑采用无差异化市场战略。当产品进入成长期或成熟期后，由于竞争的日益激烈，为确立竞争优势，企业可考虑采用差异化市场战略或集中化市场战略，开拓新的市场。

（5）竞争者的市场战略

企业选择目标市场战略时，一定要考虑竞争者的营销策略。如果竞争者实行差异化市场战略，本企业若采用无差异化市场战略与之对抗，则很难取得成功。此时企业应当进行更有效的市场细分，寻找新的机会与突破口，采用差异化或集中化市场战略。若竞争者采用无差异化市场战略，企业则可采用差异化市场战略与之抗衡。

（6）竞争者的数量

企业可根据竞争者的数量来选择目标市场策略。当同类产品的竞争者很多时，满足各细分市场顾客群的需要就显得十分重要，因此为了增强竞争能力，企业可以选择差异化市场战略或集中化市场战略。当同类竞争者很少时，企业可采用无差异化市场战略。

【案例 5-2】

露露乐蒙（Lululemon）品牌的目标市场战略

露露乐蒙是一家致力于为男士和女士打造技术领先的运动服饰的公司，短短几年时间就从众多体育服饰品牌中脱颖而出。如今，露露乐蒙俨然已成为时尚的代名词。露露乐蒙的成功离不开其公司的目标市场战略调整——从集中化市场战略调整为差异化市场战略。

1. 集中化市场战略

在创立初期，露露乐蒙主要面向中高收入水平、热爱瑜伽运动的女性顾客，设计并售卖高端瑜伽服饰，以一套产品和营销方案来开拓市场。例如，一开始露露乐蒙的产品只有 Align 系列，面对的顾客也只是所有爱好瑜伽的女性，在向她们兜售产品的同时还提供练习瑜伽的场地。在创立初期，露露乐蒙公司白天是一家设计工作室，到了晚上则摇身一变成为一家瑜伽馆。

2. 差异化市场战略

现阶段，露露乐蒙拓展了目标市场，将目标市场由一线城市拓展到二线城市，并针对不同收入水平的顾客群，设计不同价位的产品；产品种类也由单一的瑜伽服饰变为针对瑜伽、跑步、骑行等各种会出汗运动的服饰；并根据不同的子市场开发不同产品，制订不同的营销方案。例如，在瑜伽运动方面获得成功后，露露乐蒙对于未来的愿景发生改变，不再局限于瑜伽运动，开始面向参与其他运动项目，如跑步的顾客群，推出了适合女性运动的 Swiftly 系列长袖圆领 T 恤和 Wunder Under 系列运动长裤等产品。

5.3　市场定位

通过市场细分选定目标市场后，企业将面对一个或若干个具体的子市场。一般来讲，一个企业很难击败所有的竞争对手，或者完全占领一个市场。所以企业在一个目标市场上与竞争对手展开竞争是不可避免的。要想在一个目标市场上占据竞争优势，企业必须在经营和产品营销中形成自己的特点，以此来占据一个有利的市场地位。因此，企业进行市场定位尤为重要。

5.3.1　市场定位的含义

定位是由美国的两位广告经理 A.L. 里斯（A.L.Rise）和杰克·特劳特（Jack Trout）最先于 1972 年提出的。他们认为："定位首创于产品。一件产品、一项服务、一家企业、一家机构，甚至一个人都可以定位。然而，定位并非针对产品本身采取的什么行动，而是针对潜在顾客的心理进行的创造性的活动，也就是让产品在潜在顾客的心目中有一个适当的位置。"简单来说，定位就是让产品在潜在顾客心目中得到一个适当的位置的过程。

随着市场上产品越来越丰富，与竞争对手高度雷同、毫无个性的产品，可能根本不会得到顾客的注意。为了使自己的产品保持优势，企业必须在顾客心目中确定自己的产品相对于竞争产品而言独特的竞争优势和差异性，简单来说，就是要使顾客认为自己的产品与众不同，并且优势显著。

5.3.2　市场定位的方式

市场定位作为一种竞争战略，显示了一种产品或一家企业同类似的产品或企业之间的竞争关系。定位方式不同，竞争态势也不同。

（1）避强定位

这是一种避开强有力的竞争对手的市场定位。其优点是：能够使产品或企业迅速地在市场上站稳脚跟，并能在顾客心目中迅速树立起良好形象。由于这种定位方式的市场风险较小，成功率较高，常常为多数企业所采用。

（2）对抗定位

这是一种与在市场上占据支配地位的，即最强的竞争对手"对着干"的定位方式。显然，这种定位方式有时会产生风险，但不少企业认为这样能够激励自己奋发上进，且一旦成功就会取得巨大的市场优势。例如，vivo 手机与 OPPO 手机之间就属于"对着干"。企业要想实施对抗定位，必须知己知彼，尤其应清醒估计自己的实力，不一定追求压垮对方，能够平分秋色就是巨大成功。

（3）初次定位

初次定位指新成立的企业初入市场、企业新产品投入市场、产品进入新市场时，企业需要从零开始，运用所有的营销组合，使企业或产品符合所选择的目标市场的需求。

（4）重新定位

重新定位是指企业变更产品特色，改变目标顾客对其原有的印象，使目标顾客对其产品有一个重新认识的过程。重新定位对于企业适应市场环境、调整营销战略是必不可少的。

企业产品在市场上出现下列情况时，需要考虑重新定位：①竞争对手的定位与本企业的接近，侵占了本企业的部分市场，导致本企业产品市场占有率有所下降；②顾客偏好发生变化，对本企业产品的认可度降低；③原产品市场饱和或萎缩。

企业在重新定位前，需考虑两个主要因素：①企业将自己的定位从一个子市场转移到另一个子市场的全部费用；②企业重新定位后的收入有多少，而收入多少又取决于该子市场上的顾客和竞争对手情况，取决于在该子市场上的销售价格等。

5.3.3　市场定位战略

进行市场定位时应与市场差异化结合起来。因为市场定位更多地表现在心理特征方面，它产生的结果是影响潜在顾客怎样认识产品，对产品形成的观念和态度，而市场差异化是在类似产品之间形成区别的一种战略。所以，市场差异化是实现市场定位目标的一种手段。企业与顾客接触的全过程都可以差异化，因此市场定位可以从多角度展开。

（1）产品差异化战略

产品差异化战略是指从产品技术、产品质量、产品款式等方面实现差异。寻求产品特征是实施产品差异化战略经常使用的手段。

①产品技术。在某些产业，特别是高新技术产业，哪一家企业掌握了最尖端的技术，率先推出具有较高价值的产品，该企业就能够获取巨大的竞争优势。在全球通信产品市场上，华为、苹果、诺基亚、西门子、飞利浦等企业通过实行强有力的技术领先战略，在移动通信等领域不断地为自己的产品注入新的价值，使自己的产品走在市场的前列，吸引顾客，从而赢得竞争优势。

②产品质量。产品质量是指产品的有效性、耐用性和可靠程度等。譬如，A品牌的止痛片比B品牌的止痛片疗效更好，副作用更小，顾客通常会选择A品牌的止痛片。

③产品款式。产品款式是产品差异化的一个有效工具，对汽车、服装、房屋等产品尤为重要。

（2）服务差异化战略

服务差异化战略是指向目标市场提供与竞争对手不同的优异服务。企业的竞争力越能体现在顾客服务水平上，市场差异化就越容易实现。服务差异化战略在各种市场状况下都可以有效实施，尤其在饱和市场上，对于技术精密产品，如汽车、计算机、复印机等更为有效。

例如，银行在市场上开设服务周全的分支机构，并且在节假日和晚上为顾客提供便利的服务；许多顾客宁愿多付一点儿钱，多跑一段路，也要到提供一流服务的汽车经销商处买车。一些企业靠提供培训服务或咨询服务使自己区别于其他企业。企业还可以找到许多其他方法来通过差异化服务增加自己产品的价值。

（3）人员差异化战略

人员差异化战略是指通过聘用和培训比竞争对手更为优秀的人员以获取优势。实践早已证明，市场竞争归根结底是人才的竞争。

日本航空企业多年来一直在"北京—东京—夏威夷"这条航线上与美国最大的航空企业"联航"和韩国的"韩航"展开激烈的竞争。"联航"的规模实力与硬件设备几乎无人能比，"韩航"的票价比"联航"低30%，而日本航空则以整合的优良服务，贯穿"入关—空中—出关"的全过程，赢得各国旅客的赞美。凡乘过此航线的乘客，就很难再选择其他航空企业。日本航空优良服务的根基在于他们有一支训练有素的从机长到空中小姐的航空员工队伍。

（4）形象差异化战略

若企业与其竞争对手在产品的核心部分类似，则形象差异化战略尤其重要。塑造与竞争对手相比有差异的良好企业形象，需要有创造性的思维和设计，并进行有效的传播。如麦当劳的"M"标志，与其独特的企业文化相融合，使人们在世界各地只要一见到这个标志就会联想到麦当劳舒适宽敞的门店、优质的服务和新鲜可口的汉堡、薯条。

差异化能给企业带来利益，也会增加企业的成本，有效的差异化应该能够满足企业盈利的要求，此外，还应当具备以下条件。

（1）差异对顾客来说是重要的，即顾客能够认可差异的价值。

（2）与竞争对手相比差异显著，能凸显自身竞争优势。

（3）竞争对手难以模仿，即具有独特性，能够维持较长时间的优势。

（4）与其他差异化方法相比，在获得相同利润的情况下，具有较大的优势，可阻止竞争对手的加入。

【案例5-3】

炫迈（Stride）持续定位"感官享受"，加码口香糖细分市场

亿滋旗下的炫迈口香糖自进入中国市场以来，始终以"持久美味"定位于"感官享受"细分市场，旨在打造创新、年轻的品牌形象。2018年8月8日，亿滋欲通过新品继续加强"感官享受"的精准定位，来推动整体品类的销售增长。

亿滋在中国市场推出炫迈口香糖"果味浪起来"系列新品，借鉴了水果糖的产品特征，从味觉、视觉、口感等方面丰富"感官享受"这一口香糖细分市场。尼尔森市场调查数据显示，近年来，在口香糖市场中，"感官享受"是唯一快速增长的细分市场。亿滋积极且灵活地融入中国市场，为中国市场量身打造创新产品，不仅做到了解满足中国消费者的需求，更站在了引领市场潮流的前端。

5.4 市场营销组合策略

市场营销组合是市场营销学的重要概念和策略，也是企业市场竞争的基本手段。企业要想真正获得市场竞争的成功，必须做好市场营销组合。

5.4.1 市场营销组合的含义

市场营销组合是指综合运用企业可以控制的营销手段，对它们实行最优化组合，以取得最佳的市场营销效果。

企业可以控制的营销手段很多，可简单概括为四大市场营销组合，即我们通常所说的产品（Product）、价格（Price）、分销（Place）、促销（Promotion），简称"4P"。菲利普·科特勒还提出了大市场营销的概念，将市场营销组合的范围扩展到"6P"，也就是增加了两个"P"——权力（Power）和公共关系（Public Relations）。

市场营销组合的过程就是企业分配和利用好4P的过程。市场营销组合不是单一地采用哪一种市场营销策略打开市场，而是将这些影响营销效果的因素有机地灵活应用。特别是在大市场营销中，企业市场营销的职责不仅仅是满足市场需求，更重要的是引导市场，激励和培养市场需求的产生。企业要学会引导市场的走势，要能创造出新的需求热点。

5.4.2　市场营销组合的基本构成

市场营销组合包含了产品、价格、分销渠道、促销4项营销因素。

①产品。产品是指企业提供给目标市场的产品或服务的集合体，包括产品的效用、质量、外观、式样、品牌、包装规格、服务和保证等。

②价格。价格是指企业出售产品或服务所获得的经济回报，包括价目表所列的价格、折扣、折让、支付方式、支付期限和信用条件等，又称定价。

③分销渠道。分销渠道是指企业为使其产品进入和达到目标市场所进行的各种活动，包括产品流通的途径、环节、场所、仓储和运输等。

④促销。促销是指企业利用各种信息载体与目标市场进行沟通的多元活动，包括广告、人员推销、营业推广、公共关系与宣传报道等。

在营销策略中，企业可以针对不同情况，进行多种组合，形成多个方案。例如，可以是高档产品，高价出售，特约专业商店分销，大量做广告，强化推销；但也可以是高档产品，中等价格出售，实行市场渗透，在本地区普通商店分销，低促销费用。

市场营销组合不仅在这4个因素中进行第一层次的组合，而且可以在每个因素中进行组合。例如，产品有各种类型的产品组合，价格可以有高低组合，销售渠道可以有自销、代销、批发、零售以及多个经销商的组合，促销可以有派员推销、广告（报纸、电台、电视）、有奖销售等多种方式的组合。其中，一个因素的变化，会影响另一个因素的变化，形成各种新的组合方案，企业应从中作出最佳选择。

5.4.3　市场营销组合的特点

市场营销组合因素对企业来说都是"可控因素"，企业根据目标市场的需求，可以决定自己的产品结构，制定产品价格，选择分销渠道和促销方法等。对这些市场营销手段的运用和搭配，企业有自主权。但这种自主权是相对的，因为市场营销还要受各种微观环境因素和宏观环境因素的影响和制约，这些因素是企业不可控制的变量，即"不可控因素"。

因此，市场营销管理人员的任务就是了解市场营销组合的特点，适当安排市场营销组合，使之与不可控因素相适应，这是企业市场营销成功的关键。其中，市场营销组合具有如下特点。

①市场营销组合是一个复合结构。4个"P"之中又各自包含若干小的因素，形成各个"P"的子组合，因此，市场营销组合呈现出至少包括两个层次的复合结构，企业要注意安排好每个"P"的内部搭配，使所有这些因素实现灵活运用和有效组合。

②市场营销组合是一个动态组合。市场营销组合中的每一个组合因素都是不断变化的，是一个变量；同时又是互相影响的，每个因素都是另一个因素的潜在替代者。4个大的因素中又各自包含着若干小的因素，每一个因素的变动，都会引起整个市场营销组合的变化，形成一个新的市场营销方案。

③市场营销组合与企业市场定位战略紧密相关。企业的市场定位要通过全面的营销组合加以实现，企业要综合运用产品、价格、渠道、促销等相关营销手段，才能充分凸显企业的定

位。没有具体市场营销组合的展开，企业定位只是一句空话。

【本章小结】

1. 目标市场营销是现代观念的产物，是现代市场营销的核心战略。目标市场营销战略主要包括市场细分、目标市场选择和市场定位。

2. 市场细分是指营销者通过市场调研，依据消费者在需要和欲望、购买行为和购买习惯等方面的差异，把某一产品市场划分为若干消费者群体的过程。进行市场细分要对多种因素进行综合考虑，如地理因素、人口因素、心理因素和行为因素等。

3. 选定目标市场后，还需要明确本企业的竞争对手的状况，以确定产品的市场定位。常见的市场定位战略有产品差异化战略、服务差异化战略、人员差异化战略和形象差异化战略。

4. 市场竞争是多种因素作用的结果，企业需要综合运用可以控制的营销手段，对它们实行最优化组合，以取得最佳的市场营销效果。市场营销组合的四大基本因素为产品、价格、渠道和促销。

【重要概念】

市场细分　目标市场　市场定位　营销组合

【思考练习】

一、单选题

1. 企业只选取一个细分市场，集中力量经营一类产品或服务，供应某一单一的顾客群的需求，这被称为（　　）战略。

　　A. 专门化市场　　B. 专业化市场　　　C. 集中化市场　　　D. 全面化市场

2. 只选择一个或少数几个细分市场，争取在较小的市场上拥有较大的市场份额就是目标市场战略中的（　　）市场战略。

　　A. 无差异化　　　B. 差异化　　　　　C. 集中化　　　　　D. 部分差异化

3. （　　）是市场细分的客观基础。

　　A. 产品的差异性　B. 需求的差异性　　C. 地区差异性　　　D. 时间差异性

4. 同一细分市场的顾客需求具有（　　）。

　　A. 绝对的相似性　B. 较大的相似性　　C. 较小的相似性　　D. 较大的差异性

5. 大众汽车集团旗下拥有 10 多个汽车品牌，所生产的汽车型号超过百个，几乎涵盖了市场上所有主流的汽车类型，由此可以推测，大众汽车集团的目标市场选择模式最接近于（　　）。

　　A. 全面化市场　　B. 专业化产品　　　C. 集中化市场　　　D. 有选择性地专业化

二、简答题

1. 为什么要进行市场细分？
2. 市场细分的依据和原则是什么？
3. 市场细分的程序包括哪几个步骤？常用的市场细分方法有哪些？
4. 什么是目标市场？如何选择目标市场？
5. 目标市场战略有哪些？
6. 市场定位的方式和战略有哪些？

三、案例分析题

现象级"网红"车型"养成记"

2020年以来，随着我国汽车市场存量竞争愈加激烈，绝大多数汽车企业都面临整体行业转型和市场结构调整的双重压力与挑战。在一众汽车企业苦思冥想如何推出更具竞争力的产品以维持市场份额的大环境下，一些独特的车型产品"横空出世"，以独树一帜的产品定位和剑走偏锋的营销模式，成功地吸引了公众视线，在一片"红海"中开辟出细分"蓝海"，成为"网红热销款"，如宏光MINIEV、长城欧拉"猫"系列等新能源车型。这些车型不仅在销量和市场占有率上引人瞩目，更在业内外名噪一时。

其中，尤以宏光MINIEV最具代表性。宏光MINIEV自上市之初就获得了市场的高度关注，迅速成为小型新能源汽车领域的热销车型，上市半年销量就突破15万辆。宏光MINIEV走出了一条与特斯拉等高端新能源车型截然相反的、颇具"中国特色"的创新路子，堪称国内新能源汽车市场的一匹"黑马"。

1. "网红"车型养成元素之一：基于敏锐洞察力的精准产品定位

在主流新能源汽车企业主攻高端车型、抢占高端市场时，五菱公司走出了一条与"特斯拉们"截然不同的差异化路线。宏光MINIEV以新能源汽车市场"黑马"的姿态一骑绝尘，其成功的首要因素，即"从最广大消费者群体的最根本需求出发，打造极具性价比的产品"。

据统计，我国城镇居民日常出行里程在30千米以内，大中城市的通勤里程在60千米以内，平均通勤距离除北京外都在10千米以内，消费者对中短途出行，如上下班、接送小孩、买菜等场景的出行需求庞大。然而主流汽车企业未将目光投向下沉市场，只专注于开发高端车型，导致消费者的选择非常少。为了满足短途出行需求，低速电动车成为主流，但其缺少上路资质和规范管理，同时也存在一定的安全隐患。

针对这种情况，五菱汽车紧紧围绕"极低成本＋短途用车"这一最根本的消费者需求，推出了宏光MINIEV车型，打造出3万元级别的产品，避开了主要竞品的价格区间，以极致低价形成巨大的竞争优势，并一举实现销量"井喷"。

2. "网红"车型养成元素之二：抓住细分消费者群体的"新动能"

宏光MINIEV能够成功的最大原因之一就是通过消费者思维抓住消费者需求，对产品进行精准定位，但除此之外，更离不开宏光MINIEV对细分消费者群体特点的积极迎合。宏光MINIEV瞄准日益成熟的城镇女性消费群体，迎合"她经济"的消费趋势。

"她经济"是指围绕女性消费形成的特有经济圈和经济现象。近年来，随着国民经济整体水平的提升以及女性经济能力和社会地位的提高，女性对提高生活品质的需求日益旺盛，"她经济"正在成为一个新的经济增长点。中国汽车流通协会联合媒体发布的《2020女性汽车用户洞察报告》显示，相对于男性，女性更注重车辆的外观、品牌、价格等因素，也更倾向于能够满足情感需求、引起共鸣的产品或服务，且在购买决策时长上普遍短于男性。

五菱公司看到了女性消费者的消费潜力，为了吸引这批年轻女性消费者的目光，宏光MINIEV在设计之初就尽量使车辆设计更贴合女性消费者偏好，造型俏皮可爱，再加上柠檬黄、牛油果绿和白桃粉的配色，满足了女性消费者对外观的需求。小巧的车身更便于停车，增强了便捷性，较低的使用成本也不会造成太大的经济压力。宏光MINIEV对于女性而言更像是一个时尚单品，当前，宏光MINIEV女性车主占比超过60%，精致的小车成为年轻女性消费者的新宠。

问题

宏光MINIEV在产品定位上还有哪些改进的空间？

【实训演练】

1.实训主题

请选取一个你熟悉的企业或品牌，了解其目标市场的特点，并对其市场定位进行研究和分析。

2.实训步骤

（1）教师布置实训任务，指出实训要点和注意事项。

（2）建议学生4~6人为一个小组，全班学生分成若干小组，采用组长负责制，组员分工合作完成实训任务。

（3）小组内部充分讨论、认真研究，查阅资料。教师鼓励学生进行实地调查，形成实训分析报告。

3.实训汇报

小组需制作一份PPT并在课堂上进行集中展示，展示时间为8~10分钟。展示完成之后，其他小组需进行点评和互动，教师对小组实训分析报告和小组展示情况进行点评和总结。

第6章 产品策略

产品策略是20世纪60年代美国营销专家杰罗姆·麦卡锡提出的4P营销组合策略之一，产品的开发、生产和销售是企业经营活动的重要内容之一，没有能够满足消费者需求并且具有竞争力的产品策略，企业的定价、分销渠道和促销等策略就会成为无源之水，营销将不复存在。产品策略是营销组合策略的基础，要确定产品策略，营销人员首先需要树立产品整体概念，全面、深刻地理解产品的含义；营销人员还需要把握产品生命周期，在不同的阶段制定适宜的营销策略；营销人员更需要做好产品品牌、包装、新产品开发等决策，以获取良好的营销基础。

【学习目标】

1. 掌握产品品牌、包装的重要性和新产品开发的程序。
2. 了解产品生命周期理论的应用，树立产品整体概念。
3. 熟悉产品组合的概念和基本策略。

【开篇引例】

茶颜悦色的产品主义

截至2021年7月，茶饮品牌——茶颜悦色在长沙共有400多家直营门店，同时，它已走出长沙，陆续在武汉、常德和深圳开店。2022年红餐网评选的中国茶饮十大品牌榜中，茶颜悦色位列第8。

在互联网时代，企业要想长青，离不开用产品来吸引消费者。茶颜悦色通过差异化和高品质的产品，配以大众都能接受的价格，形成了高性价比的产品组合，"有颜又有料"成为消费者对茶颜悦色的直观评价。在茶颜悦色身上，互联网思维下的产品主义基本逻辑得到充分凸显。

在原料上，茶颜悦色每款饮品都用鲜奶取代奶精，用原叶茶现泡现萃而成，强调鲜茶的质感。在形态上，茶颜悦色的饮品都是现场制作、销售，消费者可以实实在在地看到这些差异化的形态。在口感上，茶颜悦色的饮品不仅特色鲜明，能够满足不同群体的需求，还对中国传统茶饮进行了继承创新。在研发上，茶颜悦色一般每年只推出2款新品，总体最小存货单位保持在20个左右。在文创周边的开发上，茶颜悦色挖掘自身文化属性，围绕国风、国潮等文化元素和时下热点进行产品设计，并对自主设计的文创产品不断创新。

思考：茶颜悦色的产品思维在茶饮行业具备怎样的竞争力？

6.1 产品与品牌

产品策略是营销组合策略的基础，产品策略的确定，营销人员首先要树立产品整体概念，做好个别产品的决策，包括产品质量、品牌、包装等方面的决策；还要把握产品生命周期理论，根据企业情况，做好产品组合决策和新产品研发决策，以取得良好的营销效果。

6.1.1 产品整体概念

产品是指能够提供给市场，用于满足消费者需求和欲望的任何劳动产出，是一个有极广阔的外延和丰富的内涵的概念。它包括有形的物质和无形的服务。产品有实物、服务、场所、组织、思想、语音等表现形式。

市场营销学术界曾用 3 个层次（核心产品、形式产品、附加产品）来描述产品整体概念，但近年来，菲利普·科特勒等学者更倾向于使用 5 个层次来表述产品整体概念（见图 6-1）。

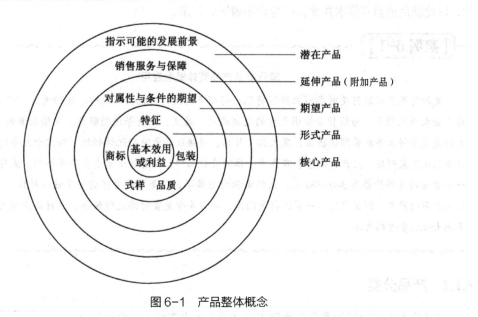

图 6-1　产品整体概念

（1）核心产品

核心产品是产品的中心，是产品存在和销售的基本原因，代表产品能向消费者提供的基本效用或利益，也是消费者真正想要购买的服务和利益。产品的核心，可能是功能或心理上的好处，可以为销售者提供可以利用的差别优势。例如，我们买汽车并不是为了看，而是为了得到它所提供的交通服务；爱美女性并不是在购买口红，而是在购买美的"愿望"。因此，任何产品都必须具有反映消费者核心需求的利益。

（2）形式产品

形式产品是指核心产品借以实现的形式。用来创造它的工具包括特征、商标、式样、品质、包装。例如，一辆汽车代表"中产阶级"的核心利益，那么它就会有一个大的发动机、精湛的设计、皮质座椅、高档音响等。

（3）期望产品

期望产品是指消费者购买产品时期望得到的与产品密切相关的一整套属性和条件。例如，对于旅馆的客人而言，他们期望的是清洁的床位和浴巾、洗漱用品、排水设施、电视机、衣帽间和安静的环境。因为大多数旅馆都能够满足这种最低限度的期望，因此客人对不同的旅馆不会形成特殊的偏好，只会选择相对便利的旅馆。

（4）延伸产品（附加产品）

延伸产品是指消费者购买产品时所得到的附加服务和利益的总和。它包括信贷、保证、安装、维修、送货、技术培训等服务。消费者往往希望一次购买能满足某一方面的全部需要。随着市场竞争的不断加剧，提供良好的延伸产品的意义也越来越大。正如西奥多·莱维特所指出的：“新的竞争不是表现为各个企业在其工厂中生产什么，而是表现为其产品能够提供何种附加利益，如包装、服务、广告、用户咨询、融资、送货、仓储以及人们所重视的其他价值。”

（5）潜在产品

潜在产品是指现有产品可能发展成为最终产品的潜在状态的产品。延伸产品代表了产品现在的内容，而潜在产品则指出了产品未来可能的演变趋势。因此，潜在产品是企业努力寻求的，以此满足消费者需求并使自己与竞争者区分开来。

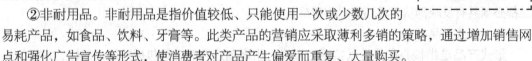

【案例 6-1】

流行美的产品整体概念应用

流行美是广州流行美时尚商业股份有限公司旗下的发饰、化妆品品牌。流行美以“产品＋服务”的体验式商业模式，为消费者提供免费的发型设计、盘发、化妆等造型服务。凭借创新的商业模式，流行美逐步将业务发展到化妆品、发用品、耳饰、项链及其他时尚配饰领域。经过十几年的发展，流行美已成为集研发、生产、销售和服务于一体的连锁品牌，拥有数千家专卖服务终端。流行美门店内一个普通的发饰价格为 300~600 元，虽然看似价格偏高，但是消费者在购买了该品牌任一产品之后，凭该公司的产品，到国内任意一家流行美门店，均可享受免费时尚造型服务。这种商业模式受到全国各地女性消费者的青睐。

6.1.2　产品分类

产品分类主要包括消费品分类和工业用品（生产资料）分类两部分。

拓展视频

产品分类

1. 消费品分类

根据耐用性和形态，消费品可分为耐用品、非耐用品和服务。

①耐用品。耐用品是指价值较高、使用年限较长的有形产品，如冰箱、电视等。耐用品一般需要较多的人员推销和服务，可获得较高利润，需要较多卖者担保。

②非耐用品。非耐用品是指价值较低、只能使用一次或少数几次的易耗产品，如食品、饮料、牙膏等。此类产品的营销应采取薄利多销的策略，通过增加销售网点和强化广告宣传等形式，使消费者对产品产生偏爱而重复、大量购买。

③服务。服务是为出售而提供的活动、利益或满足感，如理发和修理。服务具有无形性、多样性、不可分割性和易耗性等特点。因此，一般来说，它需要更多的质量控制、更好的供应商信用以及更强的适用性。

根据消费者购买行为的特征，消费品可分为便利品、选购品、特殊品和非渴求品。

①便利品。便利品是指消费者经常性购买或即刻购买，并几乎不做购买努力的产品。便利品可以进一步分成常用品、冲动品以及救急品。常用品是消费者经常购买的产品，如某消费者

也许经常性购买海天酱油、高露洁牙膏。冲动品是消费者没有经过计划或搜寻努力而购买的产品，如口香糖和饮料等。救急品是消费者在需求十分紧迫时购买的产品，如在下暴雨时购买雨伞，在旅途中购买方便面等。

②选购品。选购品是指消费者在购买时需要从品质、价格、款式、服务等方面进行比较选择，从而采取购买行为的产品，如家具、服装、汽车等。选购品可以划分成同质品和异质品。消费者认为同质选购品的质量相似，但价格明显不同，所以有选购的必要。经营异质品的企业必须备有大量的品种，以满足有不同需求的消费者；企业还必须有受过良好训练的推销人员为消费者提供信息和咨询。

③特殊品。特殊品是指具备独有特征和（或）品牌标记的产品。对这些产品，相当多的消费者一般都愿意作出特殊的购买努力，如特殊品牌和特殊式样的花色商品、音响、摄影器材以及男士西服等。

④非渴求品。非渴求品是指消费者不了解或者即便了解也不想购买的产品，如食品加工器、人寿保险以及某些新产品等。企业对非渴求品需要付出诸如广告和人员推销等大量营销努力。

2. 工业用品（生产资料）分类

根据性质和作用，工业用品（生产资料）可以分为材料和部件、资本项目，以及供应品和服务。

①材料和部件。材料和部件是指最终完全转化为制造商产成品的那类产品，包括原材料、半制成品和部件。

②资本项目。资本项目是指部分进入产成品的产品，包括装备和附属设备两部分。对于装备，其营销活动的重点在于使用一流的销售队伍、设计各种规格的产品和提供完善的售后服务等。对于附属设备，其营销活动中的人员推销比广告更为重要。

③供应品和服务。供应品和服务是指不构成最终产品的那类产品，如打印纸、铅笔等。供应品相当于工业领域内的方便品，消费者人数众多、区域分散且产品单价低，一般都是通过中间商销售。由于供应品的标准化，消费者对它无强烈的品牌偏爱，价格因素和服务就成了影响购买的重要因素。商业服务包括维修或修理服务和商业咨询服务，维修或修理服务通常以订立合同的形式提供。

6.1.3 产品品牌

产品品牌是产品整体概念中形式产品的属性之一，它代表了消费者对产品的认知程度，是核心产品的重要体现。

拓展视频

产品品牌

1. 品牌的内涵

美国市场营销协会对品牌的定义如下：品牌是一个名称、名词、标记、符号或设计，或是它们的组合，其目的是识别某个出售者或某群出售者的产品或服务，并使之同竞争对手的产品和服务区分开来。

我们可以从以下角度理解品牌的内涵。

①品牌由各种可作为标识物的东西组成，如名称、符号、图案等。

②品牌的主要含义是由产品的生产商或经销商制定并标在产品上供辨别之用，即有了品牌，消费者就可以知道这个产品是由谁生产或经销的。

③在市场上，品牌可以使消费者将某一个或某一群出售者的产品与其他出售者的产品区分

开来，从而便于消费者认购。

2. 品牌的标识物

由上可知，品牌实际上是对产品标识物的总称，相当于给产品打上了特定的记号，使消费者可以分辨产品的生产者和经销者是谁。

品牌的标识物主要包括如下内容。

①品牌名称。品牌名称是品牌中可以用语言描述，即能够发音表达的内容，如"小米"手机、"波司登"羽绒服、"格力"空调等。

②品牌标志。品牌标志是指品牌中可以被识别、辨认，但不能发音表达的内容，通常用符号、图案、图像、线条、颜色、字体等表现。

3. 品牌的功能

（1）识别功能

消费者购买产品，首先需要知道该产品的产地和企业名称，品牌就可以回答这个问题，因为企业的名称一般都很长，不易记忆，而品牌名称一般都比较简单、扼要、清晰，容易被消费者记住。

（2）保质功能

品牌代表质量，消费者之所以购买某个品牌的产品，往往是因为这种产品有着较好的质量和良好的形象。企业要提供优质的产品和服务以维持和提高品牌的形象和声誉。

（3）维权功能

由于品牌具有排他性，品牌通过注册以后受到法律保护，禁止他人使用。企业如发现假冒品牌或产品，可依法追究索赔，维护企业的利益。消费者也可以利用产品的品牌来维护自己的权益，一旦发生产品质量问题，消费者就有据可查，可通过品牌来追究有关厂家和经营者的责任。

（4）促销功能

品牌是产品品质的标志，品牌有利于引起消费者的注意，增加产品销量。由于消费者往往依照品牌选购产品，这就促使企业更加关心品牌的声誉，不断开发新的产品，加强质量管理，树立良好的企业形象，使品牌经营形成良性循环。

（5）增值功能

品牌是企业的一种无形资产，能使企业增值。品牌作为无形资产，其价值超过企业有形资产的价值的例子并不鲜见。国际品牌咨询机构 Interbrand 公布的"2022 年 Interbrand 全球品牌百强榜"中，苹果以品牌价值 4 822.15 亿美元位列榜首，微软以品牌价值 2 782.88 亿美元排名第 2，亚马逊以品牌价值 2 748.19 亿美元排名第 3，小米和华为的品牌价值分别排名第 84 和第 86。

4. 产品的品牌策略

（1）品牌有无策略

一般认为，企业在以下情况下不使用品牌：①生产的是未经加工的原料产品，如棉花、大豆等；②不会因生产商不同而形成不同特色的产品，如钢材、大米等；③某些生产比较简单、选择性不强的小产品；④临时性或一次性生产的产品等。

企业推出无品牌产品的主要目的是节省包装、广告等费用，降低成本，增加销售量。一般来讲，无品牌产品质量不高。近年来，美国的一些日用消费品出现了"无品牌"倾向，据悉，其超市中提供的无品牌产品的售价大约低于同类品牌产品的 30% ~ 50%，很受低收入消费者的欢迎。

（2）品牌归属策略

一般来说，制造商会面临4种品牌归属策略。

①制造商品牌。因为产品质量特性由制造商决定，所以绝大多数制造商生产的产品都使用自己的品牌，这样既能扩大销售，又能树立起制造商自己的品牌形象。例如，比亚迪汽车生产销售新能源汽车，便使用本企业所拥有的品牌"BYD"。

②经销商品牌。经销商自行创立并拥有的品牌可以是自有商店的名字，也可以是自己独立拥有的品牌，如中百仓储、沃尔玛等。使用经销商品牌，经销商不仅可以控制货源，掌握产品在销售上的自主权，而且可以摆脱生产商的控制。目前，经销商品牌已经成为品牌竞争中一个强劲的角色。

③混合品牌。这是指部分产品使用制造商品牌，部分产品使用经销商品牌或其他厂商品牌。

④租用第三者的品牌。有一些生产商发现著名品牌对消费者有极大吸引力，采取租用著名品牌的形式来销售自己的商品。特别是在企业推出新产品或打入新市场时，这种策略更为有效。

【案例6-2】

屈臣氏的自有品牌

接近4 000家的门店数量、各线城市均有分布的实体渠道布局与专业的个人护理品牌形象等独特优势是屈臣氏打造独家品牌的沃土。屈臣氏的自有品牌有两大特点，一是以大牌同效凸显高性价比；二是找准赛道，通过细分领域切入。

屈臣氏多数自有品牌产品单价未超百元，仅有部分产品套盒单价超过200元。从产品质量出发，基于渠道分布广、产品销量大的优势，屈臣氏合作的自有品牌产品代工厂大多是具有实力的生产企业，如屈臣氏天丝面膜系列代工工厂为诺斯贝尔化妆品股份有限公司，骨胶原系列部分产品代工工厂为佛山万盈化妆品有限公司。

在屈臣氏的一众高性价比产品中，借鉴"热销品"思路的"平价替代"自有品也是一大特色。如在屈臣氏目前的主推面膜天丝补水保湿面膜的宣传文案上，可以看到"大牌同效，1/3低价"的宣传字样，且成为产品一大卖点。此外，从细分领域切入打造自有品牌也是屈臣氏的一大亮点。敏感肌市场趋热，具有敏感肌护理产品研发经验的屈臣氏便抓住这一趋势，推出"卓沿"这一专注敏感肌肤护理的品牌。

（3）家族品牌策略

①多品牌策略。多品牌有两种情况，一种是企业对不同的产品类别分别使用不同的品牌名称，这样企业的整体声誉不会受到某种产品声誉的影响，可以分散产品市场营销的风险，如海尔集团拥有主家电品牌"海尔"、定制家电品牌"统帅"、高端家电品牌"卡萨帝"等。另一种是企业在同一个产品类别中开发两种或两种以上相互竞争的品牌，如联合利华旗下个人护理品牌有"多芬""旁氏""清扬"等。多品牌策略对于企业来说，存在成本较高等问题。

②统一品牌策略。统一品牌策略是指以单一品牌推出所有产品，如"海信""伊利""大疆"等企业，所有各类产品都使用一个品牌，品牌中包括种类繁多的产品。企业采用统一品牌策略

可以更好地树立企业形象，有利于利用原有品牌声誉，帮助新产品顺利进入市场。但采取统一品牌策略具有一定的风险性，采用统一品牌策略的条件是产品具有相同的质量水平，否则质量差的产品会影响品牌信誉，特别是有损较高质量产品的信誉。

③企业名称加个别品牌名称策略。这是指在每一个品牌名称之前均冠以企业名称，以企业名称表明产品出处，以品牌名称表明产品的特点。这样做可以降低每个品牌的市场促销费用，利用企业的形象和声誉来对新产品品牌进行促销，还可以有效防止偶尔某个品牌产品出现问题对其他品牌产品发生连带影响。大众汽车集团旗下的许多汽车品牌均采用此策略，如大众帕萨特、大众高尔夫、大众桑塔纳等均在其不同品牌的汽车产品名称前冠以企业名称。

（4）品牌延伸策略

品牌延伸策略，也称品牌扩展策略，是指企业利用已经经营成功的品牌来推出改良产品或新产品。那些著名的品牌可以使新产品容易被识别，从而得到消费者的认同，加快消费者的接受速度，企业还可以节省一部分新产品促销费用。例如，美的集团家电产品不仅有空调、洗衣机、微波炉、洗碗机，还包括小家电等。但采用这种策略也有一定的风险——容易因新产品的失败而损害品牌在消费者心目中的形象。

（5）品牌重新定位策略

对品牌重新定位主要有两个原因：一是企业原有目标消费者的偏好发生了变化；二是竞争者品牌对企业经营构成了无法释放的压力，侵占了本企业品牌的较大部分市场，使本企业品牌的市场占有率明显下降。

6.1.4 产品的商标

商标与品牌都是产品的标志。具体产品的商标可以与品牌相同，也可以不同。

1. 商标的概念与特征

（1）商标的概念

商标是法律名词，品牌经过注册可以成为受法律保护的专用商品标志即商标。一般认为，商标是商品的特定标志，是由文字、字母、图形记号及其组合构成的，用以区别不同生产者和经销者的产品或服务的标志。世界知识产权组织对商标的定义是：商标是用以将某工业或商业企业或这种企业集团的产品或服务区别于他人的产品或服务的标志。

（2）商标的特征

①商标是产品的标志。社会生活中的各个领域使用着各式各样不同的标志，商标则是产品的标志，人们凭借它来区别产品的来源和特定质量，以便做出购买决策。

②商标具有排他性。商标是产品生产者或经销者专用的标志，不允许他人侵占或损害。

③商标可以通过树立信誉，标示产品的特定质量。它可以在市场上向消费者提供产品信息，使消费者凭商标购物。

2. 商标的作用

（1）区分产品来源

区分产品来源是商标最重要、最基本的功能之一。在现代市场经济中，商标可以帮助消费者区分不同厂家，选购满意的产品。

（2）促进生产者努力提高产品的质量

产品质量是商标信誉的基础。有信誉的商标可以为产品质量提供一定的保证，在消费者心目中形成产品质量有保证的安全感。商标虽然不完全是产品质量的标志，但它能在一定程度上向消费者保证产品质量，同时也促使企业为创建名牌产品、树立商标信誉而不断加强生产管理、改进技术条件、努力提高产品质量。

（3）便于广告宣传，鼓励正当竞争

商标信誉能够代表企业的声誉和形象。消费者习惯根据商标选购产品，生产者利用商标进行广告宣传，商标易认、易记，易于被消费者接受，商标宣传能收到良好的市场营销效果。商标信誉直接关系到产品市场竞争力，一个有信誉的商标，对于提升产品的竞争能力、打开市场起着重要的作用。

（4）维护企业和消费者正当权益

商标作为一种产权，受法律保护和制约，因此，商标就成为维护企业和消费者正当权益的工具。

6.1.5 产品的包装

产品的包装是消费者对所购买的产品的直观视觉体验，是产品个性的传递者，也是产品定位的直接表现。

1. 包装的概念

包装通常是盛装和保护产品的容器、材料和各种辅助物的总称。包装工作是指设计并生产容器或包扎产品的一系列活动。包装是产品生产过程在流通领域的延续。按照在流通中的不同作用，包装可以分为运输包装和销售包装两种。

2. 包装的作用

①保护产品。适当的包装可防止产品在流通过程中遭受各种可能的损害，起到保护产品的作用。

②提高效率。良好的包装既便于企业对产品的运输、储存和管理，也便于消费者对产品的识别、购买、携带和使用，便利了整个交易活动。

③促进消费。产品经过包装美化以后，自然区别于同类竞争产品，可引起消费者的注意和喜爱，促成更多的购买行为。

④增加附加值。良好的包装使消费者愿意支付的价格远远高于包装的附加成本。同时，包装产品的库存控制也比较简单。此外，产品包装还可使产品的损耗率降低，提高运输、储存、销售各环节的劳动效率，从而大幅度提高企业的利润水平。

3. 包装的设计原则

①包装应与产品的价值或质量相适应。"一等产品，三等包装""三等产品，一等包装"，都不利于企业销售。

②方便使用。实践证明，企业针对那些生活中经常使用、反复使用的产品，为消费者提供携带、保管和使用的方便条件，就会提高他们的品牌忠诚度。过去，我国有些罐头产品大多采用封闭式铁皮包装，开启时非常困难，严重影响了消费者的购买欲望。而现在，罐头产品大多采用拉开式包装，便于消费者打开，这在无形中增强了品牌的竞争力。

③新颖别致。要使消费者在短时间内对某一品牌的产品产生兴趣，品牌经营者必须深思熟虑，把产品的魅力直观地表现在新颖别致的包装上。

④包装上的文字说明应实事求是。产品成分、性能、使用方法、数量、有效期限等信息要符合实际，以增强消费者对产品的信任。

⑤符合法规。应按法律规定在包装上标明厂名、厂址、生产日期、保质期、成分、注意事

项等。包装材料应符合环境保护要求。

4. 包装的策略

①类似包装策略。类似包装是指企业所生产的各种产品，在包装上都采用相同的图案、相似的色彩体现出共同的特色，使消费者很容易就能察觉出是来自同一家企业的产品。类似包装策略可以节省包装设计费用，树立企业形象，便于推出新产品。但这种策略通常只适用于相同或相近质量水平的不同产品，一旦质量水平悬殊，采用类似包装策略就会使优质产品蒙受不利影响。

②配套包装策略。配套包装是指企业根据消费者的购买和消费习惯，将多种用途相互关联的产品纳入同一包装容器内，如化妆盒、家用工具箱、礼品盒等。这种包装不仅可以方便消费者的购买和使用，而且有利于带动多种产品的销售，特别有利于新产品的推销。

③再使用包装策略。再使用包装策略是指在产品使用完后，原包装容器可有其他用途。

④等级包装策略。等级包装策略是指企业为不同质量等级的产品分别设计和使用不同的包装。显然这种策略的实施成本较高，但它可以适应不同购买力水平或不同消费者的购买心理，从而扩大产品销售。

⑤附赠品包装策略。附赠品包装策略是指在产品包装物上或包装内，附上赠品（玩具、图片等实物）以吸引消费者购买。

⑥更新包装策略。更新包装策略是指企业根据市场的变化改变原来的包装。

【案例 6-3】

饮料市场的包装新探索

随着"90后""00后"逐渐成为饮料市场的消费主体，社交媒体成为主流传播平台，饮料瓶身也逐渐受到企业的重视。企业用新的创意思路和呈现方式来包装饮料瓶，进行与过去完全不一样的营销。

1. 可口可乐的台词瓶

可口可乐相继推出了"昵称瓶""歌词瓶""台词瓶"。其中，"台词瓶"目前一共选定了20多句台词，包括"如果爱，请深爱""做人要厚道""臣妾做不到啊"等。这些台词被印在红色瓶身上，十分醒目，动感十足。

2. 农夫山泉的彩绘瓶

农夫山泉高端矿泉水的瓶身设计，按其电视宣传片中的说法，花了超过3年的时间，邀请了5家国际顶尖设计公司进行设计，历经数十稿后才最终选定。最终展现在公众面前的是，晶莹剔透的玻璃瓶身上，画着长白山特有物种的图案，透出浓浓的人文气息。

3. "小茗同学"

"小茗同学"是统一推出的全新品牌。该品牌以"小茗同学"人物IP不断推出新包装，始终传递"让人轻松愉快、随之逗趣开怀"的品牌精神，准确掌握了消费趋势。

这几个饮料瓶的创意具有以下共同点：一是求新求异，既与传统的文案、设计有别，又与其他品牌的创意有明显差异；二是迎合年轻一代消费者的偏好，农夫山泉的更文艺，而"小茗同学"更"萌"，但都希望能激发某一圈层族群的兴趣，激发社交传播，并获得品牌黏性。

6.2 产品生命周期理论

产品生命周期理论是美国哈佛大学教授雷蒙德·弗农 (Raymond Vernon) 于 1966 年在其《产品周期中的国际投资与国际贸易》一文中首次提出的。了解产品生命周期概念、各阶段的特征与营销策略等，可以帮助企业更好地制定营销策略。

6.2.1 产品生命周期概念

产品同一切生物一样，要经历从出生、成长、成熟到衰亡的过程。产品生命周期就是指新产品研制成功后，从开始进入市场、占领市场到被市场淘汰的整个过程。这一过程可以用一条曲线来表示，称为产品生命周期曲线（见图 6-2）。根据曲线特点，以产品的销售额和利润额的变化将产品生命周期划分为引入期、成长期、成熟期、衰退期 4 个阶段。

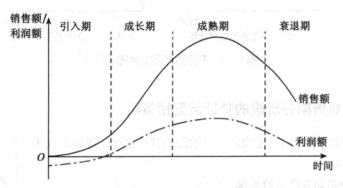

图 6-2　产品生命周期曲线

产品的生命周期与产品的使用寿命是两个截然不同的概念。产品的使用寿命是指产品的耐用程度，即产品的自然寿命；而产品的生命周期指的是一种产品从上市到从市场上消失的过程，即"市场寿命"或"经济寿命"。

6.2.2 产品生命周期的其他形态

产品生命周期不一定呈现为如图 6-2 所示的曲线，并包括明显的 4 个阶段。不同的市场环境也会扭曲这种虚拟的曲线。除了典型的曲线形态外，产品生命周期还存在多种变异曲线，如图 6-3 所示。

比如，有些产品可能刚上市就迅速增长，跳过销售额缓慢增长的引入期；有些产品可能由于开发研制及市场预测存在失误，刚上市就夭折；有些产品又可能持续缓慢增长由引入期直接进入成熟期；有些产品可能经过成熟期后，再次进入成长期。

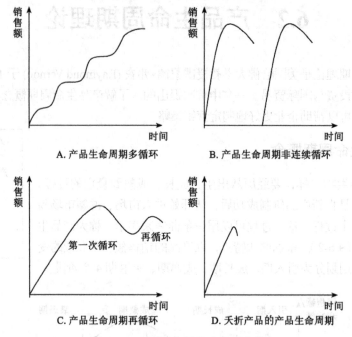

A. 产品生命周期多循环　　　　B. 产品生命周期非连续循环

C. 产品生命周期再循环　　　　D. 夭折产品的产品生命周期

图6-3　不同的产品生命周期曲线

6.2.3　产品生命周期各阶段的特征与营销策略

产品生命周期各阶段的特征决定了各阶段的营销目标，进而形成了差异化的营销策略。

拓展视频

产品生命周期各阶段的特征与营销策略

1. 产品生命周期各阶段的特征

（1）引入期特征

产品处于引入期的主要特征是：产品试销，尚未被消费者接受，销量小，增长缓慢；生产批量小，试制费用高，需要多做广告，多宣传；但成本很高，此阶段企业通常会亏损。有时，由于性能、质量、价格、分销渠道和服务不能满足广大消费者的需求，许多新产品常常会在这个阶段夭折。

（2）成长期特征

产品处于成长期的特征是：消费者对产品已经熟悉，销量增长很快；产品基本定型，性能趋于稳定，产品和工艺日趋完善；建立了比较理想的分销渠道，企业的广告费用和推销费用减少，产品成本显著下降，企业可获得一定的利润；竞争企业相继加入。

（3）成熟期特征

产品处于成熟期的主要特征是：市场需求量增长趋缓，生产者的设计和工艺稳定；生产批量大，产品成本低，利润也达到最高峰；市场的需求量已饱和，销量已接近最高点；许多同类产品已进入市场，市场竞争异常激烈；成熟期后期，在销量有所增加或保持相对稳定的情况下，利润保持稳定或开始下降。

（4）衰退期特征

产品处于衰退期的主要特征是：市场上已有新产品出现，由于旧产品在技术、经济上的退化，消费者的兴趣已转移，大部分销量和利润由缓慢下降变为急剧下降；不少企业由于无利可图被迫退出市场，留在市场中的企业被迫减少促销预算和降低服务水平以维持经营。

2. **产品生命周期各阶段的营销策略**

（1）引入期营销策略

在引入期，市场营销的重点在于一个"短"字：尽量以最短的时间使产品通过引入期而进入成长期。在引入期，一般有以下几种营销策略可供选择。

①快速撇脂策略(又称双高策略)。快速撇脂策略是指采用较高的产品定价和较高的促销费用，从而达到迅速提高产品知名度、迅速占领市场的目的。由于价格高，获利多，企业可迅速收回投资，开创经营新局面。

该策略适用于以下情况：目标消费者求新心理强，急于并愿意以高价购买；产品价格弹性小、促销弹性大；产品在质量和性能上优于同类产品或者在某些方面有新奇之处。

②缓慢撇脂策略。缓慢撇脂策略是指采用高价方针配以低调的促销行为推出新产品。它常可使产品促销成本大幅度下降，从而为企业带来最大的利润。

该策略适用于以下情况：目标市场的潜力和规模有限；大部分消费者了解这种产品；新品牌的独特性、新颖性使消费者愿意以高价购买，没有强大的潜在竞争者；促销弹性小，且市场规模不大，潜在竞争者较少。

③快速渗透策略（又称密集式渗透策略）。快速渗透策略是指以快速渗入市场为目的，低价格和强力促销双管齐下，这样一般可以提高产品的市场占有率。

该策略适用于以下情况：市场规模较大；市场需求的价格弹性较大以及消费者对产品价格十分敏感；消费者不了解新产品或品牌；企业有雄厚的资金实力和较强的营销能力；潜在竞争压力十分强烈而且紧迫；随着生产规模的扩大和生产经验的积累，企业的单位生产成本会下降。

④缓慢渗透策略（又称双低策略）。缓慢渗透策略是指以低价格和低促销费用推出新产品。企业采用这种策略的目的在于使市场快速接受该产品，使产品在取得规模经济效益的同时树立起"物美价廉"的良好形象，同时企业希望降低其促销成本以换取较多的利润。

该策略适用于以下情况：市场容量大，新产品适用面广，消费者非常了解这种产品，促销的作用不明显；需求的价格弹性很大，消费者对价格敏感；潜在竞争者很多。

【案例6-4】

华为公司新品的快速撇脂策略

华为公司每次发布高端旗舰机型 Mate 系列产品的时候，总是辅以强有力的产品推广矩阵对产品进行宣传。新媒体时代，消费者在关注各个媒体渠道上的精力分散，唯有组成多媒体宣传矩阵，才可能全面覆盖消费者视野，实现产品营销的高转化。华为公司通过合理的多媒体组合，以新媒体和户外媒体为主要宣传阵地，辅以电视媒体和其他传统媒体，尽力发挥最优传播效能。

（2）成长期营销策略

成长期阶段开展市场营销是为了增加市场占有率，掌握市场竞争的主动权，营销策略的重点在于一个"快"字，企业应尽一切力量保证产品快速增长，同时要狠抓产品质量，切忌只重数量不重质量。在成长期，一般有以下几种策略可供选择。

①提高产品质量，赋予产品新特色，改变产品款式。企业必须在产品改进上下功夫，争创

优质品牌，以品牌来促进产品成长壮大，提高市场占有率。

②加强促销环节，拓展分销网来吸引消费者，树立强有力的产品形象，提高消费者对品牌的忠诚度。采用劝导性广告策略，着重宣传产品的质量、性能及售后服务，针对本产品的特点和消费者最关心的问题，通过与同类产品的对比，显示自身优势，提振消费者的购买信心。

③适当调整价格，争取对价格敏感的消费者。利用成长期的优势，争取最大的目标利润。要采用逐步降低价格的策略，以激发比较注重价格的消费者产生购买动机从而进行购买。企业产品如有垄断性等特点，就可以实行高价销售；如果企业生产经营的是配套产品或多品种产品，也可以采取低价招徕消费者，从而带动高价产品的销售。

（3）成熟期营销策略

这一阶段的营销策略应突出"改"和"新"，即要改进产品，更新营销组合。在成熟期，一般有以下几种策略可供选择。

①改进市场策略。改进市场策略是指从广度和深度上进一步开辟新市场或拓宽原有市场。

②改进产品策略。改进产品策略是指对原有产品的规格、型号、性能进一步调整或改进，如改进产品的耐用性、可靠性、方便性和口味来吸引消费者。

③进行市场营销组合手段方面的革新。成熟期是产品生命周期中的鼎盛时期，这一阶段的营销策略要突出一个"改"字，即对原产品不断改进，使之增添新的功能和拥有新的市场，吸引消费者，延长成熟期的时间，保持和提高市场占有率。

（4）衰退期营销策略

在这一阶段，企业主要的任务是判断产品的衰退期，有效处理衰退期的产品，营销策略应当突出一个"换"字。在衰退期，一般有以下几种策略可供选择。

①维持策略。维持策略就是继续保持企业产品原有的细分市场和营销组合策略，把产品销量维持在一个较低的水平上，直到这种产品完全退出市场。

②集中策略。集中策略即把企业的能力和资源集中在最有利的细分市场、最有效的分销渠道和最容易销售的产品上，放弃其他无效的产品，使利润最大化。

③收缩策略。收缩策略就是迅速缩减产品的生产，大幅度降低促销费用，增加目前利润。

④放弃策略。对于衰退得快的产品，应当放弃经营，将积压产品所占用的资金用在其他产品上。

⑤转移策略。在妥善处理旧产品的同时，把企业生产经营的精力转移到新产品上去，力争在新产品中获取更大的成功。

【案例 6-5】

高速成长的中国新能源汽车市场

中国在新能源汽车领域已逐渐实现弯道超车，成为全球汽车市场上最重要的竞争力之一。摩根大通预计，到 2025 年，中国新能源汽车市场的渗透率将达 46.3%；预计 2023 年，新能源汽车销量较 2022 年增长 20%。

中国经济的绿色转型中，新能源汽车行业的转型布局是一个重要方向。2022 年中国汽车出口量已突破 300 万辆，中国成为世界第二大汽车出口国，其中新能源汽车的贡献非常大，可谓"一骑绝尘"。从 2016 年开始，中国新能源汽车实现快速增长，已成为全世界新能源汽车的第一大产销国，新能源汽车保有量已占全球 50% 以上。

6.3 产品组合策略

任何一家企业都不可能仅经营单一产品，世界上很多企业经营的产品往往种类繁多。当然，企业并不是经营的产品种类越多越好。面对市场的变化，企业应该生产和经营哪些产品，且产品之间如何形成最佳组合，是企业必须考虑的问题。

6.3.1 产品组合概念与测量尺度

1. 产品组合的概念

产品组合，也称产品品种配备，是指一个企业提供给市场的全部产品线和产品项目的组合或结构，即企业的经营范围。产品组合由以下两个方面构成。

拓展视频

产品组合策略

①产品线。产品线是指产品组合中的某一产品大类，是一组密切相关的产品。这些产品以类似的方式发挥功能，通过同一类渠道销售出去，价格在一定幅度内波动，并销售给同类消费者。

②产品项目。产品项目是指产品线中不同品种、规格、质量和价格的特定产品。例如，某大型超市经营家电、日用百货、鞋帽、文体用品等产品，这就是它的产品组合；而其中家电或鞋帽等大类就是该超市的不同产品线，家电中的不同品牌、不同型号的具体产品就是其产品项目。

2. 产品组合的测量尺度

为了更好地梳理产品组合的特性，可参考以下4个测量尺度：宽度、长度、深度和关联度。

①宽度。宽度是指产品组合中所拥有的产品线的总数。

②长度。长度是指产品组合中产品项目的总数。

③深度。深度是指一条产品线中的每一种产品有多少个品种。

④关联度。关联度是指各条产品线在最终用途、生产条件、分销渠道等方面相互关联的程度。

6.3.2 优化产品组合的分析

由于产品组合状况直接关系到企业的销售额和利润水平，为得到最佳的经济效益，企业必须经常对现行的产品组合结合未来销售额、利润发展水平及影响进行分析、评价与调整。以下几种分析工具为优化产品组合提供了可借鉴的思路。

1. 波士顿组合矩阵法

波士顿咨询企业（Boston Consulting Group，BCG）通过销售增长率和相对市场占有率两个指标对企业的产品展开分析，将产品分成4类，根据不同类型业务的特点来选择相适应的策略。

在图6-4中，横坐标代表相对市场占有率，以1.0为界分为左低右高两个部分；纵坐标代表销售增长率，以10%为界分为下低上高两个部分。据此，企业的产品可划分为以下4种类型。

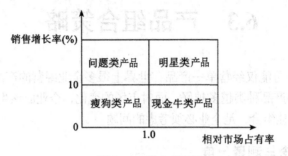

图6-4　波士顿矩阵

①问题类产品。问题类产品是指相对市场占有率低，销售增长率高的产品。多数产品最初都属于这类产品。为提高这类产品的相对市场占有率，企业需要扩大生产，加大推销力度，因而需要使用大量现金，要靠"现金牛类"产品或贷款来支持。为此，企业应慎重考虑这样做是否合算。企业无疑要支持这类产品中确有发展前途的产品，但不宜过多，以免资金分散，效益不明显。

②明星类产品。一旦问题类产品成功了，便转化为明星类产品。该类产品相对市场占有率高、销售增长率也高。这类产品处于迅速增长阶段，为支持其发展，企业需要投入大量资金。之所以要投入大量资金，是因为它们有希望成为能提供大量现金的产品。

③现金牛类产品。现金牛类产品是指相对市场占有率高、销售增长率低的产品。这类产品由于相对市场占有率高，盈利多，现金收入多，可以提供大量现金，企业可用这些现金支持其他需要现金的产品。因此，每家企业都十分重视这类"当家产品"，每家大中型企业都应当有几头强壮的"现金牛"。

④瘦狗类产品。瘦狗类产品是指相对市场占有率低、销售增长率也低的产品。这类产品是微利、保本甚至亏本的产品。对于这类产品，企业应重点考虑它们是否有存在的必要，某些瘦狗类产品可能能给企业带来一些利润，但大部分瘦狗类产品都意味着亏损。与此同时，企业还要花费时间、资金对它们进行管理，因此，企业要识别它们的差异，采取相应的策略。

对企业的产品进行分析之后，接下来企业要确定针对各类产品采取的策略。可供企业选择的策略有以下4种。

①发展。目标是提高产品的相对市场占有率，为达此目标，企业有时甚至不惜放弃短期收入。这种策略特别适用于可转化的问题类产品，通过有效促销使它们尽快转化为明星类产品。

②维持。目标是维持产品的相对市场占有率。这种策略特别适用于大的现金牛类产品，此类产品大多处于生命周期中的成熟期，企业可采取有效的营销措施维持目前的发展态势一段时间，通过保持该类产品的优势市场地位来获取大量的现金收入。

③收割。该策略的目标在于尽可能多地追求短期利润，而不顾长期效益，又称榨取策略。这种策略特别适用于弱小的现金牛类产品，这类产品很快就会从成熟期转入衰退期，前途暗淡，所以企业要趁这类产品在市场上仍有一定地位时尽可能地从它们身上获取更多的现金收入。同样，这种策略也适用于准备放弃的问题类产品和瘦狗类产品。具体方法包括减少投资、降低质量、减少促销费用、降低价格等。

④放弃。该策略指清理、变卖现存产品，并把各种资源用于生产经营其他经济效益好的产品。显然，这种策略适用于没有发展前途的某些问题类产品或瘦狗类产品。

2. 通用电气公司模型（多因素业务矩阵法或 GE 矩阵法）

通用电气公司评估分析产品组合主要根据市场吸引力和企业竞争力两个变量，并建立如图 6-5 所示的 GE 矩阵。这种方法是对波士顿组合矩阵法的一种改进，使分析因素从两个因素变为多种因素，从而使分析更加全面，结论更为可靠。

市场吸引力分为大、中、小 3 类，企业竞争力分为强、中、弱 3 档，这样便将企业的所有产品组合分为 9 种。这 9 种产品组合可以划分为以下 3 类。

①包括图中"大强""大中""中强" 3 种产品组合。这类产品组合不仅有发展价值，而且有良好的发展优势，因此对企业非常有利。对该类产品组合，企业应采取"发展"策略，增加投入，促进发展。

②包括图中"小强""中中""大弱" 3 种产品组合。这类产品组合要么有很大的发展价值，要么有良好的发展优势，要么两者兼有，总的来说处于中等水平。对该类产品组合，企业可采用"维持"策略，即维持原有的投入和市场占有率，在不增加成本的前提下获取现有利益。

③包括图中"小中""小弱""中弱" 3 种产品组合。这类产品组合的市场吸引力与企业竞争力都不大，应采取"放弃"策略，最大化榨取价值然后撤出。

图 6-5　GE 矩阵

6.3.3　产品组合的优化和调整

企业在调整和优化产品组合时，可依据不同的情况选择如下策略。

（1）扩大产品组合

当企业预测现有产品线的销售额和利润率在未来可能下降时，就必须考虑在现有产品组合中增加新的产品线（即增加产品组合的宽度），或强化其中有发展潜力的产品线（即增加产品组合的深度）。一般而言，扩大产品组合可使企业充分地利用人、财、物资源，分散风险，增强竞争力。

（2）缩减产品组合

当市场繁荣，较长或者较宽的产品组合会为企业带来较多的盈利机会；但是在市场不景气或原料、能源供应紧张时期，企业剔除那些获利甚少甚至亏损的产品线或产品项目，而集中力量发展获利多的产品线或产品项目，反而可使利润增加。因为剔除了获利状况比较差的产品线或产品项目后，企业可集中力量发展那些更易获利的产品线或产品项目。

（3）产品线延伸策略

每一家企业的产品线都是该行业的一部分，一般都有其特定的市场定位。如美国的"林肯"牌汽车定位于高档市场。如果企业想超出现有的范围增加它的产品线长度，即延伸产品线，具体有向下延伸、向上延伸和双向延伸 3 种实现方式。

①向下延伸。这种策略是企业把原来定位于高档市场的产品线向下延伸，在高档产品线中

增加中、低档产品项目。

②向上延伸。这种策略是指企业把原来定位于低档市场的产品线向上延伸，在原有的产品线内增加高档产品项目，使企业进入高档市场。

③双向延伸。这种策略是指原定位于中档市场的企业，在掌握了市场优势后决定向产品线的上、下两个方向延伸，一是增加高档产品，二是增加低档产品，扩大市场阵容。

【案例6-6】

吉利汽车的向上延伸战略

当年吉利与福特签订协议，以18亿美元的价格收购沃尔沃，这成为中国目前最大的海外汽车并购案。吉利收购沃尔沃之后，某负责人不断强调，吉利是吉利，沃尔沃是沃尔沃。正是这种高度的品牌分立，才会使沃尔沃被收购之后没有出现品牌的贬值及销量的降低。正是由于对沃尔沃的并购，吉利开始了质的转变，利用沃尔沃的先进技术和研发资源，吉利汽车在品控上得到了很大提升，博瑞系列车型正是由吉利欧洲研发中心CEVT（吉利-VOLVO联合研发中心）与吉利研究院共同开发的，运用了部分沃尔沃的技术。除此之外，依靠沃尔沃在豪华品牌市场的背书，吉利还携手沃尔沃推出了高端品牌领克（LYNK&CO），拓宽了在高端市场上的产品线。

6.4 新产品开发策略

新产品开发既会给企业的市场营销带来机会，也会给企业的经营带来风险。企业必须制定适当的新产品开发策略，规避风险，保证新产品开发的成功。本节主要对新产品的概念、新产品开发的必要性、新产品的开发与推广进行分析。

6.4.1 新产品的概念

市场营销学中的新产品是指在某个市场上首次出现的或者是企业首次向市场提供的能满足某种消费需求的产品。只要产品整体概念中的任何一部分有创新、变革和改变，都算新产品。根据新产品的定义，新产品可分为如下几种。

（1）全新产品

全新产品是指应用新原理、新结构、新技术、新工艺和新材料制成，具有全新功能的新产品。全新产品一般是由于科技进步或为满足市场上出现的新需求而生产的，在全世界首次开发，能开创全新的市场。它占新产品的比例为10%左右。

（2）改进型新产品

改进型新产品是指在原有产品的基础上进行改进，使其在结构、功能、品质、花色、款式及包装上具有新的特点和新的突破。改进后的新产品，结构更加合理，功能更加齐全，品质更好，能更多地满足消费者不断变化的需求。它占新产品的比例为26%左右。

（3）改良型新产品

改良型新产品是指在原有的产品大类中开发出新的品种、花色、规格等，使其性能改进或功能增加，从而与企业原有产品形成系列，扩大产品的目标市场。该类型产品占新产品的比例为 26% 左右。

（4）成本降低型新产品

成本降低型新产品是指以较低的产品成本提供同样性能的新产品，主要是指企业利用新科技，改进生产工艺或提高生产效率，削减原产品的成本，但保持原有功能不变的新产品。这类产品占新产品的比例为 11% 左右。

（5）重新定位型新产品

重新定位型新产品是指企业在新的目标市场或细分市场上销售的现有产品。例如，"好想你枣"进入女性白领日常休闲食品市场。这类新产品占新产品的比例为 7% 左右。

（6）仿制型新产品

仿制型新产品指企业模仿国内外市场上同类产品的原理、结构、材料、用途、功能等，对已有的产品进行模仿生产，使之成为本企业的新产品。仿制型新产品约占新产品的 20%。

6.4.2 新产品开发的必要性

（1）开发新产品有利于企业的发展

开发新产品，既可从新产品中获取更多的利润，又能够增加市场份额。利润和市场份额是关系企业成长的重要指标，两个指标的提高能使企业不断发展壮大。

（2）开发新产品有助于增强企业的竞争优势

在激烈的市场竞争环境下，为了获取更高的消费者忠诚度，提高市场占有率，企业采用了各种手段以获取竞争优势，而开发新产品就是企业获取竞争优势的一种有效方式。索尼公司获得成功，在某种程度上也是因为其在新产品开发上的成功。

（3）开发新产品使企业更好地满足市场需求

企业的一切经营活动都离不开社会环境，如技术环境、政治法律环境等。这些环境的变化可能使企业原有产品受到冲击，企业要想生存和发展，必须研究开发新产品以满足市场需求。

（4）开发新产品能更好地创造新的需求和新的市场

社会发展得越快，消费者的需求与消费习惯变化得越快，企业只有不断地开发新产品，才能满足消费者个性化、多样化的需求，提高消费者忠诚度，得到稳定的市场。新产品的开发既满足了消费者新的需求，又为企业开辟了新的市场。

6.4.3 新产品的开发与推广

1. 新产品开发程序

一个完整的新产品开发过程要经历 8 个阶段：构思产生、构思筛选、形成产品概念、制定营销战略、商业分析、产品实体开发、市场试销和商业化，如图 6-6 所示。

①构思产生。进行新产品构思是新产品开发的首要阶段。这一阶段主要是寻找有关产品的想法，以满足某种新需求。新产品的构思可来源于消费者、竞争者、企业销售人员、技术人员、中间商、咨询公司、营销调研公司等。

②构思筛选。企业征求到新产品的构思之后，还要对新产品构思进行抉择和取舍，从众多方案中把最有希望的挑选出来。在这个过程中，力争做到去除亏损最大和必定亏损的新产品构思，选出潜在盈利多的新产品构思。

图 6-6　新产品开发过程

③形成产品概念。产品概念是企业从消费者角度对构思的详尽描述，形成产品概念即将新产品构思具体化，描述出产品的性能、具体用途、形状、优点、外形、价格、名称、提供给消费者的利益等，让消费者能一眼识别出新产品的特征。在产品概念的形成阶段，企业必须考虑谁将使用新产品，新产品能满足消费者的什么需求，以及其在什么场合使用新产品等问题。企业还要从销量、盈利与企业研制产品的关系等方面，形成所需的产品概念。

④制定营销战略。形成产品概念后，需要粗略制定营销战略，以便进一步从销售、成本和利润方面进行盈亏分析。营销战略由 3 部分组成：目标市场，产品定位，以及开始几年内的销售额、市场份额和利润目标；新产品的价格策略、分销策略和第一年的营销预算规划；新产品预期的长期销售额和利润目标以及不同时期的营销组合。

⑤商业分析。商业分析是指对产品概念进行财务方面的分析，即估计销量、成本和利润，以判断其是否符合企业的目标。

⑥产品实体开发。产品实体开发主要解决产品构思在技术上和商业上的可行性问题。它是通过对新产品实体的设计、试制、测试和鉴定来完成的。新产品开发过程中的产品实体开发阶段所需的投资和时间分别占开发总费用的 30%、总时间的 40%，且技术要求很高，是最具挑战性的一个阶段。

⑦市场试销。这是指将新产品投放到有代表性的地区进行小范围的目标市场测试，以便企业真正了解该新产品的市场前景。市场试销是对新产品的全面检验，可为新产品能否全面上市提供全面、系统的决策依据，也可为新产品的改进和市场营销战略的完善提供启示。

⑧商业化。这是指正式向市场推出试销成功的新产品。有关新产品的商业化营销运作，企业应在投放时间、投放地区、目标市场和营销策略等方面慎重决策。企业必须制订详细的新产品上市的营销计划，计划包括营销组合策略、营销预算、营销活动的组织和控制等内容。

2. 新产品的采用与推广

新产品的采用过程是潜在消费者认识、试用、采用或拒绝新产品的过程。从潜在消费者发展到采用者要经历知晓、兴趣、评价、试用和正式采用 5 个阶段。企业应仔细研究各个阶段的不同特点，采取相应的营销策略，引导消费者尽快完成采用过程的中间阶段。新产品的采用者分为 5 种类型：创新采用者、早期采用者、早期大众、晚期大众和落后采用者（见图 6-7）。

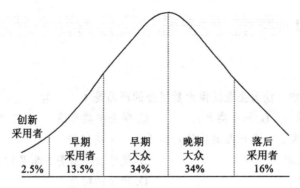

图 6-7　采用者分布曲线图

创新采用者　早期采用者　早期大众　晚期大众　落后采用者
2.5%　13.5%　34%　34%　16%

新产品推广速度主要取决于目标市场消费者和新产品特征。5 种类型的采用者的价值导向不同，导致他们对新产品持不同的态度。新产品的相对优势、相容性、复杂性、可试用性及可传播性将在很大程度上影响新产品的采用与推广。

【本章小结】

1. 产品策略是营销组合策略的基础，市场营销的其他策略都是围绕产品策略展开的，产品策略在很大程度上决定着市场营销的成败。产品是具有若干属性的复合整体，完整意义上的产品既包含了满足消费者需要的有形的物质，也包含了一系列无形的服务。任何一个想在市场中取胜的企业都必须树立产品整体概念，重视产品的品牌、商标、包装，树起品牌经营的大旗。

2. 任何一个产品在市场上都会经历从进入市场到退出市场的过程，即产品生命周期，可分为引入期、成长期、成熟期和衰退期 4 个阶段。产品在各阶段的销售、成本、利润等都有所不同。企业必须判断其产品所处的生命周期阶段，根据各个阶段不同的特点制定适宜的营销策略。

3. 产品组合是指一个企业提供给市场的全部产品线和产品项目的组合或结构，一般用宽度、长度、深度、关联度来衡量。产品组合也直接关系到企业的利润水平，企业必须对现行产品组合进行系统的分析和评价，考虑自身的实际情况，做出正确的产品组合决策。

4. 开发新产品是企业有力的竞争武器，企业必须充分认识新产品开发的重要意义。新产品开发成功的关键在于较好的组织安排。在新产品开发的各个阶段，企业应做好每一个环节的科学决策，尽可能规避在技术研发和市场开发上的风险，使自身不断涌现活力。

【重要概念】

品牌　产品生命周期　产品组合　新产品

一、单选题

1. 在波士顿矩阵中，能为企业提供大量现金的产品是（　　　）。

   A. 明星类产品　　　B. 问题类产品　　　C. 现金牛类产品　　　D. 瘦狗类产品

2. 从营销观点出发，一个产品的价值是由（　　　）决定的。

   A. 生产者的成本　　　　　　　　　　B. 能够满足消费者需要的内质

   C. 质量的优劣　　　　　　　　　　　D. 产品的特色

3. 销售增长率高、相对市场占有率高的产品是（　　　）。

   A. 现金牛类产品　　　B. 问题类产品　　　C. 明星类产品　　　D. 瘦狗类产品

4. 有些大公司在一个市场上往往有多个品牌，比如宝洁公司的洗发水有"飘柔""潘婷""海飞丝"等品牌，这种做法属于（　　　）。

   A. 品牌扩展策略　　　B. 多品牌策略　　　C. 统一品牌策略　　　D. 品牌更新定位策略

二、简答题

1. 如何理解产品整体概念？

2. 企业在产品生命周期各阶段应分别采取什么样的营销策略？

3. 如何优化产品组合？

4. 产品品牌与商标是什么样的关系？

5. 企业通常采用的包装策略有哪些？

三、案例分析题

胖东来——家卖服务的超市

如果说在餐饮界海底捞以服务出名，那胖东来就是商超界的海底捞。好的产品是标配，好的服务则是高配，服务道路上没有顶配，企业必须不断创新，做到更好更细微，才不会掉队。胖东来式服务的基础，可以从以下几个方面来介绍。

①好的服务离不开配套的硬件。胖东来的各个卖场内都配备了顾客休息区、微波炉、饮水机、免费充电宝、免费宝宝车、免费轮椅等，条件允许的卖场还配有母婴室及无障碍卫生间，有特殊需要的顾客在这里购物可以得到更多的便利。

②好的服务体现在对专业的探求上。胖东来要求员工成为"行业的科学家"，即要求员工基于科学做事，针对每一件产品、每一个环节都要有专业精神，要求员工成为有知识有能力的人才，让企业的发展更健康。

③好的服务来自对企业文化的深耕。胖东来一直践行的企业文化是员工满意才能带来顾客满意，因此其为员工提供了极其人性化的管理、极富吸引力的薪资，员工年底有分红，甚至还有股份。除此之外，每周二胖东来强制闭店休息，员工不可以加班，如果被发现加班，员工可能面临罚款。

问题

1. 请用产品整体概念分析胖东来的产品构成。

2. 请进一步查阅相关资料，从产品生命周期理论的角度，探讨胖东来的营销现状及趋势。

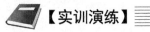 **【实训演练】**

1. 实训主题

请选择一个你感兴趣的企业，运用波士顿组合矩阵法对其业务进行综合分析。

2. 实训步骤

（1）教师布置实训任务，指出实训要点和注意事项。

（2）建议学生 4~6 人为一个小组，全班学生分成若干小组，采用组长负责制，组员分工合作完成实训任务。

（3）小组内部充分讨论、认真研究，查阅资料。教师鼓励学生进行实地调查，形成实训分析报告。

3. 实训汇报

小组需制作一份 PPT 并在课堂上进行集中展示，展示时间为 8~10 分钟。展示完成之后，其他小组需进行点评和互动，教师对小组实训分析报告和小组展示情况进行点评和总结。

第7章　价格策略

价格是营销组合中唯一能够直接创造收益的因素，也是营销组合中最为敏感的因素之一，直接关系着市场对产品的接受程度，影响着产品的市场需求和企业的利润，同时影响着生产者、经营者、消费者等多方面的利益。因此，企业需要谨慎制定价格策略。既要了解产品价格的构成基础，也要熟悉各类价格制定的技巧和策略，还需要实时进行价格调整。总之，价格策略是企业营销组合策略中极为重要的组成部分。

【学习目标】

1. 了解影响产品价格的主要因素，熟悉企业定价目标。
2. 掌握成本导向定价法、需求导向定价法和竞争导向定价法等一般定价方法和产品定价策略。
3. 应用价格变动的反应及价格调整原理，分析各个行业的"价格大战"及利弊得失。

【开篇引例】

"双十一"的变与不变

随着 2022 年"双十一"大促销的落幕，天猫和京东都不约而同地没有公布最终的具体成交额，这给"双十一"增加了一丝神秘感。不公布最终的成交额，不再跟过去对比，对于已经"14 岁"的"双十一"来说，是一个全新的开始。平台淡化"价格战"，简化促销规则，不再单纯追求销售额的增长，转为关注平台经济的增长质量。

在 2022 年"双十一"大促销中，越来越多的品牌进行线上线下加速融合，不仅打通了价格，还打通了购买体验和供应链。消费者线下扫码可享受线上价格，还可现场体验，不用担心买贵、买错；如果在线上下单，则可选择到门店提货或线上发货。这样的消费模式，凸显了商家经营思维的转变，让实体店也能分享平台经济发展红利，不再搞线上线下对立，推动产品和服务一致化。

2022 年"双十一"是参与角色最丰富、最多元的一届。传统大品牌继续霸占销售榜单，各行业的龙头企业以大促回馈消费者，树立品牌形象，冲刺年底业绩。中小商家和产业代工厂借年度大促之势，优化产业链和供应链，拼抢市场份额，积蓄发展动能。销售渠道多样化，传统电商、直播带货、社交电商全面开花，电商新势力的话语权得以提升，品牌商家实现跨平台发展，消费者拥有了更多的选择机会，电商生态更加丰富多彩。

"双十一"不论怎么变，更讲规则、更有序是其根本。随着生活水平的不断提升，消费者对产品的追求，也从单一的价格因素，变得更加关注品牌、质量、服务等多元因素。

思考：从"双十一"火爆到冷静的 14 年中，电商平台的价格策略发生了怎样的变化？在企业的营销活动中，价格到底扮演着怎样的角色？

7.1　影响产品价格的因素

价格是营销组合中唯一能创造收益的因素，也是营销组合中最敏感和难以控制的因素，直接关系着市场对产品的接受程度，影响着市场需求和企业利润，涉及生产者、经营者、消费者等各方面的利益。因此，价格策略是企业市场营销组合策略中一个极其重要的部分。

拓展视频

影响产品价格的因素

产品价格的制定，需要充分考虑各种内外部因素，影响产品价格的因素包括企业的定价目标、市场需求、产品成本、市场竞争状况以及国家的价格政策，这些因素将决定企业采取何种策略制定产品价格。

7.1.1　企业的定价目标

所谓定价目标，就是企业通过制定一定的产品价格，所要达到的预期目的。通常企业的定价目标有利润目标、市场占有率目标、稳定价格目标以及维持生存目标4种。

（1）利润目标

利润目标是企业定价目标的重要组成部分，获取利润是企业生存和发展的必要条件，是企业经营的目标和动力。

①利润最大化目标。利润最大化有长期利润最大化和短期利润最大化、单一产品利润最大化和企业全部产品综合利润最大化之分。通常企业追求的应是长期的、全部产品的综合利润最大化；一些中小型企业、产品生命周期较短的企业，或产品在市场上供不应求的企业，也可以谋求短期利润最大化。

②适度利润目标。适度利润目标是指企业在补偿社会平均成本的基础上，适当地加上一定量的利润作为产品价格，以获取适度利润的一种定价目标。需要指出的是，要想实现适度利润目标，企业必须充分考虑产销量、投资成本、竞争格局和市场接受程度等因素。

（2）市场占有率目标

市场占有率，又称市场份额，是指企业的销售额占整个行业销售额的百分比，或者是指企业的某种产品在某个市场上的销量占同类产品在该市场销售总量的百分比。

在实践中，企业要实现市场占有率目标，至少应具备3个条件。①企业要有雄厚的经济实力，可以允许出现一段时间的亏损，或者企业本身的生产成本比竞争对手的低。②企业要对其主要竞争对手有较充分的了解，这样才可能从其手中夺取市场份额。③宏观营销环境的许可，国家虽未对市场占有率做出政策和法律的限制，但盲目追求过高的市场占有率往往会受到政府的干预。例如，美国的《反垄断法》对单个企业的市场占有率进行限制，以防止少数企业垄断市场。

（3）稳定价格目标

稳定价格目标实质上就是通过本企业产品的价格来左右整个市场的价格，避免不必要的价格波动。市场价格越稳定，经营风险也就越小。为达到稳定价格的目的，通常情况下是由那些拥有较高的市场占有率，经营实力较强或具有较强竞争力的领导企业先制定一个价格，其他企业的价格则参照领导企业的价格来确定。对于大企业来说，这是一种稳妥的价格保护政策；对于中小企业而言，由于大企业不愿随意改变价格，竞争性减弱，自己的利润也可以在一定程度上得到保障。

（4）维持生存目标

如果企业生产能力过剩，或面临激烈竞争，或试图改变消费者需求，则需要把维持生存作为主要目标。为了确保工厂继续开工和使存货出手，企业必须制定较低的价格，并希望市场是价格敏感型的。在这种情况下，利润比起生存来说次要得多。许多企业通过较大的折扣，来保持企业活力。只要其价格能弥补变动成本和一些固定成本，企业的生存便可得以维持。

将定价目标分为以上4种，只是一种概括性的总结，它既没有穷尽所有可能的定价目标，又没有限制每个企业只能选择其中的一种。一个企业选择定价目标，应当考虑企业经营的总目标，并根据企业外部环境和内部条件的变化适时调整。

7.1.2　市场需求

市场营销理论认为，产品的最高价格取决于产品的市场需求，产品的最低价格取决于该产品的成本费用，在最高价格和最低价格之间，企业能把这种产品价格定得多高，则取决于竞争者的同种产品的价格水平。可见，市场需求、成本费用、竞争者产品价格对企业定价有着重要影响。而需求又受价格和收入变动的影响，价格与收入等因素引起的需求相应的变动率就叫作需求弹性。需求弹性分为需求的收入弹性、需求的价格弹性和需求的交叉弹性。

（1）需求的收入弹性

需求的收入弹性是指由收入变动引起的需求变动的程度。有些产品的需求收入弹性大，意味着消费者货币收入的增加导致对该产品的需求量有更大幅度的增加，一般来说，高档食品、耐用消费品、娱乐等的需求收入弹性较大。也有的产品的需求收入弹性是负值，这意味着消费者货币收入的增加将导致对该产品的需求量下降。

（2）需求的价格弹性

价格会影响市场需求。一般情况下，市场需求会按照和价格相反的方向变动，即价格提高，市场需求就会减少；价格降低，市场需求就会增加。

正因为价格会影响市场需求，所以企业所制定的产品价格会影响企业产品的销售，进而会影响企业市场营销目标的实现。因此，企业的市场营销人员定价时必须知道需求的价格弹性，即了解市场需求对价格变动的反应。

在以下条件下，需求可能缺乏价格弹性：①市场上没有替代品或者没有竞争者；②消费者对较高价格不在意；③消费者改变购买习惯较慢，也不积极寻找较便宜的东西；④消费者认为产品质量有所提高，或者认为存在通货膨胀等。

如果某种产品不具备上述条件，那么这种产品的需求就富有价格弹性。在这种情况下，企业高层管理者须考虑适当降价，以刺激需求，促进销售，增加销售收入。

（3）需求的交叉弹性

在为产品线定价时还必须考虑各产品项目之间相互影响的程度。产品线中的某一个产品项目很可能是其他产品的替代品或互补品，同时，一个产品项目的价格变动往往会影响其他产品项目销量的变动，两者之间存在着需求的交叉弹性。交叉弹性可以是正值，也可以是负值。如为正值，则此两个产品项目互为替代品，表明一旦产品的价格上涨，则相关产品的需求量必然增加。相反，如果交叉弹性为负值，则此两个产品项目为互补品，也就是说，当产品的价格上涨时，相关产品的需求量会下降。

7.1.3 产品成本

成本的高低是影响产品价格的一个重要因素，成本是产品价格的最低限制。一般来说，产品价格必须能够补偿产品生产及市场营销的所有支出，并补偿产品的经营者为其所承担的风险支出。根据企业产品定价策略的不同需要，企业所有成本可以按照其习性划分为固定成本与变动成本。

7.1.4 市场竞争状况

价格是在市场竞争中形成的，按竞争的程度，市场竞争可分为完全竞争、完全垄断和不完全竞争3种状况。不同的竞争状况会对企业制定产品价格产生不同的影响。

（1）完全竞争对制定产品价格的影响

完全竞争是指市场上没有任何垄断因素，同一种产品有多个卖主和买主，任何一个卖主和买主都不能单独左右该种产品的价格，价格是在市场交换中自然形成的。在完全竞争市场中，企业可以采取随行就市定价策略。

（2）完全垄断对制定产品价格的影响

完全垄断是指一种产品完全由一家或少数几家企业控制的市场状况。垄断企业在市场上没有竞争对手，可以独家控制或与少数几家企业联合控制市场价格，主要通过市场供给量调节市场价格。完全垄断使企业缺乏降低成本的外部压力，从而使生产效率低下。在此情况下，非垄断企业定价要十分谨慎，以防止垄断企业的价格报复。

（3）不完全竞争对制定产品价格的影响

不完全竞争介于完全竞争与完全垄断之间，是现代市场经济中普遍存在的典型竞争状况。在这种情况下，多数企业都能积极主动地影响市场价格，企业制定价格时，应当认真分析研究各种竞争力量和垄断力量的强弱，制定适合自身发展的价格。

7.1.5 国家的价格政策

随着市场经济的发展，价值规律、供求状况和竞争的自发作用，会导致产生某些市场无法自我完善的弊端，所以政府制定了一系列的政策和法规，对市场价格进行管理。这些政策和法规有监督性的，有保护性的，也有限制性的，每个企业在给产品定价时都必须自觉遵守。政府的价格政策主要有计划价格、国家指导价格、市场调节价格等多种形式。

（1）计划价格

计划价格是国家宏观控制的工具，主要用于关系国计民生的重要产品。在计划价格下，生产这些产品的企业几乎没有产品定价权，只是价格的接受者。

（2）国家指导价格

国家指导价格指由国家统一规定基本价格和浮动幅度，允许企业根据市场供求情况，在规定的幅度内制定价格。国家指导价格既体现了国家对价格的规定，具有严肃的计划性，又给予企业一定的定价自主权，具有相对的灵活性，能满足市场经济的要求。

（3）市场调节价格

市场调节价格是指国家不做规定，由买卖双方自由协商议定的价格，包括工商企业协商定价、议价议销价格和集市贸易价格。目前我国实行市场调节价格的产品的范围在日益扩大。

肖先生在青岛市某海鲜烧烤家常菜饭店吃饭时被"宰"的事件引发网友热议。在吃饭前,肖先生曾详细询问过菜价,向老板确认过 38 元究竟是一份还是一只大虾,肖先生称当时老板说的是 38 元一份。但吃完饭后,老板却称大虾价格为 38 元一只。

事后,青岛市、市北区两级物价部门在检查时发现,该饭店提供的菜品虽已明码标价,但是极不规范,涉嫌误导消费者消费。鉴于此,有关部门将根据《中华人民共和国价格法》有关规定,责令其退还非法所得,并按照涉嫌价格欺诈、违反明码标价及侵害消费者权益的相关规定,依法进行立案查处。

7.2 产品定价方法

成本、需求和竞争是影响产品价格的基本因素,因此,与之相对应,就形成了以成本、需求、竞争为导向的三大类产品定价方法。

7.2.1 成本导向定价法

成本导向定价法是指以产品成本为基础,再加上一定的利润和税金来确定产品价格的方法。由于补偿成本是企业经营最起码的要求,所以这类方法被广泛采用。同时,由于作为定价基础的成本分类繁多,因此以成本为导向的定价方法也有许多形式。

拓展视频
成本导向定价法

(1)总成本加成定价法

总成本加成定价法是指以产品的全部成本(包括变动成本和固定成本)为基础,再加上合理的利润来确定产品价格的方法。基本公式:单位产品价格 = 单位产品总成本 ×(1+ 目标利润率)。

【案例 7-2】

用总成本加成定价法为自行车定价

某自行车厂生产 1 万辆自行车,每辆自行车的变动成本为 300 元,总固定成本为 20 万元,确定目标利润率为 20%,采用总成本加成定价法的计算过程是:

单位产品的变动成本为 300 元

单位产品的固定成本为 200 000÷10 000=20(元)

单位产品总成本为 300+20=320(元)

单位产品的价格为 320×(1+20%)=384(元)

这种定价方法计算简便,制定出来的价格相对合理,买卖双方都容易接受,但未考虑成本以外的影响价格的其他因素,且是以全部产品都卖出去的假设为前提,忽略了固定成本与实际产销量无直接关系的事实。因此，当实际产销量大于预期产销量时，用此定价方法制定的价格可能偏高；反之，又可能偏低。

（2）变动成本定价法

变动成本定价法基于这样一个事实：在企业生产经营条件一定的情况下，固定成本总额不随产销量的增减而变化。因此，变动成本定价法不考虑固定成本，而着重考虑变动成本，并以单位产品的变动成本作为价格的最低界限。

基本公式：产品价格 = 单位产品变动成本 + 单位产品边际贡献

【案例7-3】

某鞋厂的生产决策

某鞋厂在一定时间内发生固定成本为 80 000 元，单位变动成本为 0.7 元，预计销量为 100 000 双。在当时的市场上，同类产品的价格为 1 元 / 双，那么该鞋厂是否应该继续生产呢？

计算过程是：

固定成本为 80 000 元

变动成本为 $0.7 \times 100\,000 = 70\,000$（元）

销售收入为 $1 \times 100\,000 = 100\,000$（元）

企业盈亏为 $100\,000 - 70\,000 - 80\,000 = -50\,000$（元）

由此可见，若继续生产，鞋厂会出现 50 000 元的亏损。但是固定成本在不生产的情况下已有 80 000 元，即如果不继续生产，则固定成本会全部转化成亏损，亏损金额为 80 000 元；若继续生产，并按 1 元 / 双的成本销售，则只亏损 50 000 元，这说明若生产则可以减少 30 000 元固定成本的损失，从而在一定程度上补偿了企业变动成本。

可见，只要产品的价格高于单位产品变动成本，企业就可以继续生产。若产品的价格低于单位产品变动成本，则企业应该停止生产，因为此时的销售收入不仅不能补偿固定成本，连变动成本也不能全部补偿，生产得越多，亏损就越多，企业的生产活动就毫无意义。

变动成本定价法改变了价格低于总成本便拒绝交易的传统做法，在当前竞争激烈的市场中具有较强的灵活性，在有效对付竞争者、开拓新市场、形成最优产品组合等方面可以发挥巨大作用。

（3）盈亏平衡定价法

企业在产销量既定的条件下，产品的价格必须达到一定的水平才能实现盈亏平衡，即收入和支出相等。这个既定的产销量称为盈亏平衡点，以此为基础制定价格的方法称为盈亏平衡定价法。正确预测产销量和已知固定成本及变动成本是实行这种定价方法的前提。

基本公式：$P = F \div Q + V$

式中：P 代表盈亏平衡点的产品价格；F 代表企业生产该产品总的固定成本；Q 代表该产品的产销量；V 代表该产品的单位变动成本。

【案例7-4】

某企业利用盈亏平衡定价法制定价格

某企业的固定成本为 200 000 元，单位产品的变动成本为 50 元，预计年产销量为 5 000 件，求该产品盈亏平衡点价格。

根据盈亏平衡定价法公式，有：

产品盈亏平衡点价格 =200 000÷5 000+50=90（元）

则盈亏平衡点的产品价格为 90 元。

按盈亏平衡点确定的价格只能使企业的生产成本得到补偿，企业却没有收益。所以在实际情况中多以盈亏平衡点价格作为价格的最低限度，再加上单位产品的目标利润作为产品的实际价格。

成本导向定价法的本质是卖方导向，它忽视了市场需求、竞争和价格水平之间的关系，所以有时按这类定价方法确定的价格会与市场实际脱节，难以得到有效的实施。另外，运用这种定价方法还要建立在对产销量的主观预测的基础上，从而降低了价格制定的科学性。因此，在使用成本导向定价法时，还应充分考虑市场需求和竞争状况，这样确定的价格才更有现实意义。

7.2.2 需求导向定价法

需求导向定价法是指根据市场对产品的需求状况，以及产品的需求价格弹性来确定产品价格的方法。产品的市场需求情况及需求价格弹性是影响产品价格的重要因素，产品能否销售出去，并不取决于产品成本的高低，主要是看其价格能否被消费者接受。需求导向定价法主要有理解价值定价法、需求差异定价法和逆向定价法 3 种。

拓展视频

需求导向定价法和竞争导向定价法

（1）理解价值定价法

理解价值就是指消费者对产品价值的主观判断，即消费者认为产品值多少钱，它反映了产品价值的市场接受水平。

理解价值定价法的关键和难点，是获得消费者对有关产品价值理解的准确资料。如果过高估计消费者的理解价值，价格就会定得过高，产品难以达到应有的销量；相反，低估了消费者的理解价值，价格就会低于应有的水平，影响企业的收入。所以运用理解价值定价法，关键是正确评估产品的理解价值。

（2）需求差异定价法

需求差异定价法是指企业根据市场需求的时间差、数量差、地区差、消费水平及心理差异等来制定产品价格的方法。这种定价方法，对于同一产品会制定两个或两个以上的价格，可以使产品价格最大限度地符合市场需求，促进销售，有利于企业获取更多的经济效益。如在市场需求量大的季节定高价，反之则定低价；在消费水平高的地区定高价，反之则定低价；对购买数量大的消费者定低价，反之则定高价；等等。

（3）逆向定价法

逆向定价法是指企业根据消费者能够接受的最终销售价格，计算企业的成本和利润后，逆向推算出中间商的批发价和出厂价的定价方法。这种定价方法不以实际成本为定价依据，而是以市场需求为定价出发点，力求价格为消费者接受。

逆向定价法的特点是：价格能反映市场需求状况；利于与中间商建立良好的关系，使产品迅速向市场渗透；比较灵活，可根据市场供求状况及时调整产品价格。

7.2.3 竞争导向定价法

竞争导向定价法是指通过研究竞争对手的产品价格、生产条件、服务状况等，以竞争对手的价格为基础，来确定本企业产品价格的定价方法。这种定价方法的特点是：价格与产品成本和需求没有直接关系，产品成本或市场需求发生了变化，但竞争对手的价格未变，企业就应该维持原价；反之，尽管成本和需求都没有变动，但竞争对手的价格变动了，则本企业产品的价格也应进行相应的调整。竞争导向定价法主要包括以下 3 种。

（1）随行就市定价法

在完全竞争和垄断竞争的市场中，任何一个企业都无法凭借自己的实力来完全控制市场，为了避免竞争特别是价格竞争带来的损失，大多数企业都选择随行就市定价法，即将本企业产品的价格保持在市场平均水平上。

运用随行就市定价法时，如何确定"行价"很重要。在实践中，确定"行价"有两种途径。

①在完全竞争的市场中，每个企业都无权决定市场价格，只能通过对市场的无数次摸索，确定一个大家都能接受的价格。

②在垄断竞争的市场中，由少数几个大企业首先定价，其他企业则参考定价。

（2）产品差别定价法

从根本上分析，随行就市定价法是为了避免竞争，是一种防御性的定价方法。而产品差别定价法是指企业通过营销努力，使本企业产品在消费者心目中建立起与其他企业的同质产品不同的形象，从而确定高于（或低于）竞争产品的价格。所以产品差别定价法是一种进攻性的定价方法。这种定价方法要求企业具备较强的实力、形象好，消费者能将企业产品与企业本身联系起来。例如，当国内主流瓶装饮用水纷纷将价格定为每瓶 2 元左右时，昆仑山天然矿泉水作为高端饮用水走进大众视野，定价为每瓶 5 元左右。

（3）投标定价法

投标定价法是指买方通过引导卖方竞争而取得最低产品价格的定价方法。大宗商品、原材料、建筑工程、大型设备、政府的大宗采购等通常采用投标定价法。一般来说，招标方只有一个，投标方有多个，且为相互竞争的关系。投标递价（标的物的价格）由参与投标的各个企业独自确定，在其他情况相同的情况下，通常报价最低的投标者中标。企业的投标递价，主要以竞争对手的可能递价为转移。递价低于竞争对手，可能增加中标机会，但递价不能低于边际成本，否则难以保证合理的收益。

〖案例 7-5〗

医保药品目录谈判实录

在国家医保药品目录谈判中，7 种罕见病用药纳入医保目录，罕见病用药一直是国家医保药品目录调整过程中重点关注的品种。在谈判中，关于治疗罕见病脊髓性肌萎缩症的药物的谈判进行了一个半小时，其过程可谓异常艰难。

企业在第一轮报价中给出的价格是每瓶 53 680 元，而国家医疗保障局谈判代表回答道："希望企业拿出更有诚意的报价，每一个小群体都不该被放弃。"并给出了一个颇具"诱惑力"的条件："如果这个药能进入医保目录，以中国的人口基数、中国政府为患者服务的决心，（你们）很难再找到这样的市场了。"随后，企业代表离席进行了第一次商讨。

商讨过后，企业代表给出的报价降到了每瓶 48 000 元，国家医疗保障局谈判代表坦言，2022 年对于中国的医保基金而言是一个非常困难的年份，疫苗费用占了医保基金支出非常大的一部分，所以国家医保局仍然有勇气开展医保药品目录谈判工作，确实是把人民健康至上摆在了首位。国家医保局谈判代表的话让企业代表再次离席商讨。这次他们把价格降到了每瓶 45 800 元，而国家医保局谈判代表给出的答复是："很困难，希望企业再努力。"

企业代表第三次离席商讨后价格降到了每瓶 42 800 元，这次国家医保局谈判代表回答："相信企业感到很痛，但离我们能进一步谈，还有一定的距离。"企业代表又经历了第四次、第五次离席商讨，价格降到了每瓶 37 800 元。

但这显然还没有达到国家医保局的理想价位，国家医保局谈判代表笑着说："谈判桌上我们作为甲方，这么卑微，真的很难，但谈判组对价格的底线，是不能让步的。"

企业代表又进行了第六次、第七次离席商讨，价格降到了每瓶 34 020 元。国家医保局谈判代表答复："（我）觉得前面的努力都白费了，真的有点难过。"随后经过谈判组的集体商议，国家医保局谈判代表给出了每瓶 33 000 元的报价，企业代表第八次离席商讨，最终确认了新的报价。"请问这是你们确认的最终报价吗？""确认。""好的，成交。"

一个半小时的漫长谈判，企业代表 8 次离席商讨，每瓶药的成交价比最初的报价少了 2 万多元，随着"成交"二字被说出，这场谈判终于落下帷幕。国家医保局谈判代表们笑着鼓起了掌，国内相应罕见病的患者们也迎来了好消息。这场"灵魂砍价"一经公开，迅速引起了网民们的热议。

7.3　产品定价策略

企业定价不仅是一门科学，也是一门艺术。产品定价方法侧重于产品的基础价格。产品定价策略侧重于运用价格手段适应市场的不同情况，实现企业的营销目标。产品定价策略主要包括新产品定价策略、心理定价策略、折扣定价策略、差别定价策略和组合定价策略等。

7.3.1　新产品定价策略

新产品定价是营销策略中一个十分重要的问题。它关系到新产品能否顺利地进入目标市场，能否在目标市场站稳脚跟，企业能否获得较大的经济效益。

7.3.2　心理定价策略

心理定价是指企业在定价时，利用消费者心理因素，有意识地将产品的价格定得高些或低些，以满足消费者在心理、物质和精神等方面的需求，达到扩大销售、获得最大效益的目的。常用的心理定价策略有以下几种。

🎧 **拓展视频**

心理定价策略

（1）声望定价

声望定价是企业利用产品在消费者心目中的声望、信任度和社会地位来确定价格的一种定价策略。在此策略下，企业通常故意把产品价格定成整数或定得较高，以此来满足消费者的特殊欲望。但是，应用声望定价策略必须谨慎，要充分考虑市场竞争状况和消费者的价格接受水平，否则，过高的价格可能会导致消费者流失太多而从总体上影响企业的收益。

（2）尾数定价

尾数定价又称"奇数定价"或"非整数定价"，即利用消费者对数字认知的某种特殊心理制定尾数价格。如有的零售商常用 9 作为价格尾数，宁可定 99 元而不定 100 元，宁可定 0.99元而不定 1.00 元。这是为了在直观上给消费者一种便宜的感觉，从而提高消费者的购买欲望，促进产品销售。

使用尾数定价，可以使消费者产生 3 种心理效应，以达成促进产品销售的目的。

①便宜。如 99 元和 100 元虽仅相差 1 元，但前者给消费者的感觉是还不到 100 元，而100 元却使人认为是 100 多元，所以前者给消费者的感觉是价格偏低，容易接受。

②精确。尾数定价能使消费者认为企业定价认真，有尾数的价格是企业经过认真的成本核算得出的，从而使消费者产生对价格的信任感。

③吉利。国内市场上常用 8 作为价格尾数，因为 8 与"发"字谐音，定价时多用 88、8.8、168、0.88 等数字，在心理上讨个吉利。

（3）招徕定价

招徕定价是指利用部分消费者求廉的心理，特意将几种产品的价格定得较低以吸引消费者，在消费者挑选或购买廉价产品的同时，也带动其他正常价格产品的销售。比如美国有家"99 美分商店"，不仅一般产品以 99 美分标价，甚至每天还以每台 99 美分的价格出售 10 台彩电，这极大地刺激了消费者的购买欲望，商店每天都有大量的消费者。还有的零售商利用节假日或换季时机举行"换季大减价""节日大酬宾"等活动，把部分产品降价出售，以吸引消费者。

（4）参照定价

消费者选购产品时，心中大多会有一个参照价格。参照价格可能是消费者已了解到的目前市场上这种产品的一般价格，也可能是产品以前的价格。企业在定价时可以利用和影响消费者心目中的参照价格。例如，在柜台陈列时有意识地将某件价格较高的产品放在显眼的位置，以表示其周围的产品都属于高档之列。企业还可用其他方式影响消费者的参照价格，如告诉消费者这种产品的原价比现价要高得多，或启发消费者将本企业产品的价格同竞争产品的价格比较等。

（5）习惯定价

有些产品的价格是长时间形成的，企业应当按照这种习惯定价，不要轻易地改变，以免消费者不适应，这就是习惯定价策略。

7.3.3　折扣定价策略

折扣定价是指对价格作出一定的让步，直接或间接降低价格，扩大产品销售。

（1）现金折扣

现金折扣是给予在规定的时间内或提前付清账款者的一种价格折扣。如在西方国家，典型的付款期限折扣为"2/10，净 30"，意思是：应在 30 天内付清货款，但如果在成交后 10 天内付款，照价给予 2% 的现金折扣。现金折扣的目的是鼓励消费者尽早付款，改善企业的资金流，降低财务风险。现金折扣一般要考虑好折扣比例、时间限制。

给予现金折扣等同于降低价格，所以企业在运用这种手段时要考虑产品是否有足够的需求价格弹性，从而保证通过需求量的增加获得足够的利润。

（2）数量折扣

数量折扣是指当消费者购买产品的数量达到一定水平时，企业在原价的基础上给予消费者一定减让的优待。数量折扣提供了一种诱发因素，促使消费者向特定的企业购买，而不是向多个企业购买。数量折扣包括累计数量折扣和一次性数量折扣两种形式。

累计数量折扣是指消费者在一定时间内，购买的产品若达到一定数量或金额，企业按其总量给予一定折扣，其目的是鼓励消费者经常向本企业购买，成为企业的长期客户。

一次性数量折扣是指消费者一次性购买某种产品达到一定数量或购买多种产品达到一定金额时，企业给予折扣优惠，刺激消费者在短时间内大量购买本企业的产品。

（3）功能折扣

功能折扣也称贸易折扣。功能折扣是指由于中间商承担了本应由生产商承担的部分销售功能，如运输、储藏、广告等，因此生产商给予这些中间商一定的价格优待。确定功能折扣的比例，主要应考虑中间商在分销渠道中的地位、对生产企业产品销量的重要性、购买批量、完成的促销功能、承担的风险、服务水平、履行的商业责任等。功能折扣的结果是形成购销差价和批零差价。

功能折扣的主要目的是鼓励中间商大批量订货、扩大销售，同时也是对中间商经营有关产品的成本和费用进行补偿，让中间商有一定的利润空间。

（4）季节折扣

有些产品的生产是连续的，而其消费却具有明显的季节性。季节折扣是指企业为了保持均衡生产、加速资金周转、节省业务费用而鼓励消费者在销售淡季购买的一种折扣形式。季节折扣可以减少季节差别对企业生产经营活动的不利影响，充分利用企业的设备、人力等资源，减轻企业的仓储压力，加速资金周转、调节淡旺季之间的销售不均衡。如啤酒生产商对在冬季进货的商业单位给予大幅度让利，羽绒服生产企业则为夏季购买其产品的企业提供折扣。

（5）回扣和津贴

回扣是间接折扣的一种，它是指购买者将产品的全部货款付清后，销售者再按一定比例将货款的一部分返还给购买者。

津贴是企业为达成特殊目的、对特殊消费者以一定形式所给予的价格补贴或其他补贴。例如，当中间商为企业产品刊登地方性广告、设置样品显示窗时，生产企业会给予中间商一定数额的资助或补贴等。

7.3.4 差别定价策略

差别定价是指企业以两种或两种以上不反映成本差异的价格来销售一种产品或提供一种服务。当然，这种定价策略如果运用不当，可能被视作价格歧视而为企业带来法律风险。

拓展视频
差别定价策略

（1）消费者差别定价

消费者差别定价指对同样的产品或服务，不同的消费者支付不同的价格。如博物馆对学生和老年人收取较低的门票价格；有些商家对一般消费者与会员也制定不同的价格。消费者的差异往往决定了他们对产品价格认知的差异，也代表了不同程度的需求。如果巧妙地运用这种差异，则可以产生较好的营销效果。

（2）产品差别定价

产品差别定价就是产品式样定价，产品的式样不同，制定的价格也不同，这个价格对于它们各自的成本来说是不成比例的，如同一成本和质量的服装因款式的差异而价格不同。

（3）位置差别定价

位置差别定价是根据不同位置或地点制定不同的价格，即使产品的成本完全相同。虽然不同位置的产品成本几乎无差别，但有时消费者对不同位置的产品存在不同的需求程度，企业则可以制定不同的价格。如一个戏院分区制定票价；同一头猪的肉，部位不同则价格不同。

（4）时间差别定价

时间差别定价是指不同日期，甚至不同钟点或时段，同一种产品的价格不同，这是服务业经常采用的定价策略，如自助餐厅晚餐的价格要高于午餐的价格。

实行差别定价，必须满足一定的条件：①市场必须能够细分，而且这些细分市场要显示不同的需求程度；②产品不能由低价市场向高价市场流动；③在高价的细分市场中，竞争者无法以低于本企业产品的价格出售产品；④差别定价不会引起消费者的反感和抵制。另外还需要注意，差别定价的形式不能违反法律或有关规定。

7.3.5　组合定价策略

当某种产品成为产品组合的一部分时，企业必须对定价的方法进行调整。在这种情况下，企业要寻找一组使整个产品组合都能获得最大利润的价格。因为各种各样的产品在需求和成本之间有内在的相互关系并受到不同程度的竞争的影响，所以定价比较困难。我们在产品组合定价中可区分出5种情况，即产品线定价法、互补产品定价法、两段定价法、副产品定价法、成组产品定价法。

（1）产品线定价法

企业的产品组合一般由几条产品线构成，同一产品线通常会生产相互关联的多个产品项目，企业在确定各个产品项目的价格时，要考虑到各个产品项目之间的成本差异及竞争者的产品价格，同时还要考虑到它们之间的价格差额能否被理解。例如，某手机制造商将手机的价格分为3个水平，即2 000元、5 000元、10 000元。有了这3个价格水平，消费者就会根据价格联想到它们分别对应低端手机、中端手机和高端手机。即使3种价格水平都被适当调高了，消费者仍会以他们的偏好来选择。企业的任务就是建立能向价格差异提供证据的认知差异。

（2）互补产品定价法

互补产品又称连带产品或补充产品，是指必须与主产品一同使用的产品。例如，剃须刀刀头是剃须刀的互补产品、相机镜头是相机的互补产品。主要产品的制造厂商常常将主产品的价格定得很低，因为他们把互补产品的价格定得很高。例如，某品牌手动剃须刀售价仅为79元（包含1只原装刀头），而单独买一盒4只装的同型号刀头却要135元。

（3）两段定价法

服务性企业常常收取固定费用及可变的使用费，如消费者每个月至少要付一笔月租费，如果打电话次数超过规定还要另付一笔费用。服务性企业面临着以下问题：固定费用为多少？可变费用为多少？固定费用应较低，以吸引消费者使用该服务项目，企业可通过收取可变使用费获取利润。

（4）副产品定价法

在生产加工食用肉类、石油产品和其他化学产品的过程中，常常会产生副产品。如果这些副产品对某些消费者来说有价值，则必须根据其价值定价。副产品的收入多，将使企业更易于为其主要产品制定较低的价格，以增强市场竞争力。例如，每斤橘子的定价就远低于其副产品——陈皮的价格。

（5）成组产品定价法

企业常常将一些产品组合在一起降价销售。例如，汽车生产商可将一整套产品成组销售，价格比分别购买这些产品的价格之和要低；剧场出售季度预订票，票价低于分别购买每一场演出的票价之和。由于消费者本来无意购买全部产品，但成组产品的价格较总价节约了不少，这就吸引了消费者购买。

【案例7-6】

腾旅e卡通年卡定价策略

"腾旅e卡通"（原武汉城市圈全域旅游e卡通）是由武汉旅游发展投资集团有限公司和腾讯集团合作开发的电子年卡。腾旅e卡通年卡每年升级，不断增加可用景区，但价格仍为200元。2022年新增了许多景区，加上原有的签约景区，持腾旅e卡通年卡的用户可免费畅游包括夜上黄鹤楼、木兰天池、宜昌武陵峡口生态旅游区、罗田红花尖滑雪度假村、三国赤壁古战场、黄石国家矿山公园、大别山彩虹瀑布在内的多家景区。

7.4　产品价格调整

产品价格调整是指企业根据自身经营现状、市场需求状况、竞争状况等价格影响因素适当调整产品价格的手段，主要包括产品价格的主动调整和产品价格的竞争调整两个方面。可以说，产品价格调整实质上是企业的一种动态定价策略。

7.4.1　产品价格的主动调整

产品价格的主动调整是指企业出于自身的某种营销目的，结合市场及自身的状况，对产品的价格进行调整，旨在增强自身的竞争能力，维护自身的利益。其形式主要有降低价格和提高价格两种。

（1）降低价格

降低价格主要有以下几个方面的原因。

①企业的生产能力过剩。这种情况下企业需要扩大产品销售，如果通过改进和加强促销等方法并不能达到目的，降低价格就成为企业的一个重要选择。

②市场竞争激烈，企业的市场份额开始下降。在降低价格不会对原有消费者产生影响的前提下，企业可以通过降价的方式来维持或扩大市场份额，为了保证这一策略的成功，有时需要和产品改进策略结合使用。

③企业的生产经营成本降低，费用减少。随着技术的进步和企业经营管理水平的提高，许多产品的单位产品成本和费用不断下降，使降价成为可能。

④排斥现有市场的边际生产者。对于某种产品来说，由于各个企业的生产条件、生产成本

不同，产品的最低价格也会有所差异。那些以目前价格销售仅能保本的企业，在别的企业主动降价后，可能会因为价格的被动降低而得不到利润，只好停止生产。

⑤政治、法律环境及经济形势的变化。政府为了实现物价总水平的下降，保护需求，鼓励消费，遏制垄断利润，往往会用强制手段迫使企业降低价格。在通货紧缩的经济形势下或在市场疲软、经济萧条时期，由于币值上升，价格总水平下降，企业的产品价格也应随之降低，以适应消费者的购买力水平。

另外，在季节性产品的销售旺季已过，或企业急需回笼大量资金时，企业也会主动降低产品的价格。

降低价格最简单的方式是直接将企业产品的价格或标价下调，但企业更多的是采用折扣、回扣、津贴或其他变相的降价方式。这些方式由于具有较强的灵活性，在市场环境变化的时候，即使取消也不会引起消费者太大的反感，同时又是一种促销策略，所以在现代经营活动中的运用越来越广泛。

（2）提高价格

企业提高价格主要有以下几个方面的原因。

①产品成本增加。这通常是产品价格提高的主要原因。由于原材料价格上涨，或者是由于生产或管理费用的增加，产品成本增加，企业为了保证利润率不下降，便采取提价策略。

②产品供不应求。当产品需求旺盛而企业的生产规模又不能及时扩大时，企业可以通过提高价格来遏制需求，同时又可以取得高额利润。

③适应通货膨胀，减少损失。由于通货膨胀、货币贬值，产品原先的价格相应就降低了，为了减少损失，企业只有提高产品价格，将通货膨胀的压力转嫁给中间商和消费者。

④产品进行了改进，质量和性能都相应有所提高。在这种情况下，企业可能会相应地提高产品价格。

提高产品价格虽然能够提高企业的利润率，但会产生竞争力下降、消费者不满、经销商抱怨等不利影响。为了保证提价目的的顺利实现，企业应注意对提价时机的选择，如在产品进入成长期并且在市场竞争中处于优势地位，季节性产品到了销售旺季，竞争对手提价等时刻，企业可提高价格。另外在提价方式上，企业应尽可能间接提价，并通过各种渠道向消费者说明提价的原因，配之以产品策略和促销策略，帮助消费者寻找节约途径，以减少消费者不满，维护企业形象，把提价的不利影响降到最低限度。

7.4.2 产品价格的竞争调整

产品价格的竞争调整是指竞争对手先调整价格而迫使企业不得不随之调整价格，即价格的被动调整。竞争对手在进行价格调整之前，一般都要经过深思熟虑，仔细权衡调价的利弊，但一旦实施调价，过程会相当迅速。企业在这种情况下贸然跟进或无动于衷都是不对的，正确的做法是迅速地对企业所处的市场环境进行研究并作出相应的反应。

1. 不同市场环境下的企业反应

（1）同质产品市场

在同质产品市场上，如果竞争对手降价，企业必须随之降价，否则消费者就会购买竞争对手的产品，而不购买本企业的产品；如果某一个企业提价，且提价对整个行业有利，其他企业也会随之提价，但是如果某一个企业不随之提价，那么最先发动提价的企业和其他企业也不得不取消提价。

（2）异质产品市场

在异质产品市场上，企业对竞争对手调价的反应有更大的选择余地。因为在这种市场上，消费者选择产品时不仅需要考虑产品的价格，还需要考虑产品的质量、服务、性能、外观、可靠性等多方面的因素。所以在这种产品市场上，消费者对于较小的价格调整并不在意。

面对竞争对手的调价，企业必须认真调查研究如下问题。

①竞争对手为什么要调整价格？是为了夺取市场，还是生产成本发生了变化？

②竞争对手调价是长期的还是短期的？

③竞争对手调价对本企业的销量、市场占有率、利润等有何影响？

④其他企业会如何反应？

⑤本企业有几种反应方案？

⑥根据本企业的反应方案，竞争对手又会有何反应？本企业是否有新的对策？

2．市场领导者的反应

在市场上，市场领导者往往遭到其他企业的进攻。这些企业的产品可与市场领导者的产品相媲美，它们往往通过进攻性的降价来争夺市场领导者的阵地。在这种情况下，市场领导者有以下几种策略可以选择。

（1）维持价格不变

维持价格不变是因为市场领导者认为，如果降价就会减少利润；而维持价格不变，尽管对市场占有率有一定的影响，但以后还能收回阵地。当然，在维持价格不变的同时，还要改进产品质量、提高服务水平、加强促销沟通等，运用非价格手段来反击竞争对手。许多企业的市场营销实践证明，采取这种策略比降价和低利经营更合算。

（2）降价

市场领导者之所以采取这种策略，主要是因为降价可以使销量和产量增加，从而使成本下降；市场对价格很敏感，不降价就会使市场占有率下降；市场占有率下降之后，很难恢复。但是，企业降价以后，仍应尽力保持产品质量和服务水平。

（3）提价

市场领导者在提高产品价格的同时，还要致力于提高产品的质量，或推出某些新产品，以便与竞争对手争夺市场。

3．企业应变需考虑的因素

受到竞争对手进攻的企业必须考虑如下问题。

①产品在其生命周期中所处的阶段及其在企业产品组合中的重要程度。

②竞争对手降价的目的及其资源情况。

③产品的需求价格弹性如何。

④企业成本随着产销量变化而变化的情况。

竞争对手调价后，企业不可能花很多时间来研究应采取何种对策。事实上，竞争对手很可能花了大量的时间来准备调价，而企业必须在数小时或几天内明确地作出正确的反应。所以，企业应事先预测竞争对手可能的价格变动，并预先准备适当的对策。企业对竞争对手调价的反应程序如图 7-1 所示。

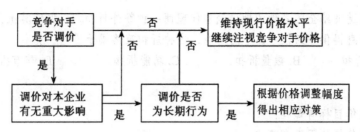

图7-1　企业对竞争对手调价的反应程序

【本章小结】

1.虽然非价格因素在现代市场营销中的作用不断增强，但价格策略仍然是企业营销组合策略中一个极其重要的部分。任何一个企业在定价时都要明确其定价目标。企业应根据企业的定价目标、市场需求、产品成本、市场竞争状况，以及国家的价格政策等多种因素来确定定价目标。企业可选择的定价目标包括利润目标、市场占有率目标、稳定价格目标及维持生存目标。

2.企业为了实现定价目标，还要采用适当有效的定价方法，采取相应的定价策略。产品定价方法一般有成本导向定价法、需求导向定价法、竞争导向定价法等。产品的定价策略一般有新产品定价策略、心理定价策略、折扣定价策略、差别定价策略和组合定价策略。

3.市场是瞬息万变的，企业运作也要紧跟市场变化。对市场比较敏感的产品价格也要依据相关信息进行调整，采取相关价格调整策略以达到预期目的。

【重要概念】

需求的价格弹性　需求导向定价法　声望定价　尾数定价　招徕定价

【思考练习】

一、单选题

1.若需求的价格弹性（　　　），则企业降价可扩大产品销售，增加利润。

　　A.等于0　　　　　　　B.等于1　　　　　　　C.小于1　　　　　　　D.大于1

2.小摊贩在卖东西时，对于消费者觉得价格太高、希望降价的要求常做这样的解释："这货进价就高，赚不了几个钱。"如果此话可信，则我们可以推断小摊贩所用的定价方法是（　　　）。

　　A.随行就市定价法　　　　　　　　　　B.心理定价法

　　C.理解价值定价法　　　　　　　　　　D.总成本加成定价法

3.某商家曾经采取过"一元钱买一台空调"的活动，这属于（　　　）。

　　A.尾数定价　　　　B.声望定价　　　　C.招徕定价　　　　D.习惯定价

4.新产品定价中，争取有最大的消费者接受面的定价就是（　　　）法定价。

　　A.期望价值　　　　B.渗透　　　　　　C.威望　　　　　　D.撇脂

5. 某汽车制造商给全国各地的地区销售代理商一种额外折扣，以促使其执行销售、零配件供应、维修和信息提供"四位一体"的功能，这种折扣策略属于（　　）。

　　A. 现金折扣　　　　　B. 数量折扣　　　　　C. 功能折扣　　　　　D. 季节折扣

二、简答题

1. 企业的定价目标有哪些？

2. 影响产品价格的因素有哪些？

3. 举例说明你认为比较重要的 3 种常用的产品定价方法。

4. 产品定价策略有哪些？它们分别适用于什么情况？

5. 企业在市场竞争中进行价格调整应考虑的因素有哪些？

6. 你觉得在市场竞争中，价格因素的重要性体现在哪里？请举例说明。

三、案例分析题

大数据"杀熟"何时休

大数据"杀熟"是电子商务平台经营者利用大数据分析、算法等技术手段，根据消费者或其他经营者的偏好、交易习惯等特征，基于成本或正当营销策略之外的因素，对同一产品或服务在同等交易条件下设置不同价格的行为。简单来说就是商家根据不同消费者的消费习惯制定不同的价格，同一个平台、同一个时段、同一件产品，不同消费者的下单价格存在差别。

1. 大数据如何"杀熟"

平台通过大数据采集消费者的社交数据和行为数据对消费者进行精准画像，比如根据手机型号、年龄和消费习惯，判断消费者的价格敏感度、是否索要发票等，然后根据消费者精准画像为其"量身定做"不同的价格。大部分消费者都只通过一部手机、一个账号进行购物，同时这些精准画像又限制了消费者接受信息的范围，从而使消费者掉入"杀熟"的"陷阱"。

2. 大数据"杀熟"为何反复发生

为了遏制大数据"杀熟"，国家在多个领域出台了相关政策，均指出不得滥用大数据分析等技术手段和平台规则等实施相关"差别待遇"的行为。尽管国家频频剑指大数据"杀熟"，可是这种"杀熟"的行为却仍然存在，尤其是在线旅游行业，可以说是消费者苦"杀熟"久已。这是为何呢？

第一，大数据"杀熟"行为具有一定的隐蔽性，各平台都通过各自的算法和数据进行消费者兴趣的分析，为消费者画像，再分别推送，让每个消费者都能看到自己想看到的内容。这种"个性化服务"虽然丰富了消费者的网络体验，提高了营销的精准度，却也使消费者接受的信息更加趋同，范围更加狭窄，可以说精准营销和大数据"杀熟"更像是一个硬币的两面，让监管难度持续增大。

第二，在竞争激烈的市场中，价格自然是竞争手段之一，只要不是政府定价的产品，其价格都是由市场自动调节的。在这种情况下，互联网的 B2C 电子商务模式决定了消费者和商家掌握的信息严重不对称，消费者很难获取平台展现给不同消费者的不同价格信息，所以也很难投诉这类行为。

除此之外，监管难的问题也不容忽视。消费者在被"杀熟"之后，取证非常困难，比如难以证明在同一时间，甚至精确到同一秒存在不同消费者面对不同价格的情况；再比如难以区分差别定价和大数据"杀熟"；也难以判断价格差异背后的驱动机制；等等。这些举证、监管和判别的难题，都造成了大数据"杀熟"的监管困境。

问题

1. 站在商家的角度来看，为何互联网平台常常会进行大数据"杀熟"？

2. 站在消费者和政府的角度，应该如何看待大数据"杀熟"？

【实训演练】

1. 实训主题

请选择某一企业，观察其产品价格，说明其采取的定价策略，分析其价格变动的影响。

2. 实训步骤

（1）教师布置实训任务，指出实训要点和注意事项。

（2）建议学生4~6人为一个小组，全班学生分成若干小组，采用组长负责制，组员分工合作完成实训任务。

（3）小组内部充分讨论、认真研究，查阅资料。教师鼓励学生进行实地调查，形成实训分析报告。

3. 实训汇报

小组需制作一份PPT并在课堂上进行集中展示，展示时间为8~10分钟。展示完成之后，其他小组需进行点评和互动，教师对小组实训分析报告和小组展示情况进行点评和总结。

第8章 分销渠道策略

确定了定价策略之后，企业还需要构建自己的分销渠道网络。多数生产商都不是直接向最终消费者出售产品的。为了更有效地推动产品或服务进入更为广泛的市场，企业需要建立一个或多个分销渠道，而渠道建设的结果会直接影响产品或服务的销售业绩。本章主要介绍分销渠道的概念、形式、类型，批发商和零售商，以及分销渠道的设计与管理等。

【学习目标】

1. 了解分销渠道的含义、职能。
2. 掌握分销渠道的形式和类型。
3. 熟悉分销渠道的流程，以及如何对分销渠道实施管理。

【开篇引例】

即时零售——商超突围新路径

2021年，我国商超市场规模超过3万亿元，但市场整体增长乏力。此外，商超的业绩也不乐观。商超在我国发展了20多年，运营体系比较陈旧，很多还是原来的店面格局和陈列，创新和变化太少，不像线上渠道有很多新鲜品类，不符合现代年轻人的购物需求。许多不爱去超市的年轻人纷纷选择其他替代渠道，现在也有很多新的替代性的购物渠道，包括传统电商、半小时达的前置仓业态等。

商超市场头部企业发展不好，具体原因不一。有的企业盲目追概念，比如有的企业做超级物种，但并没有真正去管理供应链体系、人员、服务等，开业阶段"爆红"，很快就进入亏损状态；有的企业做仓储会员店，只是改一下货架，把更大包装的产品堆上去，但仓储式会员店的核心是精选产品，为消费者节省时间，可不少改造后的超市依然有大量的产品需要消费者自行抉择；还有企业倾向于赚快钱，花费精力在地产、消费贷等领域，而不愿意渗透到商超产业端做升级。

商超企业被市场倒逼着积极求变，借助即时零售实现转型升级。老牌便利店罗森2018年以来陆续入驻美团等平台，平台销售额已占罗森总销售额的10%。而且，线上线下消费者重合比例低于10%，也就是说，线上订单大部分属于增量。本土便利店美宜佳在过去3年时间里，来自即时零售平台的订单量增长均超100%。佳美乐购创始人遭遇线下超市瓶颈后，从2020年起在美团上开设了20多家新型便利店，目前其即时零售订单量已经超过了线下订单量。

思考：传统商超发展后劲不足的根本原因是什么？

8.1 分销渠道及其结构

分销渠道策略是企业为了使其产品或服务进入目标市场而进行的路径选择活动和管理过

程。它关系到企业在什么地点、什么时间、由什么组织向消费者提供产品或服务。企业应该选择经济、合理的分销渠道，将产品或服务送入目标市场。

8.1.1 分销渠道的概念

1. 分销渠道的含义

分销渠道是指产品从生产者向最终消费者转移时，取得这种产品的所有权或帮助转移其所有权的所有企业和个人。这些企业和个人中，有的（如批发商或零售商等）买进产品，取得产品的所有权，然后再将产品销售出去，他们被称为买卖中间商；有的（如经纪人、代理商等）则帮助生产者寻找购买者，有时也代表生产者同购买者进行谈判，但他们没有取得产品的所有权，他们被称为代理商；还有的（如运输企业界、独立仓储、银行和广告代理商等）则支持分销活动，他们既不取得产品所有权，也不参与商品买卖的谈判，被称为辅助机构。

拓展视频
分销渠道的含义

2. 分销渠道的特点

①分销渠道是由参与产品流通过程的各种类型的机构组成的。通过这些机构，产品才能从生产者流向最终消费者，实现其价值。

②分销渠道的起点是生产者，终点是通过生产消费和个人生活消费能实质改变产品形态、使用价值和价值的最终消费者。

③在产品从生产者流向最终消费者的过程中，最少要经过一次产品所有权的转移。

④分销渠道并不是生产者和中间商之间相互联系的简单结合，而是各机构之间为达到各自或共同的目标而进行交易的复杂行为体系和过程。

3. 分销渠道的职能

①市场调研，即收集制订营销计划和进行交换所必需的信息。

②联系业务，洽谈生意，即为了实现产品所有权的转移，寻找可能的购买者并与之沟通。

③促进销售，即通过沟通，帮助企业促进产品的销售。

④编配分装，就是使生产者所供应的商品符合购买者的要求，包括制造、装配、包装等活动。

⑤实体储运，即从事产品的运输和储存等。

⑥融通资金，就是为补偿渠道工作的成本费用而对资金的取得与使用。

⑦转移风险，即通过分销渠道来转移企业在经营过程中的部分风险。

生产者将这些任务交给中间商执行，相比自己执行可节省很多费用，亦能提高效率和效益，更好地满足目标市场的需求。但生产者同时也要保持一部分自销，以利于直接掌握市场动态。

4. 分销渠道的流程

分销渠道成员的活动主要包括所有权转移、实物转移、促销、谈判、资金、风险规避、订货和付款等。上述活动在运行中会形成各种不同种类的流程，这些流程将组成渠道的各机构联系起来。分销渠道主要由5种流程构成，即所有权流程、实物流程、付款流程、信息流程及促销流程。

（1）所有权流程

所有权流程是指产品所有权从一个机构到另一个机构的转移过程（见图8-1）。

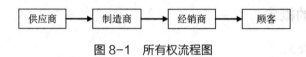

图8-1　所有权流程图

（2）实物流程

实物流程指实体产品从供应商转移到最终顾客手中的过程（见图8-2）。例如，汽车厂在汽车成品出厂后，必须根据订单将产品交付给经销商，再交付给顾客。制造商若遇到大笔订单的情况，也可由仓库或工厂直接供应，这一过程中需用到至少一种运输方式。

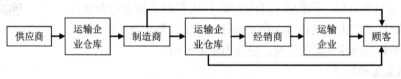

图8-2　实物流程图

（3）付款流程

付款流程指在分销渠道各成员间伴随所有权转移所形成的资金交付流程，即顾客通过银行和其他金融机构将货款付给经销商，再由经销商转交给制造商（扣除佣金），而制造商把货款支付给不同的供应商（见图8-3）。

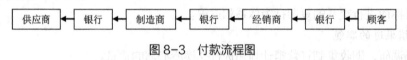

图8-3　付款流程图

（4）信息流程

信息流程指在分销渠道中，各中间机构相互传递信息的过程。通常渠道中每一相邻的机构间会进行双向的信息交流，而互不相邻的机构间也会有各自的信息交流（见图8-4）。

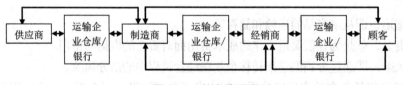

图8-4　信息流程图

（5）促销流程

促销流程指广告、人员推销、宣传报道、公关等活动由一个渠道成员对另一个渠道成员施加影响的过程（见图8-5）。我们把从制造商流向广告代理商称为贸易促销，而直接流向顾客则称为最终使用者促销。所有的渠道成员都有向顾客促销的职责。

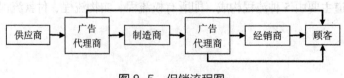

图8-5　促销流程图

8.1.2 分销渠道的形式

由于生活资料市场和生产资料市场具有不同的特点,生活资料和生产资料分销渠道的结构也有所不同。至于在什么情况下使用哪种路线,要根据产品的品种、价格、市场、生产情况,以及生产者所采取的营销策略等因素进行综合考虑。

1. 生活资料分销渠道

生活资料分销渠道主要有 5 种形式,如图 8-6 所示。

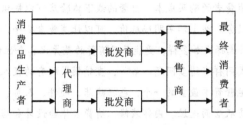

图 8-6 生活资料分销渠道的形式

2. 生产资料分销渠道

生产资料分销渠道一般包括 4 种形式,如图 8-7 所示。

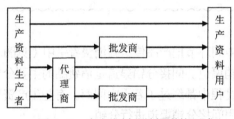

图 8-7 生产资料分销渠道的形式

8.1.3 分销渠道的类型

按流通环节的多少,分销渠道可分为直接渠道与间接渠道。

🎧 **拓展视频**

分销渠道的结构类型

1. 直接渠道

直接渠道也称零级渠道,指生产者不通过中间商环节,直接将产品销售给最终消费者(见图8-8)。直接渠道的主要形式是接受消费者订货、上门推销、展示会、电视直销、利用通信及电子销售手段等。直接渠道是工业品的主要分销渠道,例如,大型设备、专用工具及技术复杂需要提供专门服务的产品,适合直接分销。有些消费品也采用直接分销,如鲜活商品等。

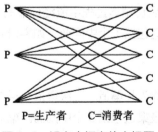

P=生产者 C=消费者

图 8-8 没有中间商的市场图

特斯拉直销模式的利弊

特斯拉从诞生之日起便以创新和颠覆者的姿态受到业界关注，其中也有其"线上销售＋线下体验和服务"的直销模式的功劳。特斯拉的直销模式的主要流程为车型了解、意向购、门店体验、预约试驾、官网预订、支付定金、工厂接单、定制生产、支付尾款、车辆交付。

特斯拉选择的直销模式与传统 4S 代理经销模式相比，因为取消了经销商，缩短了中间环节，简化了购买流程，有机会降低消费者的购买成本。自营的线下体验店可以提供标准化、专业化以及不以现场直接成交为目的的体验服务。线上购买明码标价，可以让消费者公平、透明消费。车辆采用定制化生产，给消费者提供的购买选择更加多样，更能凸显消费的差异化和个性化。

然而，特斯拉的直销模式同样有诸多问题。第一，直销模式所有的投入都由特斯拉负责，相比授权和代理经销模式而言，是运营资本最重的一个，包括建店、硬件、人员、运营等的成本都要由特斯拉来承担。第二，线下体验店从店面选址、内部装修、消费者体验设计和店内员工招聘培训等各个方面的工作都由特斯拉全权负责，严重影响门店的拓展速度。

对于特斯拉而言，采用直销模式，按单生产，可以有效降低产品库存和资金占用水平，收到的定金可以直接用于组织生产。通过直营门店，特斯拉可以减少与消费者之间的隔阂，获得最直接有效的信息反馈，以增强产品的适应性和快速应变能力，进而提升产品的市场竞争力。

2. 间接渠道

间接渠道指生产者通过中间环节把产品传送到消费者手中（见图 8-9）。间接分销渠道是指两个环节（层次）以上的分销渠道。间接分销渠道是消费品的主要分销渠道，大多数消费品在从生产者流向最终消费者的过程中都经过了若干中间商。有些生产资料（如单价较低的次要设备、零件、原材料等）也采用间接分销渠道进行分销。

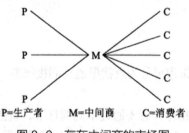

P=生产者　　M=中间商　　C=消费者

图 8-9　存在中间商的市场图

间接渠道按照中间环节（层次）的多少可以分为短渠道与长渠道，按照渠道的每个环节使用同类中间商数目的多少可分为宽渠道与窄渠道。

（1）短渠道

分销渠道的长度一般是按产品在销售过程中流经环节的多少来确定的。一般将零级渠道、一级渠道定义为短渠道。一级渠道包括 1 个中间商，如零售商。短渠道适用于在小地区范围内销售产品。

（2）长渠道

二级、三级或三级以上渠道称为长渠道。二级渠道包括 2 个中间商，在消费者市场中一般是一个批发商和一个零售商。三级渠道包括 3 个中间商。渠道越长，对市场信息的获取和控制越难。长渠道适用于在较大范围和更多细分市场中销售产品。

消费者市场分销渠道和工业市场分销渠道分别用图 8-10、图 8-11 来说明。

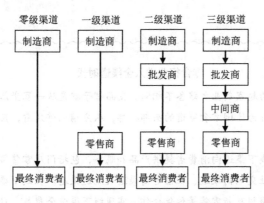

图 8-10　消费者市场分销渠道

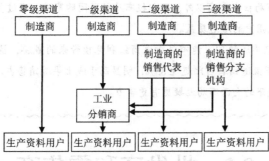

图 8-11　工业市场分销渠道

（3）宽渠道

宽渠道是指在渠道的每一个环节（层次）中使用数目较多的同种类型中间商，如图 8-12 所示。

（4）窄渠道

窄渠道是指在渠道的每一个环节（层次）中使用数目较少的同种类型中间商，如图 8-13 所示，如某高端品牌摩托车只通过少数批发商或零售商推销其产品，或在某一地区只授权某一批发企业或零售企业经销其产品，这种分销渠道就比较窄。

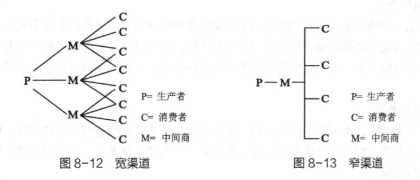

图 8-12　宽渠道　　　　　　　图 8-13　窄渠道

窄渠道由于中间商的数目较少，适用于销售技术性强、生产批量小的产品，生产者可只选择那些熟悉本企业产品技术性能的中间商经销自己的产品。其优点是生产者和中间商相互间有较强的依附关系，销售和生产相互促进。不足之处是风险较大，一旦双方关系出现变化，便会影响生产或销售。

【案例 8-2】

零食行业进入全渠道时代

如今的头部零食品牌的起家创业之路各不相同。良品铺子就是从一家坐落于武汉的小零食店开始建立自己的零食王国的。作为休闲零食赛道的头部品牌，从分销渠道来看，良品铺子线上线下渠道营收更为均衡。

良品铺子通过线上、线下渠道向消费者提供产品和服务，包括门店零售渠道、门店外卖渠道、团购渠道、平台电商渠道、社交电商渠道、社区电商渠道及流通渠道。在线下渠道方面，良品铺子与大型零售商、便利店、社区商超及新零售等伙伴合作，实现线下渠道全覆盖。目前良品铺子已入驻零售通、京喜通两大新零售平台，并与沃尔玛、盒马鲜生、永辉超市等线下零售商达成战略合作。线上渠道方面，良品铺子除了布局社交电商以外，还积极布局社区团购赛道，通过美团优选、兴盛优选等社区团购平台，实现对社区用户的渗透覆盖。

良品铺子线上线下双渠道协同，能够抵御电商红利见顶带来的威胁，抗风险能力更强。数据显示，2022 年休闲食品线下渠道销售占比超过 83%，明显高于线上渠道销售占比。在线下渠道发展更好的情况下，良品铺子在线下的全面布局无疑更有竞争力。

8.2　批发商和零售商

经销商按照其在流通过程中所起的不同作用可分为批发商和零售商，批发商和零售商是分销渠道中两类重要的中间机构。

8.2.1　批发商

批发商在分销渠道中扮演着重要角色，对企业改善经营管理及提高经济效益、满足市场需求、稳定市场具有重要作用。

1. 批发商的含义

批发商是指一切将产品或服务销售给为了转卖或其他商业用途而进行产品或服务购买的个人或企业。批发商处于产品流通过程的起点和中间阶段，交易对象是生产企业和零售商，一方面它向生产企业收购产品，另一方面它又向零售商批销产品，并且批发商按批发价格经营大宗商品。

2. 批发商的类型

批发商有许多类型，不同类型的批发商，发挥功能的形式和程度也有一定的差别。依据批发商是否拥有产品所有权及其功能发挥程度，批发商可分为商业批发商、居间经纪商和厂家的分销机构及销售办事处。

（1）商业批发商

商业批发商亦称独立批发商。他们对其经营的产品有所有权，即先买下了所经销的产品，然后转售出去。商业批发商是批发商最主要的类型，依其功能发挥及专业化程度，商业批发商又可分为全套服务批发商和有限服务批发商。

①全套服务批发商。他们提供几乎所有的批发服务功能：持有存货，有固定销售人员，提供信贷、送货、协助管理等服务。

a. 综合批发商。综合批发商经销的产品范围非常广泛，涉及不同行业互不关联的产品；通常面向人口分散的边远地区的零售商，提供日用百货、五金交电、文化用品、医疗保健用品、农业生产资料等产品的购销服务。

b. 专业批发商。其经销的产品是专业化的，属于某一行业大类。例如，五金批发商经销的产品包括五金零售商需要的所有产品；杂货批发商经销各类罐头食品、谷类、茶叶、咖啡、香料、面粉、糖、清洁剂等，有些杂货批发商还供应冷冻食品、肉类、水果等，只要是一般杂货店所出售的产品，他们都供应。

c. 专用品批发商。这类批发商专门经销某条产品线上的产品（或部分产品），如杂货业中的冷冻食品批发商、服装业中的纽扣批发商等。他们为零售商提供更多的花色品种、更快速的交货服务和更专业的产品信息。

②有限服务批发商。他们向其零售商提供较少服务。

a. 现金交易批发商。这类批发商经销有限的、周转速度快的产品，主要为小型零售商服务。此类批发商一般不提供送货服务，零售商必须自己取货；现金交易批发商无赊销功能，交易时钱货两讫；现金交易批发商很少通过推销人员与零售商接触，也不怎么做广告，因而销售费用较低。

b. 承销批发商。此类批发商通常经营木材、建材、煤炭、重型设备等体粗量大的产品。他们并不持有存货，亦不实际负责产品运输，仅负责接单，联系制造商，商定交货条件，取得这批货物的所有权，然后将订单交给制造商，由制造商负责将产品直接发运给零售商，而由承销批发商承担全部风险。承销批发商不持有存货，仅组织制造商将产品直接运送给零售商，所以可以减少产品的储运、编配和损耗成本。

c. 货运批发商。这是将销售与货运功能结合在一起的批发商类型。他们通常经营易腐易耗产品（如牛奶、面包和点心等一般批发商不愿经营的产品），将这些产品装载于货车之上，送到超级市场、杂货店、医院、餐馆、工厂自助餐厅等巡回销售，交易方式为收取现金或赊销。

d. 邮购批发商。其一般经营方式是将产品目录寄给零售店、企业及机关团体客户，在接到邮寄或电话订单后，再通过邮寄、卡车或其他高效运输工具按订单要求送货。邮购批发商主要经营的产品品种有汽车用品、化妆品、专用食品和其他小品种产品等。

e. 生产者合作社。这主要是指农民（农场）组建的负责将农产品组织到当地市场销售的批发商。

f. 寄售批发商。这是一种专为杂货和药品零售商服务的批发商类型。寄售批发商主要经营一般零售商不愿订购的玩具、简装书、小五金、保健美容用品等产品。寄售批发商将这些产品运送到零售商店，并负责上架陈列，自行定价，不断更新陈列产品，待产品销售出去后才向零售商收款。

（2）居间经纪商

与商业批发商不同，居间经纪商对经营的产品没有所有权，而是为买卖双方提供交易服务，从中收取一定的佣金。居间经纪商有以下几种类型。

①制造商代理商。这种代理商为互不竞争的制造商销售类似产品，并从中获取佣金。他们扮演的角色类似于企业销售人员，不同的是他们是独立的经销商，而且在销售之前就拥有一些客户；并可以用相对低廉的成本增加经营的产品线。那些无力聘用外勤销售人员的小企业，以及希望开拓特定新市场的企业，或某些难以雇用专职销售人员的地区的企业，常常可以通过制造商代理商进行销售工作，以节约费用、提高效率。

②经纪人。其主要作用是为买卖双方牵线搭桥，协助谈判。他们向雇主一方收取费用，不参与融资与承担风险。他们较多活跃在食品、不动产、保险和证券市场等领域。

③委托商。其功能是在收到寄售品后，提供存储设备、为零售商（货主）寻找买主、议价、送货、提供信用和收款等服务，并在扣除佣金之后将货款余额汇给寄售商。委托商在农产品销售市场中较为常见。随着大规模零售商店和连锁商店的发展，委托商的地位在逐渐下降。

④拍卖企业。其功能在于提供一个买卖双方可聚集并完成交易的场所。拍卖企业可拍卖的产品种类很多，如古董、名画、房屋等，成交价格由买卖双方自行决定，拍卖企业不参与定价。

⑤销售代理商。销售代理商依据合同代理制造商的整个销售业务，并有权决定产品价格及销售方式，其扮演的角色俨然是制造商的销售经理。一般而言，制造商选择销售代理商主要依据代理商的实力、商业信誉和其拥有的销售渠道网络。

⑥采购代理商。采购代理商是一种与客户有长期关系，代其采购的代理商。他们消息灵通，可向客户提供有用的市场信息，并受托负责为客户收货、验货、储运，并将货物运交客户。

（3）厂家的分销机构及销售办事处

它的两种形式分别为销售分部和营业所、采购办事处。

①销售分部和营业所是制造商开设的。销售分部备有存货，常见于木材、汽车设备和配件等行业；营业所不存货，主要用于织物和小商品等行业。

②采购办事处的作用与采购经纪人和代理商的作用相似，但前者是卖方组织的组成部分。

3. 批发商的选择

（1）确定选择批发商的标准

选择批发商的标准与企业的分销渠道结构和目标直接相关，每个行业、每个企业都必须建立适合自己的批发商选择标准，以适应企业产品的市场需求变化。

虽然每个行业的情况不同，但是在确定选择批发商的标准时，企业一般都会考虑以下影响因素。

①批发商的财务、信用状况以及声誉。这是批发商能否成为正式渠道成员的决定因素。

②批发商的销售能力。它决定了批发商的市场开拓能力和产品促销能力。

③批发商经营的产品种类。企业一般比较偏好那些对供货商"专一"或经营互补性和兼容性产品的批发商，从而避免对自身产品构成竞争威胁。

④批发商的市场覆盖面和销售状况。

⑤批发商的规模与管理能力。标准并不是固定不变的，在应用标准的过程中，企业应根据不同的市场区域、所收集的批发商的不同条件，对标准做相应的调整与修改，以便选择更为合适的批发商。

（2）寻找合适的批发商

企业可对照选择批发商的标准，通过多种途径寻找批发商。

①企业可以在自己的销售人员在工作过程中接触到的批发商中做出选择。

②企业可以通过公开出版物、商业组织或协会了解部分批发商的相关信息，也可以通过竞争者的分销渠道了解部分批发商的有关信息。

③公开招商也是企业寻找批发商的主要途径之一。

④企业可以与其消费者直接沟通，进行正式或非正式的市场调查，充分了解消费者对企业所处地区内不同批发商的看法，然后对照选择标准选择消费者比较信任的批发商。

（3）正式确定批发商

企业与批发商签订合作协议，使入选批发商成为正式渠道成员，确保渠道的稳定性。这种由制造商进行生产、由批发商进行市场销售的模式，最终能否互惠互利，在一定程度上由他们彼此间的合作关系决定。但是制造商与批发商之间是双向选择关系，除非制造商信誉卓越、威信较高，否则不能期望那些各方面条件都比较优越的批发商自愿与其合作。因此，大多数制造商需要提供大量优惠条件，来吸引优秀的批发商与之合作。

8.2.2　零售商

作为分销渠道的最后一个阶段，零售商是连接生产者、批发商与消费者的桥梁，在分销系统中起着举足轻重的作用。

1. 零售商的含义

广义的零售包括一切向最终顾客直接销售产品或服务，以供应个人和满足组织及非商业性用途需要的活动，在流通过程中处于最后阶段。零售商是指将产品直接销售给最终消费者的中间商，处于产品流通的最终环节。零售商的基本任务是直接为最终消费者服务，它的职能包括购、销、调、存、加工、分包、传递信息、提供销售服务，以方便最终消费者购买。

2. 零售商的类型

零售商的类型极为复杂，变化也快。随着互联网的发展及消费者购物方式的变化，各种新的零售形式开始出现，零售行业也从传统的实体店形式发展成线上线下结合的形式。

（1）按经营商品范围划分

①专卖店。专卖店专门经营一类产品或某一类产品中的某种产品，如盛锡福、亨达利等。其经营特点是品种、规格齐全。

②百货商场。百货商场经营的产品类别多样，每一类别的产品品种齐全，经营部门按产品的大类进行设立，多家专业店铺集中在一个屋檐下。其经营特点是类别多、品种规格全，服务好。在我国，随着百货商场之间的竞争日益激烈，以及来自其他零售商的挑战，越来越多的百货商场谋求转型，"购物中心化"已成为发展趋势。

③超级市场。超级市场经营规模大、成本低、毛利低、销量大，是为满足消费者对食品和家庭常用产品的种种需求提供服务的零售组织。

④便利店。便利店主要是设在居民区附近的小型商店。它一般营业面积小，营业时间长，经营的产品多为周转率高的方便品，因其方便消费者的特点，产品价格通常要高一些。

（2）按产品不同折扣划分

①廉价商店，亦称折扣商店，是一种以较低价格销售标准产品的商店。这类商店通常设在租金低的地段，并能吸引较远的消费者；突出销售各种品牌产品。近年来，受竞争影响，折扣商店与百货商店的差距日益缩小，其所经营的产品已从普通产品发展为专门产品，如折扣体育用品商店、折扣电子产品商店等。

②仓库商店，是一种没有装饰、给消费者折扣优惠力度大、服务少的商店，其特点是低价销售大量产品。仓库商店的形式极多，其中一种是家具展览仓库。仓库商店在低租金地区建立大型销售展示仓库，展销各式家具。消费者可进场挑选，订货交款后，即可提货或要求商店送货。

（3）按连锁形式划分

连锁商店是由一家大型商店控制，许多家经营相同或相似业务的分店共同形成的商业销售网。其主要特征是总店集中采购，分店联购分销。连锁商店有以下 3 种类型。

①正规连锁店。所有正规连锁店同属于某一个总部或母公司，由总部或母公司统一经营，所有权、经营权、监督权三权集中，也称联号商店、企业连锁、直营连锁、总体式连锁店。连锁店与独立商店相比具有价格优势，可以通过薄利多销的方式获取较多利润。

②自愿连锁和零售店合作社。这是一种各店铺保留单个资本所有权的联合经营形式。自愿连锁的最大特点是店铺是独立的，店铺经理是该店所有者。自愿连锁总部的职能一般为：确定组织大规模销售计划，共同进货；联合开展广告等促销活动；业务指导、店堂装修、产品陈列；组织物流；教育培训；信息利用；资金融通；开发店铺；财务管理；劳保福利；帮助进行劳务管理；等等。零售店合作社是由多家独立零售商店组成的一种集中采购与联合促销组织。

③特许连锁（Franchise Chain），也称合同连锁、契约连锁。它是因拥有特许权的特许人（制造商、批发商或服务机构）与接受特许权者（购买某种特许权而营业的独立商人）之间的契约关系而形成的组织。

它由特许人把自己开发的产品、服务和营业系统（包括商标、商号、经营技术等）以营业合同的形式给规定区域的加盟店授予统销权和营业权。加盟店则须缴纳一定的营业权使用费，并承担规定的义务。其特点是：经营产品时，接受特许权者必须购买特许经营权；经营管理高度统一化、标准化。

（4）无店铺零售商

无店铺零售商是一种不设店堂的零售商。无店铺零售商在近年来得到迅速发展。无店铺零售商主要有下列几类。

①直复营销。直复营销是经营者使用一种或多种广告媒体，以求在一定地区范围内产生积极反应，达到交易目的的市场营销体系。目前，直复营销的形式主要有产品目录直销、邮寄直销、电话直销、电视直销、电脑购物、电子购货机等。

②直接销售，即直销企业销售人员直接上门向消费者推销产品。其方法有挨家挨户、逐个办公室推销，家庭聚会、销售俱乐部推销等。

③自动售货，即使用计算机系统控制的机器自动销售。自动售货已被应用于许多产品，包括嗜好性产品、冲动型购买品（如软饮料、糖果、报纸等）和其他产品（化妆品、点心、唱片、胶卷等）。自动售货机向消费者提供 24 小时售货、自动和不需要搬运产品的便利条件，但其销售产品的价格稍高。

④购物服务企业。它是一种为特定委托人服务的无店铺零售方式，这些委托人通常是一些大型组织（如学校、医院、工会和政府机关）的雇员。这些组织的雇员就是购物服务组织的成员，其有权向一组选定的零售商购买产品，零售商同意给予购物服务组织的成员一定的折扣。例如，一位委托人要购买一台录像机，他可以到购物服务组织处拿一张表格，然后把它带到一家与该购物服务组织约定的零售商那里，就能买到一台享受折扣的录像机。零售商再付给购物服务组织一些小额费用，以酬谢其提供的购物服务。

3. 零售商的选择标准

鉴于现代零售商类型繁杂，功能差异很大，经营绩效参差不齐，企业对零售商的选择应持慎重态度。零售商的选择标准具体如下。

①接近目标市场。企业应尽可能选择那些经营网点的地理位置及其主要销售对象与企业目标市场接近的零售商。如果零售商在地理位置上与需要本产品的消费者相接近，销量就高，反之销量就低。企业要尽量选择在地理位置上具有有利条件的零售商来经销产品，以增加销量。

②产品经营情况。企业要分析零售商的产品组合状况，其经营的产品质量档次与价格竞争力，以及是否适合将本企业产品交由其分销等。另外，企业还要考虑零售商是否已经经营与本企业产品类似的竞争品、该竞争品相对本企业产品的竞争力等。

③销售力量。这是指零售商的人员素质及促销能力等是否与销售本企业产品销售目标相适应。

④财力与储运服务能力。企业要考虑零售商的进货能力、按时支付货款能力、维持必要存货量及自提产品应有的运输能力是否符合要求。

⑤售后服务能力。售后服务能力包括提供退换产品、提供必要的产品维修服务和反馈消费者意见的能力。

⑥管理能力。管理能力包括管理人员才干、组织与计划管理工作情况、规章制度及业务统计分析等是否处于良好状态。

【案例 8-3】

百果园——"像麦当劳卖汉堡一样卖水果"

百果园，全称为深圳百果园实业（集团）股份有限公司，是一家水果全产业链企业，主打新鲜、精致水果，其水果售价大都高于传统农贸市场、夫妻店乃至盒马鲜生、叮咚买菜等电商渠道。随着传统农贸市场、夫妻店的市场影响力逐渐下降，电商、水果专卖店等水果新零售趋势逐渐崛起，百果园采取了"像麦当劳卖汉堡一样卖水果"的拓店思路。

百果园开放社会特许加盟，也通过区域代理开拓新市场。百果园的区域代理引入了加盟商，同时管理区域内的加盟门店，这些区域代理向百果园的供应链、初加工等附属公司订购产品，再向这些区域内的加盟商销售。

百果园的加盟模式有两种。第一种是投资分摊模式，这种模式由百果园提供门店设备和装修，加盟商主要承担加盟费、选址评估费、履约保证金、经营保证金以及产品预付款，所需的资金大概为8 万～12 万元。选用这种模式的加盟商花费虽然少，但是在随后的盈利中，百果园官方的抽成较多。第二种是全资加盟模式，在这种模式中，加盟商开店成本大约为 30 万元。这种模式的好处便是百果园官方的抽成会比较少。

截至 2022 年年底，百果园共有 5 643 家线下门店，遍布我国 22 个省区市的 140 多个城市，其中有 5 624 家为加盟门店，19 家为自营门店。除此之外，百果园在我国 29 个城市共有 29 个仓库，它们同时承担区域初加工和配送等工作，可以服务半径在 300 公里内的门店。

8.3 分销渠道的设计与管理

有效的分销渠道设计与管理，一方面可以实现企业的销售目标和管理目标，另一方面可以最大化发挥渠道成员的作用，降低分销渠道的风险。

8.3.1 影响分销渠道设计的因素

影响分销渠道设计的因素主要包括市场因素、产品因素、中间商因素、竞争因素、企业自身因素和环境因素6个方面。

（1）市场因素

①目标市场的大小。如果目标市场大，分销渠道则较长；反之，分销渠道则短一些。

②目标消费者的集中程度。如果目标消费者分散，就宜采用长而宽的渠道；反之，则适宜采用短而窄的渠道。

（2）产品因素

①产品的理化性质。体积小、重量轻的产品，宜采用较长、较宽的渠道；而体积大、笨重的产品（如大型设备、矿产品），应努力减少中间环节，尽量采用直接渠道。易损易腐的产品、危险品，应尽量避免多次转手、反复搬运，宜采用较短渠道或专用渠道。

②产品单价。一般来说，价格高的工业品、耐用消费品、享受品应减少中间环节，采用较短、较窄的渠道；单价较低的日用品、一般选购品，则可以采用较长、较宽的渠道。

③产品的时尚性。式样、花色多变、时尚程度高的产品（如时装、家具、高档玩具），多采用较短的渠道；款式变化不大的产品，可采用较长的渠道。

④产品标准化程度。非标准化的产品渠道一般较短、较窄，甚至由企业推销人员直接推销，原因是不易找到具有该类产品知识的中间商。标准化程度高、流通性强的产品，渠道较长、较宽。

⑤产品技术复杂程度。产品技术越复杂，消费者对有关销售服务（如安装、调试）尤其是售后服务（如维修、使用技术培训指导等）的要求越高，其应采用短而窄的渠道，甚至采用直接渠道。

（3）中间商因素

分销渠道设计要考虑中间商的费用、服务能力和合作意愿。如果费用较高，企业只能采用较短、较窄的渠道；如果中间商能提供较多的高质量服务，企业可采用较长、较宽的渠道；如果中间商普遍愿意合作，企业可以根据需要选用。

（4）竞争因素

通常，同类产品应与竞争者采取相同或相似的分销渠道；在竞争特别激烈时，竞争者所使用的分销渠道反倒成为企业应避免使用的渠道，这是为了寻求销售上的独到之处。

（5）企业自身因素

①企业的财力、信誉。财力雄厚、信誉良好的企业，有能力选择较固定的中间商分销产品，甚至建立由自己控制的分销系统，或采用短渠道；财力薄弱的企业较为依赖中间商，一般都采用佣金制的分销方法，并且会尽力利用愿意且能够吸收部分储存、运输以及融资等成本费用的中间商。

②渠道的管理能力。有较强市场营销能力和丰富经验的企业，可以自行销售产品，采用短渠道或垂直渠道营销系统；无较强市场营销能力和丰富经验的企业多采用较长渠道。

③企业控制渠道的愿望。有些企业愿意花费较高的渠道成本，建立能有效控制的短而窄的渠道或垂直渠道系统；有的企业因为成本高等因素不愿意控制渠道而采用较长且宽的渠道。

此外，企业产品组合的状况也会影响分销渠道的类型。产品组合的宽度越大，其分销渠道类型相对越多；产品组合的深度越大，则使用独家专售更有利；产品组合的关联性越强，其渠道类型就越相近甚至相同。

（6）环境因素

当经济形势向好时，企业选择分销渠道的余地较大；当出现经济萧条、衰退时，市场需求下降，企业必须减少一些中间环节，采用较短渠道，以降低产品的最终价格。

8.3.2 分销渠道的设计

企业进行分销渠道的设计首先要决定采用什么类型的分销渠道，即确定分销渠道模式，然后确定中间商的数量，最后评估分销渠道方案，以确定最优方案。

1. 确定分销渠道模式

企业在认真分析各种影响渠道设计的因素的状况后，要回答的首要问题是直接销售还是利用中间商推销产品，即确定渠道的长短。这主要取决于分销目标——企业预期要达到的目标市场服务水平以及由此规定的销售职责、现有中间商的状况、营销成本约束。企业可参考同类产品生产者的经验，确定企业的分销渠道模式。

2. 确定中间商的数量

企业决定采用间接渠道模式后，接着就要确定渠道的宽度，即中间商的数量。这主要取决于产品本身的特点、目标市场（消费者）的特点和企业的竞争战略。根据中间商数量的多少，分销渠道策略可分为以下几种。

（1）密集分销

密集分销即利用尽可能多的中间商销售本企业产品，使渠道尽可能变宽。这种策略的重心是扩大市场覆盖面或快速进入一个新市场，使众多消费者能随时随地买到该产品。消费品中的便利品（如日用品、食品等）、工业品中的标准件及辅助用品（办公用品等），适合采取这种策略，为消费者购买提供便利。但这种策略也存在不足：由于中间商的经营能力不同，企业要为此花费较多的精力和费用。

（2）独家分销

独家分销即在某一地区只选择一家中间商销售本企业产品，由该中间商独家经营。独家分销是最极端的形式和最窄的分销渠道，这一策略的重心在于控制市场、控制货源，以取得市场优势。通常产销双方要协商签订独家分销合同，以规定经销方不得同时经营竞争者的产品，生产方则承诺在该地区市场范围内只对该中间商独家供货。

独家分销有利于企业控制中间商，提高他们的经营水平，提升服务质量，也有利于树立产品形象，增加利润，还可禁止竞争者利用此渠道。但这种策略也存在一定的风险，如果中间商经营不善或发生意外情况，企业就要蒙受损失。

这种策略对中间商的好处包括可获得企业对产品营销与广告活动的支持，独家销售产品也可增加威望，不会面临价格竞争，能取得比较稳定的收益。但中间商也将受到企业一定程度的制约，且中间商在设备等方面要进行部分投资，一旦企业失败或取消合同，中间商将蒙受较大损失。

（3）选择分销

选择分销即从所有适合经营本企业产品的中间商中精心挑选若干合适的中间商进行产品分销。这一策略的中心是维护本企业产品的良好信誉，建立稳固的市场竞争地位。消费品中的选购品、特殊品以及工业品中的某些零配件，最适合采用这种分销策略。它比独家分销面宽，有利于开拓市场，扩大销路，展开竞争；它比密集分销面窄，既节省费用，又易于控制中间商，不必分散太多精力，有助于加强彼此间的了解和联系，密切产销关系。

3. 评估分销渠道方案

分销渠道方案确定后，企业就要对各种备选方案进行评估，找出最优的分销渠道方案。通常，评估分销渠道方案的标准有 3 个：经济性、可控性和灵活性，其中最重要的是经济性。

拓展视频

评估分销渠道方案

①经济性。这主要是比较每个方案可能达到的销售额及费用水平。a.比较由本企业推销人员直接推销与使用销售代理商分销，看哪种方式可能达到的销售额更高。b.比较由本企业设立销售网点直接销售的费用与使用销售代理商的费用，看哪种方式的费用高。企业对上述情况进行权衡，从中选择最经济的分销渠道方案。

②可控性。一般来说，使用中间商会使可控性变弱，企业直接销售的可控性强；分销渠道长，控制难度大；渠道越短越容易控制。企业必须进行全面比较、权衡，选择最优方案。

③灵活性。如果企业同所选择的中间商的合同时间长，而在此期间，其他分销渠道方案如直接邮购更有效，但企业不能随便解除合同，这就表明企业的分销渠道方案缺乏灵活性。因此，企业必须考虑分销渠道方案的灵活性，不宜签订时间过长的合同，除非中间商在经济性或可控性方面具有十分优越的条件。

8.3.3 分销渠道的管理

分销渠道的管理主要包括选择渠道成员、激励渠道成员、评估渠道成员和调整分销渠道。

1. 选择渠道成员

为选定的分销渠道招募合适的中间商，这些中间商就成为企业产品分销渠道的成员。一般来说，那些知名度高、享有盛誉、产品利润大的企业，可以毫不费力地选到合适的中间商；而那些知名度较低，或其产品利润不大的企业，则必须费尽心思才能找到合适的中间商。不管是容易还是困难，企业都必须严格遵循标准来选择渠道成员，具体的标准如下。

拓展视频

选择渠道成员

①中间商是否接近企业的目标市场。②中间商地理位置是否有利。零售商应处于客流量大的地段。③中间商的市场覆盖面有多大。④中间商对产品的销售对象或使用对象是否熟悉。⑤中间商经营的产品大类中，是否有相互促进的产品或竞争产品。⑥企业要考虑中间商的资金实力强弱、信誉高低，营业历史的长短及经验是否丰富。⑦中间商拥有的业务设施（如交通运输设备、仓储条件、样品陈列设备等）情况如何。⑧中间商从业人员数量的多少、素质的高低。⑨中间商销售能力和售后服务能力的强弱。⑩中间商管理能力和信息反馈能力的强弱。

2. 激励渠道成员

企业应激励渠道成员，使其出色地完成分销任务。企业要激励渠道成员，必须先了解中间商的需要与愿望，同时要处理好与其的关系。企业具体的激励方式如下。

①合作。企业应当争取中间商的合作。为此，企业可以采用积极的激励手段，如在利润较高的交易中给予特殊照顾、促销津贴、补贴政策或放宽回款条件等。企业偶尔可采用消极的手段，诸如扬言要减少利润、推迟交货、终止关系等，但对这种方法的负面影响要加以重视。

②合伙。企业与中间商在销售区域、产品供应、市场开发、财务要求、市场信息、技术指导、售后服务等方面合作，按中间商遵守合同的程度给予激励。

③经销规划。这是最先进的一种方法，即建立一个有计划的、实行专业化管理的垂直市场营销系统，把企业与中间商的需要结合起来，企业在营销部门内设一个分销规划部，同中间商共同规划分销目标、存货水平，制订场地及形象化管理计划、人员推销计划、广告及促销计划等。

总之，企业对中间商应当贯彻"利益均沾"的原则，尽力缓和矛盾，密切协作，共同做好分销工作。激励渠道成员是为了协调、管理分销渠道，使之成为有效运作的重要一环。激励方式有很多，而且还在不断创新。

3. 评估渠道成员

对中间商的工作绩效要定期评估。评估标准一般包括分销指标完成情况、平均存货水平、产品送达时间、服务水平、产品市场覆盖程度、对损耗品的处理情况、促销和培训计划的合作情况、货款返回情况、信息的反馈程度等。

正确评估渠道成员的目的在于及时了解情况、发现问题，保证分销活动顺利有效地进行。

一定时期内各中间商实现的销售额是一项重要的评估指标。企业可对同类中间商的销售额进行排名，同时辅以另外两种纵向比较：一是将中间商销售额与前期比较；二是根据每一个中间商所处的市场环境及销售实力，分别定出其可能实现的销售额目标，再将其实际销售额与销售额目标进行比较。

4. 调整分销渠道

企业的分销渠道在经过一段时间的运作后，往往需要加以修改和调整。修改和调整的原因主要有消费者购买方式的变化、市场扩大或缩小、新的分销渠道出现、产品生命周期的更替等。另外，现有渠道结构通常不可能总在既定的成本下带来最高效的产出，随着渠道成本的递增，企业也需要对渠道结构加以调整。调整方法如下。

①增减渠道成员。它是对现有分销渠道里的中间商进行增减变动。进行这种调整时，企业要分析增加或减少某个中间商，会对产品分销、企业利润带来什么影响以及影响程度如何。如企业决定在某一目标市场增加一个中间商，不仅要考虑这么做给企业带来的直接收益（销量增加），而且还要考虑到对其他中间商的需求、成本和情绪的影响。

②增减分销渠道。当在同一分销渠道增减个别成员不能解决问题时，企业可以考虑增减分销渠道。这么做企业需要对可能带来的直接反应、间接反应及效益做广泛的分析。有时候，撤销一条原有的效率不高的分销渠道，比开辟一条新的分销渠道的难度更大。

③变动分销系统。这是对企业现有分销体系、制度做通盘调整，如变间接销售为直接销售。这类调整难度很大，因为它不是在原有分销渠道的基础上进行修补、完善，而是改变企业的整个分销政策。它会带来市场营销组合有关因素的一系列变动。

上述调整方法中，第一种属于结构性调整，立足于增加或减少原有分销渠道的某些中间层次或具体的中间商；后两种属于功能性调整，立足于为一条或多条分销渠道上的成员重新分配工作。企业的现有分销渠道是否需要调整，调整到什么程度，取决于分销渠道是否平衡。如果矛盾突出，企业就要通过调整分销渠道来解决问题，恢复平衡。

【本章小结】

1.分销渠道是指产品从生产者向最终消费者转移时，取得这种产品的所有权或帮助转移其所有权的所有企业和个人。分销渠道有直接渠道、间接渠道、长渠道、短渠道、宽渠道、窄渠道之分。

2.企业需要综合考虑各种影响因素和限制条件来选择合适的分销渠道，并运用经济性、可控性、灵活性等标准对分销渠道方案进行评估。企业在选择分销渠道后，要对渠道成员进行有效的培训和激励。

【重要概念】

分销渠道　直接渠道　间接渠道　批发商　密集分销

【思考练习】

一、单选题

1.经纪人与代理商具有的共同特点是他们都不拥有（　　　）。

A.产品所有权　　　B.独立经营权　　　C.法人地位　　　D.经营场地

2.企业尽可能利用更多的中间商销售产品，这种渠道策略称为（　　　）分销。

A.密集　　　　　　B.独家　　　　　　C.选择　　　　　　D.推广

3.分销渠道策略的实质是（　　　）。

A.寻找尽可能短的分销渠道　　　　　B.找到最理想的中间商

C.便于消费者购买，增加企业产品销量　D.确定使用何种分销渠道

二、简答题

1.分销渠道的含义和职能是什么？

2.分销渠道具有哪些特点？

3.批发商和零售商的区别是什么？

4.如何有效地激励渠道成员？

5.影响分销渠道设计的因素有哪些？

三、案例分析题

胖东来的经营之道

河南有一家名叫胖东来的商超被称为"零售界的海底捞"。胖东来，全称为胖东来商贸集团，1997年在许昌市创立，创始人为农民出身的于东来。

当地人说，整个许昌只有周二不堵车，因为那天胖东来不营业。尽管相比许昌的其他商超，胖东来超市的产品价格并不算低，但其依然是当地人购物的首选。胖东来的优质服务体现在各种看得见和看不见的细节上。胖东来向许昌消费者提供了丰富程度堪比一线城市的产品。在胖东来超市金三角店，仅牙膏就多达30个品牌，每个品牌又有许多不同的系列，产品整齐

排列在货架上，就像一堵"牙膏墙"。

产品品类齐全，是胖东来的一个优势。如果消费者发现想购买的产品没有，可以填写"缺货登记表"，要求胖东来进货。于东来曾讲过，最远的一件单品是空运回来的，这样做虽然赔钱，但他不想让消费者失望。在所有服务里，最受消费者欢迎的还是胖东来几十年如一日的"无理由退换货"。胖东来对"无理由"十分包容，假如在胖东来买的瓜，消费者吃了一半觉得不甜，也可以拿来退。

提供优质服务，依靠的是员工的执行力。胖东来的核心竞争力是建立在"自由和爱"的土壤上的标准化体系。高薪高福利是胖东来"笼络"员工最直接的手段。胖东来实行"三三三"的分配机制：每年的利润，30%用于社会捐献，30%用于下一年的垫付成本，30%按照级别分给所有员工。于东来的理念是，消费者是他最重要的资产，其中既包含外部消费者，也包含内部员工，"老板只有服务好内部员工，（他们）才能为外部消费者提供尽善尽美的服务"。胖东来实行"弱总部强门店"的经营策略，将权力下放至门店。于东来也多次在会议上强调，管理层要学会放权，信任下属，对员工的晋升通道也不设限。

一直以来，国内大型连锁超市都是以后台利润模式为主导，即零售商通过向供货商收取名目繁多的通道费，如入场费、堆头费、促销费等获利。自采模式则不然。由于议价和定价权转移到了零售商手中，自采产品的毛利通常更高。以自采为主导的前台利润模式赚的是卖货钱，胖东来内的大部分货品都是自采产品，比例约为80%。胖东来凭借着自己巨大的销量和超高的周转率，在采购时依然保持着很强的议价能力。除了较低的采购价格，不少厂家还会给出其他优惠政策。除去自采产品，胖东来还在积极开发自有品牌，以性价比高为卖点，产品覆盖烘焙、生鲜、洗护、家居、调料和酒饮等品类。胖东来的高自采、自营策略，也在整个胖东来商贸集团得到了贯彻：在茶叶、珠宝、医药等领域，胖东来都发展了自营业务。

问题

1. 零售业有一句话，"Retail is detail."，请结合案例说说你对这句话的理解。

2. 相比那些收取高额入场费的超市，胖东来的自采模式有哪些优势和不足？

【实训演练】

1. 实训主题

请选择一个你熟悉的企业，观察其分销渠道模式及特点，并对其分销渠道管理水平进行综合分析。

2. 实训步骤

（1）教师布置实训任务，指出实训要点和注意事项。

（2）建议学生4~6人为一个小组，全班学生分成若干小组，采用组长负责制，组员分工合作完成实训任务。

（3）小组内部充分讨论、认真研究，查阅资料。教师鼓励学生进行实地调查，形成实训分析报告。

3. 实训汇报

小组需制作一份PPT并在课堂上进行集中展示，展示时间为8~10分钟。展示完成之后，其他小组需进行点评和互动，教师对小组实训分析报告和小组展示情况进行点评和总结。

第9章 促销策略

当企业设计出了有竞争力的产品并为其制定了合适的价格，建立了一个行之有效的分销渠道系统并将产品送到顾客手中后，企业接下来要考虑的就是如何与顾客沟通，如何传播营销信息。通过本章的学习，我们可以理解促销和促销组合的概念，掌握人员推销、商业广告、营业推广、公共关系等促销策略的特点和应用。

【学习目标】

1. 了解促销与促销组合。
2. 掌握常见促销工具的运用技巧。

【开篇引例】

蒙牛的体育营销

2022年，蒙牛集团赞助中国女足和谷爱凌，并通过赛前赛后一系列的活动，收获了极好的品牌宣传效果。那么，蒙牛是如何对中国女足和谷爱凌的赞助活动进行运营的呢？

①差异化赞助。中国女足在亚洲杯夺冠后，"蒙牛首倡奖励中国女足夺冠"的话题一路登上微博热搜榜第一名。蒙牛在女足夺冠这波体育热点中，收获了超过5亿次阅读量的热度，这也让业内人士对于蒙牛付出的1000万元奖金给出"物超所值"的评价。

②精准找到企业与体育赛事的契合点。牛奶和体育运动之间有很强的关联，它们都能够给人们带来健康和欢乐。体育运动员良好的身体素质和吃苦耐劳的精神赋予了其阳光、健康、积极、正能量的形象，可以更好地为蒙牛健康的品牌形象背书。

③独具慧眼挑选代言人。蒙牛挑选代言人，更多是在"天生要强"与"长期主义"两个维度下考量，这样才能总是先人一步，让品牌与拥有相同精神特质的人相互伴跑、共同成长。例如，蒙牛之所以早早地选定谷爱凌为代言人，是因为在她身上"看到了自己的影子"。谷爱凌成为蒙牛最中意的品牌代言人之一，而谷爱凌也在蒙牛身上感受到了同频共振。

④快速反应，品牌借势传播。中国女足在亚洲杯夺冠后，蒙牛迅速宣布要为中国女足颁发千万元现金奖励。谷爱凌冬奥会夺得金牌后，蒙牛随即为谷爱凌发来祝贺，并且上线了由蒙牛赞助拍摄的谷爱凌的纪录片《谷爱凌：我，18》第一集《天生好强》。借助体育运动的广泛性与运动员积极向上的形象，蒙牛将牛奶天然所具备的营养要素与体育赛事的乐观积极要素有机结合，将产品的高品质与品牌理念在潜移默化中推送到顾客的心中。

⑤转化流量，有效变现。谷爱凌夺金后，蒙牛提前为其拍摄的30秒电视广告迅速在央视和朋友圈等多个线上渠道铺开。在此期间，蒙牛又迅速推出小程序，让自己的会员小程序借势谷爱凌的热度，有效地激活了会员，将品牌的"流量"转化为"留量"。超10万名会员表示想买谷爱凌的相关产品，光是发起许愿的会员就有20多万名。

此外，蒙牛还推出谷爱凌限量款牛奶，并在微博开屏、电梯屏幕上进行铺天盖地的宣传，一时间蒙牛也"火"了起来。

思考：蒙牛体育营销成功的关键及其对蒙牛品牌的影响。

9.1 促销与促销组合

从理论上来讲，只要产品适销对路、价格合理、分销渠道通畅，就不需要促销。然而在营销实践中，随着企业间竞争的加剧，促销活动必不可少，因为就算企业向顾客提供了优质的产品，制定了合理的价格，建立了畅通的分销渠道，如果不进行促销，也无法与顾客进行有效沟通，无法获取顾客对本企业产品的偏好，更不能有效开拓和占领市场。

9.1.1 促销的含义与作用

1. 促销的含义

促销是企业通过人员和非人员的方式，沟通自身与顾客之间的信息，引发、刺激顾客的消费欲望和兴趣，使其产生购买行为的活动。

促销活动的实质就是促进产品销售，是借传递产品的存在及其性能、特征等信息，帮助顾客认识产品能够带给他们的利益，激发顾客的购买欲望，其在企业营销活动中起着重要作用。

2. 促销的作用

（1）传递信息，提供情报

整个营销过程是商流、物流和信息流有机结合的过程，而信息流是商流和物流的先导。促销的实质就是传递信息。一方面企业通过促销将企业产品的性能、特点、用途以及服务等信息传递给顾客，以此诱导顾客对产品产生购买欲望并采取购买行为；另一方面通过促销企业可及时了解顾客反馈的有关产品价格、质量和服务的信息，密切生产、销售和顾客之间的关系，加强分销渠道各环节间的协作，加速产品的流通。

（2）诱导需求，扩大销售

促销的落脚点就是诱导需求，甚至可以创造需求，延长产品的生命周期等，最终激发顾客的需求欲望，变潜在需求为现实需求，从而扩大产品的销售。

（3）突出特点，强化优势

当市场竞争激烈时，企业可以通过促销突出产品的特点，使顾客了解到本企业产品在哪些方面优于同类产品，认识到购买本企业产品所带来的利益较大，从而促使顾客偏爱本企业的产品，加强企业在市场竞争中的优势。

（4）提高声誉，稳定销售

企业的形象和声誉是企业的无形资产，可以帮助企业稳定市场地位，促进产品的销售。促销可以提高企业声誉，美化企业形象，培养企业的忠诚顾客，进而稳定企业的市场占有率，达到稳定销售的目的。

9.1.2 建立有效的沟通系统

企业产品的成功销售关键在于企业与消费者之间流畅的信息沟通。促销的任务就是将产品信息传递给不同顾客，促进产品的销售，因此促销的实质是买卖双方之间的信息沟通。

1. 营销信息的沟通

一般而言，营销信息的沟通模式由 9 个要素构成（见图 9-1）。其中包括发送者和接收者（主要参与者），信息和媒体（主要工具），译出、译进、反应和反馈（主要职能），最后一个要素为系统中的噪声。

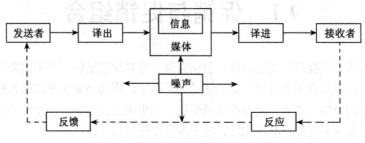

图 9-1　营销信息沟通过程中的要素

2. 信息沟通的程序

（1）确定目标接收者

营销信息的发送者必须一开始心中有明确的目标接收者，他可能是企业产品的潜在购买者、目前使用者、决策者或影响者，也可能是个人、小组、特殊公众或一般公众。

（2）决定传播目标

接收者一般要经历认知、感情和行为反应等过程，最终的反应是购买。营销信息的发送者必须确定要寻求什么样的反应，并知道如何把接收者从目前的位置推向准备购买阶段。

（3）确定传播信息

确定传播信息需要从信息内容、信息结构、信息格式和信息源 4 个方面进行，以使信息能引起注意、提起兴趣、唤起欲望、导致行动（Attention、Interest、Desire、Action，AIDA，简称爱达模式）。

（4）选择信息沟通渠道

营销信息的发送者必须选择有效的信息沟通渠道来传递信息。信息沟通渠道有两大类：人员的信息沟通渠道，即两人或多人直接进行信息沟通；非人员的信息沟通渠道，就是传递信息不需要人员接触或信息反馈的媒介。信息沟通渠道包括大众性的和有选择的媒体、气氛和事件。

（5）编制促销预算

促销预算是指企业在计划期内反映有关促销费用的预算。百货业巨头约翰·沃纳梅克（John Wanamaker）说："我认为我的广告费的一半是浪费的，但我不知道是哪一半。"这充分说明企业面临的最困难的营销决策之一是在促销方面投入多少费用才算合理。

（6）决定促销组合

促销有商业广告、营业推广、人员推销和公共关系 4 种常见的工具，也可以分为"推"的策略和"拉"的策略，而且这些促销工具互相具有可替代性。为了更好地协调各营销部门的营销职能，企业必须对促销工具进行有效的选择和组合。

（7）衡量促销成果

促销计划贯彻执行后，营销信息的发送者必须衡量它对接收者的影响，掌握和了解市场上有多少人知道和试用过此产品，以及在此过程中的满意情况。

（8）营销沟通一体化的组织和管理

大众化市场的非整体性日益发展为小众多元化趋势，顾客的复杂性日益增加，企业依赖一种或两种沟通工具来完成它们的沟通目标已不可能完成。因此，企业必须对所有沟通活动加强管理并实施一体化，使其具有更强的信息一致性和产生巨大的销售影响，保持前后一贯性、实时性和有较高的成本效益。

9.1.3 促销组合及其影响因素

1. 促销组合

促销组合是企业根据产品的特点和营销目标，综合各种影响因素，对各种促销方式的选择、编配和运用。

具体而言，促销组合是指企业根据促销的需要，对商业广告、营业推广、人员推销、公共关系等各种促销工具的适当选择和综合编配。促销组合是促销策略的前提，只有在促销组合的基础上，企业才能制定相应的促销策略。

拓展视频

促销组合及其影响因素

促销策略可分为推式策略和拉式策略两类。推式策略是企业运用人员推销的方式，把产品推向市场，即从生产企业推向中间商，再由中间商推给顾客，故也称人员推销策略。

拉式策略也称非人员推销策略，是指企业运用非人员推销方式把顾客拉过来，使其对本企业的产品产生需求，以扩大销售。

【案例 9-1】

饿了么免单一分钟

2022 年，饿了么发起了连续 10 天"猜答案免单"活动。饿了么官方对此活动的解释是：第一，必须在饿了么应用程序上下单；第二，需根据饿了么官方给出的题目找到免单时间及免单品类；第三，必须在一分钟内下单 200 元以内的外卖商品。越来越多的网友加入这场游戏中，疯狂下单试探运气。

饿了么在活动前期及时借力公众人物效应，趁热打铁"引爆"活动，加速"破圈"，吸引粉丝。谜面涉及范围广泛，从数、理、化、自然到历史、人文、艺术，饿了么从知识储备量和脑洞理解力等角度对用户提出了一定的能力要求，充分保证了用户参与活动的挑战性和趣味度，放大了用户"破译密码"之后的成就感；同时，谜面用典考据极为讲究，或致敬在相关领域有重大贡献的历史人物，或引介中华特色时令民俗和各类文化实践，在保证活动自身调性之余，也引导用户主动了解和学习谜面背后的相关典故轶闻。

活动期间，饿了么官方也会在当日不断给予方向性的引导提示，保证用户不至于被这些"冷知识"劝退，同时，也努力打造一个有互动、有交流、有反馈的沟通环境，帮助用户完整享受猜谜乐趣。

相比以往常见的"满减"、折扣券，直接免单，饿了么的这一活动更加诚意满满。活动期间，与解题内容相关的帖子在各大社交平台以"秒"为单位持续更新；仅在微博，饿了么相关话题词便连续 10 天登上微博热搜榜，累计在榜时长超过 170 小时，其中有 15 个热搜词顺利进入微博热搜榜前十，并 4 次登顶；在全网各主流平台社区，饿了么总计创造逾 40 个相关热搜话题，"饿了么"关键词全网热度指数环比增长最高近 4 000%；同期饿了么应用程序下载量排名迅速飙升至应用总榜第 6 名。

2. 确定促销组合需考虑的因素

（1）促销目标

在企业营销的不同阶段和为适应市场营销活动的不断变化，企业会有不同的促销目标。相同的促销工具在实现不同的促销目标上，成本效益有所不同。在促进消费者对企业及其产品的了解方面，广告的成本效益最高，人员推销其次。但消费者对企业及其产品的信任，在很大程度上受人员推销的影响，其次是受广告的影响。因此，制定促销策略时，我们要根据企业不同的促销目标，采用不同的促销策略。

（2）产品因素

消费品与工业用品的促销组合是有区别的，广告一直是消费品市场营销的主要促销工具，而人员推销则是工业用品市场营销的主要促销工具。针对不同类型的产品必须采用不同的促销策略。此外，在产品生命周期各阶段要相应选择不同的促销工具进行组合，采用不同的促销策略。

（3）市场性质

为了提高传递的效率，必须对目标市场进行区别，市场的性质不同，促销组合与促销策略也要有所不同。企业应从市场的地理范围、市场的不同类型、市场上潜在顾客的数量和有无竞争者等因素出发，制定出合适的促销组合和促销策略，并有针对性地不断改变促销组合及促销策略。

（4）促销预算

费用是企业经营十分关心的因素，并且企业能够用于促销活动的费用总是有限的。因此，在满足促销目标的前提下，企业的市场营销要做到效果好且费用省。企业确定的促销预算应该是企业有能力负担的，并且是能够适应竞争需要的。为了避免盲目性，在确定促销预算时，我们除了考虑营业额的多少外，还应考虑企业财务状况、促销目标的要求、产品特性、促销方式、竞争者的促销支出及产品生命周期等其他影响促销的因素。

9.2　人员推销

人员推销是一种具有很强人性因素的、独特的促销工具。其核心问题就是说服目标顾客，使顾客接受其推销的产品或服务。

9.2.1　人员推销的含义与特点

1. 人员推销的含义

人员推销又称派员推销和直接推销，是指企业运用推销人员直接向顾客推销产品的一种促销活动。

在人员推销中，推销人员、推销对象和推销品是 3 个基本要素。其中前两者是推销活动的主体，后者是推销活动的客体。推销人员通过与推销对象的接触、洽谈，将推销品推销给推销对象，从而达成交易，实现既销售产品，又满足顾客需求的目的。

拓展视频
人员推销的含义

2. 人员推销的特点

人员推销是一种传统的促销工具，也是现代企业经常运用的重要促销手段之一，它具有其他促销工具所不具有的特点。

（1）推销目的的双重性

人员推销有双重目的。一是激发需求与市场调研相结合，通过推销产品诱导顾客消费，并在推销的同时了解消费需求、市场信息等，提高企业的决策水平。二是推销产品与提供服务相结合。推销人员与顾客直接接触，向顾客提供各种服务，帮助顾客解决实际问题，满足顾客需求。双重目的相互联系、相辅相成。

（2）信息传递的双向性

人员推销作为一种信息传递形式，具有双向性。在人员推销过程中，一方面，推销人员通过向顾客宣传介绍产品的有关信息，以及同类产品竞争者的有关情况，来达到促进产品销售之目的。另一方面，推销人员通过与顾客接触，能及时了解顾客对本企业产品的评价；通过观察和有意识地调查研究，及时反馈市场销售信息，为企业制定合理的促销策略提供依据。

（3）友谊协作的长期性

推销人员既代表着企业利益，同时也代表着顾客利益，满足顾客的需要是销售达成的关键。人员推销不仅有利于推销人员根据顾客的态度及时发现问题，进行解释和协调，抓住有利时机促成顾客的购买行为，还因为推销人员与顾客长期接触，能拉近企业与顾客之间的关系，易于使顾客对企业产品产生偏爱，从而建立长期友谊协作关系，稳定产品销售。

（4）直接洽谈的灵活性

由于推销人员在推销过程中可以亲眼观察到顾客对推销陈述和推销方法的反应，进而可以根据不同顾客的特点和反应，有针对性地调整自己的工作思路与方法，满足顾客的需求，促使顾客购买。同时，推销人员还可以及时发现、答复和解决顾客提出的问题，消除顾客的疑虑和不满情绪。

（5）产品销售的感知性

对于专业性很强，也很复杂的产品，如工业品等，仅靠广告宣传无法促使潜在顾客购买，企业需要派出训练有素的推销人员为顾客展示、操作产品，并解答其疑惑，这样才能达成销售。所以，人员推销经常用于竞争激烈的场合，也适用于推销那些价格高和性能复杂的产品。

当然，人员推销也有其不足之处。

第一，支出较大，成本较高。由于每个推销人员直接接触的顾客有限，销售面窄，特别是在市场范围较大的情况下，人员推销的开支较大，这就增加了产品销售成本，一定程度地减弱了产品的竞争力。

第二，对推销人员的要求较高。人员推销要求推销人员必须熟悉产品的特点、功能、使用、保养和维修等知识与技术。随着科学技术的发展，产品层出不穷，对推销人员的要求会越来越高。企业要培养和选出理想的推销人员比较困难，而且耗费也大。

9.2.2　人员推销的设计

推销人员是企业与顾客之间独特的纽带。对许多顾客来说，推销人员是企业的象征；反过来，推销人员又从顾客那里给企业带回许多有关顾客的信息。人员推销设计的主要内容是确定推销目标、推销战略、推销结构、队伍规模和队伍报酬等。

1. 推销目标

现代营销观念认为，企业不能把追求最大的销售额作为人员推销的唯一目标，而应把人员推销的目标确定为：使推销人员像营销人员一样思考，使他们知道如何去发现、解决顾客的问题；衡量市场潜力；收集市场信息；制定销售策略；最终为企业带来最大的、长期的、稳定的利润及有利的市场地位。

许多企业对其推销队伍的目标和活动都有比较明确的规定，如要兼顾新顾客与现有顾客、新产品与现有产品等。如有一家企业明确规定推销人员，要将 80% 的时间花在现有顾客身上，20% 的时间花在潜在顾客身上；85% 的时间用于推销现有产品，15% 的时间用于推销新产品，以避免推销人员将时间全部花在现有顾客和现有产品上而忽略新产品和新顾客的情况发生。

2. 推销战略

各企业为获得订单而互相竞争。它们必须有策略地充分运用其推销队伍，在适当的时间以适当的方式访问恰当的顾客。推销队伍由专职推销人员和兼职推销人员构成，推销人员经常扮演"客户经理"的角色，安排顾客与本企业各种人员（技术人员、售后服务人员以及办公室人员等）之间的沟通交流。其形式如下。

推销人员与顾客：一个推销人员当面或通过电话和潜在顾客或现有顾客交谈。

推销人员对一群顾客：一个推销人员向顾客采购组介绍产品。

推销小组对一群顾客：一个推销小组向顾客采购组展示并介绍产品。

推销会议：推销人员和企业参谋人员同一个或几个顾客讨论存在的问题和相互的机会。

推销研讨会：企业的一组人员向顾客的技术人员讲述有关产品技术的发展状况。

3. 推销结构

在实践中，推销人员的组织结构可依企业的销售区域、产品、顾客类型以及这 3 个因素的结合来设置。

①区域式结构，指企业将目标市场划分为若干个销售区域，每个推销人员负责一个区域的全部销售业务的推销组织结构。

②产品式结构，指企业将产品分成若干类，每个推销人员或每几个推销人员为一组，负责销售其中的一种或几种产品的推销组织结构。

③顾客式结构，指企业将其目标市场按顾客的属性进行分类，不同的推销人员负责向不同类型的顾客进行推销的推销组织结构。

④复合式结构，指企业在向不同区域、不同类型的顾客推销多类别的产品时，将以上几种组织推销队伍的方法混合起来使用的结构。推销人员可以按地区—产品、地区—顾客、产品—顾客进行分工，也可按地区—产品—顾客分工。在这种结构下，一个推销人员对一个或几个产品经理和部门经理负责。

4. 队伍规模

推销人员是企业最有生产价值、花费最多的资产之一，推销队伍的规模直接影响销量和销售成本的变动。推销队伍规模是人员推销决策中的一个重要问题。企业确定推销队伍的规模最常用的方法是工作量法。

①将顾客按年销量分类。

②确定每类顾客所需的访问次数，这反映了与竞争企业相比要达到的访问密度。

③每一类顾客的数量乘以各自所需的访问次数就是整个地区的访问工作量，即总的年访问次数。

④确定一个推销人员可达到的平均年访问次数。

⑤将总的年访问次数除以每个推销人员的平均年访问次数即得所需推销人员数量。

5. 队伍报酬

常用的报酬制度有纯薪金制度、纯佣金制度、薪金加佣金制度、薪金加奖金制度、薪金加佣金再加奖金制度以及特别奖励制度等。管理者要明确报酬制度，对报酬的组成部分作出规定。在工作中当非销售职责的比率很大，或是推销工作技术复杂时，应该强调固定报酬；而当销售额呈周期性变化或同个人努力有很大关系时，则应强调变动报酬。

9.2.3 推销队伍的管理

推销队伍管理就是指企业如何招聘和挑选推销人员，如何进行推销人员的培训，如何进行推销人员的激励与评价。

1. 招聘和挑选推销人员

推销人员素质的高低直接关系到企业促销活动的成功与失败，企业要想使推销工作获得成功，就必须认真挑选推销人员。这不仅是因为普通推销人员和高效率推销人员在业务水平上有很大差异，也因为用错人将给企业造成巨大的浪费。

企业选择推销人员的标准确定之后，人力资源部门可通过各种途径寻找应聘者。许多企业会对应聘者进行正式的测验，采用申报、笔试和面试相结合的方法，了解应聘者的仪表风度、工作态度、知识广度和深度、语言表达能力、理解能力、分析能力和应变能力等。

2. 推销人员的培训

培训推销人员的方法很多，常用的方法有以下 3 种。

①讲授培训，指通过举办短期培训班或进修等形式，由专家、教授和有丰富推销经验的优秀推销人员来讲授基础理论和专业知识，介绍推销方法和技巧。

②模拟培训，即由受训人员扮演推销人员向由专家教授或有经验的优秀推销人员扮演的顾客进行推销，或由受训人员分析推销实例等。

③实践培训，即当选的推销人员直接上岗，与有经验的推销人员建立师徒关系，通过传、帮、带，受训人员逐渐熟悉业务，成为合格的推销人员。

3. 推销人员的激励与评价

（1）推销人员的激励

激励是任何组织成员都需要的，推销人员也不例外。最有价值的激励是工资，其后是能力提升、个人的发展和获得成就感。价值最低的激励是好感与尊重、安全感和表扬等。企业必须建立合理的激励制度来促使推销人员努力工作。

①销售定额。销售定额是指规定推销人员在一年中应销售多少数额的产品，然后把推销人员的报酬与定额完成情况挂钩。每个地区的销售经理将地区的年度定额在各推销人员之间进行分配。

②佣金制度。佣金制度是指企业按销售额或利润额的大小给予推销人员固定的或根据情况可调整比率的报酬。佣金制度能鼓励推销人员尽最大努力工作，并使销售费用与现期收益紧密相关。

除此之外，企业还可采用如发放奖品或现金、举办竞赛、团建旅游等激励措施。

（2）推销人员的评价

推销人员的评价是企业对推销人员工作业绩考核与评估的反馈过程。推销人员业绩评价结果，既可作为分配报酬的依据，又可以作为企业人事决策的重要参考指标。

①考评资料的收集。收集推销人员的资料是推销人员评价的基础性工作。全面、准确地收

集评价所需资料是做好评价工作的客观要求。评价资料主要从推销人员销售工作报告、企业销售记录、顾客及其他社会公众的评价，以及企业内部员工的意见等4个途径获得。

②建立评价指标。评价指标要能反映推销人员的销售绩效。主要评价指标有销量增长情况、每天平均访问次数及每次访问的平均时间、每次访问的平均费用、每百次访问收到订单的百分比、一定时期内新顾客的数量及流失的顾客数量、销售费用占总成本的百分比等。

③实施正式评价。评价的方式主要有将各个推销人员的绩效进行比较、将推销人员目前的绩效同其过去的绩效相比较、顾客进行满意度评价及推销人员品质评价等。

9.2.4 人员推销的基本策略

在人员推销活动中，一般采用以下3种基本策略。

1. 试探性策略

试探性策略也称"刺激—反应"策略。这种策略是在不了解顾客的情况下，推销人员运用刺激性手段引发顾客购买行为的策略。推销人员事先设计好能引起顾客兴趣、刺激顾客购买欲望的推销语言，通过渗透性交谈进行刺激，在交谈中观察顾客的反应，然后根据其反应采取相应的对策，并进一步刺激，再观察顾客的反应，以了解顾客的真实需求，诱导顾客产生购买动机，引导其产生购买行为。

拓展视频
人员推销的流程

2. 针对性策略

针对性策略是指推销人员在基本了解顾客某些信息的前提下，有针对性地对顾客进行产品宣传、介绍，以引起顾客的兴趣和好感，从而达到成交的目的。因推销人员常常在事前已根据顾客的有关信息设计好专门的推销语言，这与医生诊断患者后开处方类似，故针对性策略又称为"配方—成交"策略。

3. 诱导性策略

诱导性策略是指推销人员运用能激发顾客某种需求的方法，诱导顾客产生购买行为。这种策略是一种创造性推销策略，它对推销人员的要求较高。该策略要求推销人员能因势利导，诱发、唤起顾客的需求，并不失时机地宣传所推销的产品，以满足顾客对产品的需求。因此，从这个意义上说，诱导性策略也可以称为"诱发—满足"策略。

【案例9-2】

商界铁娘子——董明珠

2022年福布斯中国商界女性排行榜曝光，格力董事长董明珠以105亿元身价位列第5，这已经是她第7次入围，此前她曾3次摘冠。尽管如此，董明珠平常生活却很节俭。她在参加某访谈节目时，自曝身上的长裙只值100元。

1990年，36岁的董明珠来到珠海，在格力公司做一名业务员，没有固定工资，挣多少钱全凭本事。刚来的时候她还不熟悉业务，公司让老业务员带她一起熟悉市场。对于这个来之不易的工作机会，董明珠格外珍惜，她努力学习业务知识让自己快速胜任这个岗位。一次出差时，她不小心摔伤了，但是想到当时正是推销空调的最佳时机，她不舍得休息，强忍着痛继续工作。熬到终于能去医院时，医生告诉她是骨裂，在场的人全都吃了一惊，她得多能忍啊。靠这样"死磕"的奋斗精神，仅仅半年，董明珠就把业绩做到300多万元。

因为工作表现优秀，公司派她去安徽追讨账款。来到安徽后，这家公司一看格力派来的是个女性，几句话就想把她赶走，却不料董明珠是个难打发的主儿。

眼看对方不把自己放在眼里，董明珠连续40多天死缠烂打，对方负责人开会，她就在办公室外游走；对方负责人出差，她也跟在后面形影不离。最后对方负责人被逼得无计可施，答应用货物偿还账款。提货那天，董明珠坐在副驾驶，发誓永远不和对方做生意，转过头却泪流满面。追债太难了，但她成功了。看着董明珠满载而归，全公司上下一片欢腾，就连当时的公司负责人也对她刮目相看，为此公司直接发给她一大笔奖金。

等到过年回家跟儿子团聚的时候，她把这件事当成故事说给儿子听。儿子听得津津有味，既觉得不可思议又觉得妈妈的打拼实属不易。他对董明珠说："妈妈，您太了不起了！"董明珠很骄傲地说："那是，别人会知难而退，我偏要迎难而上！"经过3年的打拼，她的销售额从几百万元增长到了几千万元。占了整个公司销售额的1/8，她成了格力的"销售神话"。她也因此当上了格力的经营部部长。

2007年，董明珠成为格力的总裁。在她的带领下，几年后，格力登上世界500强榜单，成为国内第一家利润超百亿元的家电企业。这时的董明珠已成长为"商界铁娘子"。

9.3　商业广告

广告是一门科学，同时又是一门艺术。广告策略的制定必须符合产品在市场上流通的客观规律。同时，广告宣传又必须符合艺术规律才能取得良好的宣传效果。因此，商业广告一般都涉及经济学、管理学、社会学、哲学、美学、心理学、新闻学、数学、文学、摄影、美术、表演艺术，以及出版、印刷和传播学等十几门学科的知识。

拓展视频
广告目标和预算

9.3.1　商业广告的含义与类型

1. 商业广告的含义

商业广告是指由广告主付费，将各种产品的信息通过各种传递手段（媒介），广泛进行宣传的活动，以扩大产品的影响，增强经营效果的目的。

从商业广告的概念可以看出，商业广告的内容是产品的信息，商业广告的传播对象是广大顾客，商业广告的传播是通过特定媒介来实现的，商业广告的目的是促进产品销售。商业广告作为一种传递信息的活动，是企业在促销中普遍重视且应用最广的促销工具之一。

2. 商业广告的分类

（1）根据商业广告的内容和目的分类

①产品广告。产品广告是为了提高某种产品的知名度，促进这种产品的销售，通过与销售直接有关的表现形式，说服现实顾客和潜在顾客购买某种产品的信息传递活动。

产品广告按其目的可分为3种类型。

a. 开拓性广告，亦称报道性广告。它以激发顾客对产品的初始需求为目标，主要介绍刚进入引入期的产品的用途、性能、质量、价格等有关情况，以促使新产品进入目标市场。

b. 劝告性广告，又叫竞争性广告。这是以激发顾客对产品的兴趣，增加顾客的"选择性需求"为目标,对进入成长期和成熟期前期的产品所做的各种宣传活动。

c.提醒性广告,也叫备忘性广告或提示性广告。这是对已进入成熟期后期或衰退期的产品所进行的宣传广告,目的是提醒顾客,使其对产品产生"惯性"需求。

②企业广告。企业广告是以树立和维持企业信誉,提高企业的知名度,从而促进销售为目的的广告形式。它通过对企业的历史、规模及业绩等的介绍,增强顾客对企业的好感和信任。

③公益广告。公益广告是用来宣传公益事业或公共道德的广告。它的出现是广告观念的一次变革。公益广告能够实现企业自身目标与社会目标的融合,有利于树立并强化企业形象。公益广告有广阔的发展前景。

（2）根据商业广告表现的艺术形式分类

①图片广告,主要包括摄影广告和绘画广告,它是以特定的写实或创作的艺术形象,作用于接受者视觉的广告。

②文字广告,即使用文字来进行产品宣传的广告。

③表演性广告,是用各种表演艺术来宣传推销产品的广告。

④演说性广告,是用语言艺术来宣传推销产品的广告。

（3）根据商业广告的传播媒介分类

①印刷品广告。它主要包括报纸广告、杂志广告和传单广告等。

②视听广告。它主要包括电视广告、广播广告等。

③邮政广告。它主要包括销售信函广告、说明书广告等。

④户外广告。它主要包括路牌、招贴、工艺品和橱窗广告等。

⑤交通工具广告。它主要指公共汽车、火车、轮船、飞机等公共交通工具上的广告。

⑥网络广告。它主要指在因特网、万维网、网上 IP 电话上发布的广告等。

（4）根据商业广告传播的范围分类

①全国性广告。这是指采用信息传播能覆盖全国的媒体所做的广告,以此激发全国顾客对广告产品的需求。这种广告要求广告产品是全国通用的产品。因其费用较高,全国性广告只适合生产规模较大、服务范围较广的大企业。

②地区性广告。这是指采用信息传播只能覆盖一定区域的媒体所做的广告,借以刺激某些特定区域顾客对产品的需求。此类广告传播范围较小,多适用于生产规模小、产品通用性差的企业。

【案例 9-3】

喜茶与《梦华录》

喜茶作为新茶饮赛道的开创者和推动者,从创立至今一直备受关注和喜爱,成为新茶饮行业的"常青藤"。随着电视剧《梦华录》的热播,由剧中人物所开设的"半遮面"茶楼将中国茶文化带入观众的视野。"喜·半遮面",是喜茶和半遮面穿越时空的相遇,是新茶饮品牌和电视剧的跨界联合。首先,喜茶推出"紫苏·粉桃饮"和"梦华茶喜·点茶"两款定制联名特调新品,同时,喜茶在线下设置4家"喜·半遮面"主题门店,从店内陈设到茶饮师特调都与剧中相似,让顾客一时分不清是在现实中还是在剧中。除此之外,喜茶还推出联名口罩、徽章、杯贴等周边产品,让顾客进一步沉浸式追剧。

9.3.2 广告媒体的特性与选择

1. 广告媒体的特性

广告媒体，也称广告媒介，是传递广告信息的中间媒介，是传递广告信息的物质手段。它是广告宣传必不可少的物质条件。广告媒体并非一成不变的，而是随着科学技术的发展而发展。科技的进步，必然使得广告媒体的种类越来越多。不同类型的广告媒体又有着不同的特性。

（1）印刷品广告

①报纸。报纸是一种普遍应用的、比较灵活的广告媒体。其优点是：影响广泛，传播迅速，简单灵活，信赖度高。它的弱点是：印刷不精美，吸引力低；广告时效短，重复性差，寿命也较短。

②杂志。杂志以登载各种专门知识为主，对于各类专门产品而言，杂志是良好的广告媒体。其优点有：广告宣传对象明确，针对性强，有的放矢；广告的保存期长，印刷精美；杂志的发行面广，有利于刊登开拓性广告；等等。它的弱点是：发行周期长，传播不及时，灵活性较差；传播不广泛。

（2）视听广告

①电视。电视是传统广告媒体中最重要的广告媒体之一。其优点是：电视内容有形、有色，视听结合，使广告形象生动、逼真、感染力强；电视收视率高，宣传面广，影响面大；宣传手法灵活多样，艺术性强。其缺点是：时间性强，不易查存；制作复杂，费用较高；电视播放内容繁多，易分散观众对广告的注意力。

②广播。广播是利用无线电波播送广告，速度快，且不受路途的限制。其优点是：传播迅速及时；制作简单，费用较低；具有较强的灵活性，听众广泛。其缺点是：转瞬即逝，不便记忆；有声无形，印象不深；不便查存。

③电影。这是指利用放映电影的机会传递产品信息。这一广告形式在国外比较常见，我国顾客通过电影媒体接触到的广告信息相对比较有限。

（3）直接邮寄广告

直接邮寄广告是广告主将印刷好的广告物，通过邮局直接寄送给现实顾客或潜在顾客，把邮政服务作为传递信息的工具，邮寄的广告物包括销售信函、推广传单、征订单、产品目录、说明书、样品名册等。其优点是：对象明确，直接挂钩，有较强的选择性，反应快，效果较为显著。其缺点是：广告主不易收集到潜在顾客的相关资料，无法实现有效投递。

（4）户外广告

户外广告是在人口集中和流动大的地点设置的固定广告牌。广告牌一般设在户外，如公路、铁路沿线，车站、码头等地。户外广告的优点是：传递信息面较广，并可长期宣传。其缺点是给人的印象不深。

此外，还有很多种广告形式，如橱窗广告、霓虹灯广告、网络广告等，特别是网络广告，其因具有速度快、容量大、范围广、可查存、可复制等优点，发展极为迅速。一般将广播、电视、报纸、杂志并称为"四大传统广告媒体"。

【案例 9-4】

蜜雪冰城主题曲

说到蜜雪冰城，你的脑海里是不是就已经有个声音在唱："你爱我，我爱你，蜜雪冰城甜蜜蜜。"

这首连个像样的名字都没有的歌曲（没错，它就叫"蜜雪冰城主题曲"），却凭借简单欢快的旋律、反反复复的歌词迅速"破圈"。

蜜雪冰城品牌官方在哔哩哔哩视频网站上发布主题曲后，蜜雪冰城靠"病毒式营销"彻底"出圈"，频频登上热搜榜。在抖音，蜜雪冰城主题曲收获了 16.8 亿次播放量；在哔哩哔哩视频网站，官方 MV 播放量达到 1 370.4 万次。网友还自发创作了不计其数的改编版本，一时间，这首主题曲出现了四川话、粤语、广西话、东北话等方言版本，甚至还有英语版、俄语版、日语版、泰语版等不同语言版本，这让蜜雪冰城提前"实现"了在全世界开分店的愿望。

蜜雪冰城主题曲的火爆与成功，最关键的因素在于衍生内容生产的快捷性，让大众能围绕主题曲将雪球快速地滚起来。蜜雪冰城提供了仅 13 个字的歌词、鲜明的"雪王"形象，从而让大众能在此基础上迅速进行二次创作并传播，这才造就了极佳的传播效果。

2. 广告媒体的选择

（1）产品的性质

针对具有不同的性质的产品，应该选择不同的广告媒体来传递信息。通常在对高技术产品进行广告宣传时，多选择专业性杂志；宣传日常生活用品，则选择大众传媒的广播、电视较好。

（2）顾客接触媒体的习惯

一般认为，能使广告信息传播到目标市场的媒体就是最有效的媒体。例如，儿童用品的广告宜选用电视宣传，宣传妇女用品的广告宜选用女性杂志。

（3）媒体传播的范围

根据产品使用范围，可选择不同传播范围的媒体，如全国性媒体或地方性媒体中的一种，也可同时选择全国性与地方性的媒体来传播。

（4）媒体的费用

各种媒体的收费标准不同，即使同一种媒体，也因传播范围和影响力的大小而有价格差别。考虑媒体费用时，应考虑其相对费用，即考虑广告促销效果。

（5）竞争对手广告策略

企业在选择广告媒体时应充分了解竞争对手所采取的广告策略，并发挥自身的优势，采取相应的广告策略，以期克敌制胜。

9.3.3 广告内容设计

1. 广告定位

"广告大师"大卫·奥格威（David Ogilvy）说："广告的效果更多地取决于产品的定位，而不是怎样去写广告。"广告定位涉及两个问题：第一，广告要做给谁看；第二，要通过广告在受众心目中建立一个什么形象。这两个问题也是市场定位的核心内容。

广告定位要通过广告主题和广告语表现出来。广告主题是广告的中心思想，是广告内容和目的的集中体现和概括，是广告诉求的基本点，也是广告创意的基石。广告语要以最简短的文字把企业或产品的特性及优点表达出来，它既要体现产品的优势点，也要体现与竞争对手的差异点，更要体现顾客的痛点，必须"三点合一"。

2. 广告设计原则

广告效果不仅取决于广告媒体的选择，还取决于广告设计的质量。企业要想将自身及其产品形象注入顾客心灵，在广告设计时就必须遵循以下原则。

①真实性。广告的生命力在于真实：一方面，广告的内容真实可信；另一方面，广告主与广告产品必须是真实的。

②社会性。广告的社会性体现在广告必须符合社会文化、思想道德的客观要求。具体而言，广告要遵循党和国家的有关方针、政策，不能违背国家的法律、法规。

③针对性。这是指在广告设计中，针对竞争对手使用的广告策略而采取能突出自身实力或经营特色、增强自身竞争能力且与之不同的表现手法，从而使广告更加满足目标市场的要求。广告要根据目标受众和产品的特点来决定内容，采用有针对性的形式，要能与竞争对手的广告抗衡。

④艺术性。广告设计中采用科学与艺术的手法才能使广告作品达到最佳效果。

⑤娱乐性。广告可以通过一定的故事情节，使内容具备一定的趣味性和可读性，从而吸引目标受众的兴趣。

【案例 9-5】

奥迪广告"翻车"

2022 年 5 月，奥迪的一条广告，从"刷屏"到"翻车"只用了不到 24 小时。

2022 年 5 月 21 日是小满，奥迪发布了一则广告视频，视频围绕小满节气讲了一番人生感悟："有小暑一定有大暑，有小寒一定有大寒，但是有小满一定没有大满，因为大满不符合我们古人的智慧……小满代表了一种人生态度，就是我们一直在追求完美的路上，但并不要求，一定要十全十美。"

这则视频没有过度商业化的元素，没有奥迪汽车品牌产品的特写，充满了自然景物，不露声色地凸显出品牌的高级感。数据显示，该视频在微信视频号的点赞数、转发量超 10 万次，在奥迪官方微博播放量超 455 万次、点赞数超 1 万。

然而，该广告走红不久便陷入抄袭风波。2022 年 5 月 21 日晚，抖音粉丝数超 300 万的"某 UP 主"发布视频《被抄袭了过亿播放的文案是什么体验》。该视频采用逐字对比的方式证明，奥迪广告文案几乎是照搬全抄他的文案。原作者的视频一出，舆论矛头直指奥迪，网民纷纷开始指责奥迪。

舆论压力之下，2022 年 5 月 22 日上午，奥迪就此事公开致歉。人民网就此事发文评论称，对于奥迪来说，这是惨不忍睹的"车祸"。昨天，涉事视频的点赞数有多高，今天的骂声就有多大。再豪华的车，一旦"翻车"，一定难堪。再"刷屏"的文案，一旦卷入抄袭风波，就会呈几何级丢人。

9.3.4 广告效果的测定

广告效果是指广告信息通过广告媒体传播后所产生的社会影响和效应。这种社会影响和效应包括两个方面：一是企业与社会公众的有效沟通，称为沟通效果；二是社会公众对企业促销的反应，称为促销效果。测定广告效果，有利于企业更有效地制定广告策略，降低广告费用，提高广告效益。

1. 广告沟通效果的测定

测定广告的沟通效果，主要是测定顾客对广告信息产生的注意、兴趣、记忆等心理反应的程度，可分为事前测定和事后测定，具体方法如下。

（1）事前测定的方法

①直接评分法，即邀请有经验的专家和部分顾客对各种广告的吸引程度、可理解性、影响

力等进行评分和比较。

②调查测试法，即在广告播出前，将广告作品通过信件、明信片等形式邮寄给顾客，根据顾客回信情况判断准备推出的广告的沟通效果。

③实验测试法，即选择有代表性的顾客，利用仪器测量其对广告的心理反应的程度，从而判定广告的吸引力

（2）事后测定方法

①认知测定法。在广告播出后，借助有关指标了解顾客的认知程度，测定其对广告的注意力。常用测试指标有：粗知百分比，即记得看过或听过此广告的顾客的百分比；熟知百分比，即声称记得该广告一半以上内容的顾客的百分比；联想百分比，即能准确辨认该产品及其广告主的顾客的百分比。

②回忆测试法，即通过了解一部分顾客对广告中的产品、品牌和企业等的记忆程度，从而判断广告的吸引程度和沟通效果。

2. 广告促销效果的测定

广告促销效果以广告播出后产品销量（销售额）的增减为衡量标准。它反映了广告费用与产品销量（销售额）之间的比例关系。一般用以下 3 种方法测定广告促销效果。

①弹性系数测定法，即通过销量（销售额）变动率与广告费用投入量变动率的弹性系数来测定广告促销效果。

②广告费用增销法。此方法可以测定单位广告费用对产品销量（销售额）的增益程度。单位广告费用增销量（销售额）越大，表明广告效果越好；反之则表明广告效果越差。其计算公式为：

$$单位广告费用增销量（销售额）＝销量（销售额）增量÷广告费用$$

③广告费用占销率法。使用这种方法可以测定计划期内广告费用对产品销量（销售额）的影响。广告费用占销率越小，表明促销效果越好；反之则表明促销效果越差。其计算公式为：

$$广告费用占销率＝广告费用÷销量（销售额）×100\%$$

9.4 营业推广

营业推广是运用各种短期诱因刺激顾客和中间商购买产品的一种战术性促销工具。随着市场竞争日益激烈，营业推广也越来越受到企业的重视。

9.4.1 营业推广的特点

营业推广，又称销售促进，是指企业运用除人员推销、商业广告和公共关系以外的各种短期诱因，鼓励顾客和中间商购买、经销或代理企业产品的促销活动。

（1）针对性强，方式灵活多样

营业推广的对象是与产品直接相关的顾客、经销商以及推销人员，它通过一系列强有力的宣传推广和丰厚的优惠条件，来调动相关人员的积极性，促成交易行为，营业推广的方式可根据产品性能、顾客心理和市场情况及时地调整，从而具有强烈的吸引力，并能引起相关人员的关注，激发他们的购买欲望，迅速地收到促销效果。

（2）临时性和非正规性

人员推销、商业广告和公共关系都是常规性的促销方式，而营业推广则具有临时性和非正规性，营业推广只能是其他促销方式的补充。使用营业推广方式促销，往往需要与其他促销方式配合使用才能达到较好的促销效果。

（3）攻势过猛，易引起顾客反感

营业推广总是伴随着各种优惠条件和强大的宣传攻势，这虽有利于企业尽快地批量推销产品，获得短期经济效益，但攻势过强，易使顾客产生逆反心理，往往会引起顾客对产品质量、价格产生怀疑，从而有损产品和企业形象。

9.4.2　营业推广工具的选择

营业推广是一种促销效果比较显著的促销方式，但若工具选择不当，不仅达不到促销的目的，反而会影响产品的销售，甚至损害企业的形象。选择营业推广工具时，企业必须充分考虑市场类型、销售促进目标、竞争情况，以及每一种营业推广工具的成本效益等各种因素。下面我们介绍面向顾客推广和中间商推广的各种工具。

1.　面向顾客的营业推广工具

向顾客推广，是为了鼓励老顾客继续购买、使用本企业产品，激励新顾客试用本企业产品。

①样品。向顾客赠送样品或请他们试用样品，主要是为了让新产品的顾客能不花钱接受新产品，满意后再付钱购买。

②折价券。它是给持有人一个承诺，承诺他在购买某种产品时，可以免付一定的货款。折价券可以邮寄，也可附在产品或广告之中赠送，还可以赠送给购买产品达到一定的数量或数额的顾客。

③赠品印花。它是指在顾客购买某一产品时，附送一定张数的交易印花，顾客凑满若干张印花后可以兑换一定数量的产品和现金，多用于零星小商品的推广。

④奖励券。它是指顾客在购买某种产品时会得到一份奖励券，顾客凭券可以购买一种低价出售，或是俏销的产品；也可以凭券免费得到某种产品。

⑤产品展销。展销可以集中顾客的注意力和购买力。展销期间，质地精良、价格优惠的产品备受青睐。

⑥抽奖促销。它是指通过设置诱人的奖品来吸引顾客购买产品。举办的抽奖促销活动应当具有想象力和趣味，与广告产品相吻合，这样不仅能促进销售，而且还可以提升品牌形象。

此外，营业推广工具还包括服务促销、消费信贷、包装兑现、廉价包装等。

2.　面向中间商的营业推广工具

向中间商推广，主要是为了促使中间商积极地经销本企业产品。

①购买折扣。企业为争取中间商更多地购进自己的产品，对第一次购买的中间商和购买数量较多的中间商给予一定的折扣，购买数量越多，折扣越大。折扣的形式可以是明码标价，也可以在交易谈判中视具体情况协商确定。

②资助。它是指企业为中间商提供陈列产品，支付部分广告费用和部分运费等补贴或津贴，以鼓励和酬谢中间商在推销本企业产品方面所做的努力，从而刺激距离较远的中间商经销本企业产品。

③销售竞赛。企业根据中间商的销售实绩，给予不同的奖励。这种竞赛活动可鼓励中间商

努力提高其销售业绩，从而增加企业产品的销量。

④特许经营。这是国际市场营销中使用较多的一种营业推广工具。企业与经销商通过签订特许经销协议的形式来达成合作。特许经营的形式有服务特许和分销特许。服务特许是国际上最初使用的一种特殊形式，常见于旅馆、快餐等行业，如麦当劳、必胜客公司等就属于此形式。分销特许是经销商除经营自己的产品外，还可以使用特许方的招牌和商标经销产品，如进口汽车的经销。

⑤业务会议和贸易展览。制造商利用业务会议与老顾客保持良好的联系，招徕新顾客，介绍新产品。利用贸易展览的气氛吸引中间商和顾客，提升产品的影响力。

9.4.3 营业推广方案的制订与实施

1. 制订营业推广方案

拓展视频
营业推广方案设计

营业推广工具很多，企业在具体应用时不是只应用一种，而往往要仔细分析多种因素，选择多种工具，形成一个营业推广方案的有机组合体。营业推广方案主要包括以下内容。

①刺激规模。刺激规模的大小必须结合企业目标市场的数量、规模及内在结构，并根据推广收入与刺激费用之间的效应关系来确定。

②刺激对象。针对顾客或中间商的具体特点，应当优选那些积极参与并易产生最佳推广效果的刺激对象。

③推广的持续时间。推广持续时间过短，会使一部分顾客来不及购买；如果推广持续时间过长，则会丧失某些刺激购买的作用，导致顾客和中间商产生逆反心理。研究发现，理想的推广持续时间长度约为平均购买周期的长度。

④分发的途径。常规的分发途径有 3 种，即包装分送、商店分发和邮寄广告。企业应根据其普及面和费用合理选择。

⑤推广时机。推广时机选择得好，能起到事半功倍的效果；推广时机选择不当，则达不到促销目的。企业应综合分析产品生命周期、市场竞争态势、购买心理以及顾客收入水平等因素，制订营业推广方案，并付诸实施。

⑥推广总预算。这是制订营业推广方案应考虑的重要因素。推广总预算可以通过两种方式拟定。一是从基层做起，推销人员根据所选用的各种促销办法来估计推广总费用。二是用促销成本 [由管理成本（印刷费、邮费和促销活动费）和刺激成本（赠奖或减价成本，包括回收成本）构成] 乘以在这种交易中售出的预期单位数量得出。

2. 营业推广方案的实施

（1）预试营业推广方案

虽然营业推广方案是根据经验制订的，但仍应进行预试，以确定推广工具是否合适，从而实现最佳刺激规模。企业可邀请顾客对几种不同方案进行评价并打分，也可在有限的地区范围内进行试用测试等。

（2）实施和控制营业推广方案

对每一种营业推广方案都应该确定其实施计划。实施计划必须包括前置时间和销售延续时间。前置时间是开始实施这种方案前所必需的准备时间。销售延续时间是指从开始实施方案起到大约 95% 的产品已经在顾客手里为止的时间，这取决于方案实施时间的长短。

9.4.4　营业推广效果的测定

营业推广效果的测定是营业推广活动的重要内容，该工作的有效完成有利于企业总结经验教训，对指导未来的营业推广具有重大意义。

（1）阶段比较法

阶段比较法是把促销前、促销中和促销后的数据进行比较，从而分析营业推广的效果。假设某企业在促销前有 6% 的市场占有率，在促销期间，上升到 10%，促销后不久又跌到 5%，过了很久回升到 7%，并长期地保持 7% 的市场占有率（见图9-2）。一般而言，营业推广活动如果能争取到竞争对手的顾客，并使这些顾客实现品牌转换，那么营业推广活动就是十分有效的。

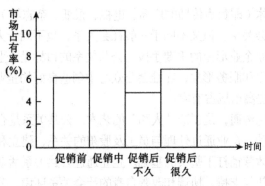

图9-2　促销对市场占有率的影响

（2）跟踪调查法

跟踪调查法即对参加营业推广活动的顾客或中间商进行跟踪调查与访问。

【案例9-6】

肯德基"疯狂星期四"

"疯狂星期四"原本是指肯德基每周四的特价活动，但由于有许多网民在每周四产出大量的段子"刷屏"，现在它已经演变为一个现象级热"梗"，融入"疯狂星期四"的文字被称作"疯四文学"。

追根溯源，肯德基第一次提出"疯狂星期四"是在 2018 年 8 月的一次特价活动中。当时主推的产品大多是售价为 9.9 元的鸡块、薯条、汉堡等，广告语是"疯狂星期四，单品九块九"。活动初期，肯德基也请到了多位知名艺人来拍摄宣传广告，并将广告集中投放在电梯、快递柜等处。但是广告的效果并不出彩，歌曲太"魔性"和广告投放过多还引起了部分顾客的不满。

到了 2020 年，"疯狂星期四"的全网知名度依旧不算高，了解的顾客也仅把它当作一个普通的特价活动看待。直到 2021 年 5 月，出现了一个"转折点"：网上出现了第一代"疯四文学"："看看你那垂头丧气的样子，知道今天是什么日子吗？今天是肯德基疯狂星期四。"

自此，"疯四文学"开始发展，并不断与当下热点结合形成新"梗"。除了"疯狂星期四"的搜索量在周四的规律暴增，其讨论热度也持续居于高位，微博话题"肯德基疯狂星期四"累计产生了 18.5 亿次阅读与 408.3 万次讨论，"肯德基疯狂星期四"话题还曾多次在周四登上微博热搜榜。

9.5 公共关系

公共关系简称公关，是促销组合的一个重要组成部分，企业公共关系的好坏直接影响着企业在社会公众心目中的形象，影响着企业营销目标的实现。

9.5.1 公共关系的内涵

公共关系是企业在市场营销活动中正确处理自身与社会公众的关系，以树立良好的企业形象，从而促进产品销售的一种活动。其构成要素包括主体（实施公共关系的企业）、客体（即社会公众，包括企业的外部、内部公众）和媒体（即负责传播的广播、电视、报纸、杂志等）。

公共关系是一种社会关系，但又不同于一般社会关系，也不同于人际关系，公共关系是树立企业形象的重要手段。公共关系的目标是企业通过展现自身的产品形象和服务形象，在社会公众心中创造良好的企业形象和社会声誉，不断提高市场占有率。

公共关系是一种信息沟通，是创造"人和"的艺术。公共关系是企业与其相关的社会公众之间的一种信息交流活动。企业通过处理与员工及股东的关系，建立和改善企业内部的市场营销环境，为企业实现整体营销打下坚实的基础。企业通过公共关系活动，改善内外关系，建立起相互之间的理解、信任与支持，协调和改善自身的社会关系环境。公共关系追求的是企业内部和企业外部关系的和谐统一。

公共关系是一种长期活动。公共关系着手于平时努力，着眼于长远打算。公共关系的良好效果不是通过短期行为所能达到的，需要连续的、有计划的努力。企业要想树立良好的社会形象和信誉，不能拘泥于一时一地的得失，而要追求长期的、稳定的战略性关系。

【案例 9-7】

钉钉"怕"了

钉钉可能做梦也没有想到，自己职业生涯最大的"滑铁卢"竟然是一群中小学生导致的。尽管它没有如传言一般下架，但也非常"害怕"，开启了"求饶三连"。

2020 年 2 月 14 日，钉钉官微"求饶"："我还是个 5 岁的孩子，求求手下留情""讨个生活而已，少侠手下留星"。

仅仅是自己"求饶"还不够，为了博得"少侠"们的原谅，钉钉甚至使出"大招"，搬出"家长"："给我在阿里'耙耙'家留点面子吧！"支付宝、天猫、淘宝等也纷纷应援："五星好评就别分期了，一口气整上吧""心疼我家钉钉，抱抱""不爱就不爱，请不要伤害，哈哈哈哈哈""大家看在我的面子上给小钉多打两颗星吧"。

当晚，哔哩哔哩视频网站某 UP 主送了钉钉一首"黑钉"歌曲《你钉起来真好听》，歌词为："你钉起来真好听，像唐僧在念经，……建议大家都给个五星，分五次还清……"果然，又有大批中小学生响应"号召"，纷纷赶去应用市场给钉钉连续 5 天只打"一星"。

2020 年 2 月 16 日晚，钉钉化身哔哩哔哩视频网站 UP 主，倾情奉上最新 MV《钉钉本钉，在线求饶》。歌词甚是搞笑，"我还是个 5 岁的孩子"……视频发布后，钉钉在应用市场的评分及网络好感度均有回升。该视频甚至还挤入哔哩哔哩视频网站热门视频 TOP10 榜单。通过搞笑"自黑"，钉钉不仅将一场危机消弭于无形，还赢得了一大批粉丝。

9.5.2　公共关系的实施

公共关系的实施是整个公共关系活动的中心环节，主要包括确定公关目标、选择公关题材、选择公关工具以及公共关系效果测定等内容。

1. 确定公关目标

①提高知晓度。公共关系可利用媒体来讲述一些故事，以吸引公众对某产品、服务、人员、组织或构思的注意力。

②提高可信度。公共关系可通过社论性的报道来传播信息以提高可信度。

③刺激推销人员和中间商。公共关系用于刺激推销人员和中间商非常有用。在新产品投放市场之前先以公共宣传方式披露相关信息，可帮助推销人员将产品推销给中间商。

④降低促销成本。公共关系的成本比直接邮寄和商业广告的成本要低得多，越是促销预算少的企业，往往运用公共关系手段就越多。

2. 选择公关题材

公关人员应与新闻媒体加强联系，加深相互间的了解，提高企业新闻的采用率。例如，举行周年庆典、展览会、时装表演活动，捐赠物品，开学术讨论会、记者招待会和邀请名人演讲等。

3. 选择公关工具

①新闻宣传。公关人员的一个重要任务是：发展或创造对企业和（或）其产品或企业人员有利的新闻。运用新闻媒体如报纸、广播、电视等，采用撰写新闻稿、演讲稿、报告等形式，向社会各界宣传企业的相关信息，从而起到引导公众购买本企业产品和树立良好企业形象的作用。

②事件。企业可通过安排一些特殊的事件来吸引公众对其产品和企业其他事件的注意。这些事件包括举行记者招待会、讨论会、展览会、竞赛和周年庆典等活动，以接近目标公众。

③服务公关。服务公关是指企业通过各种实惠性服务，以行动（包括免费修理、培训等）去获取公众的了解、信任和好评，这样既有利于促销，又有利于树立和维护企业形象与声誉。

④社会性公关。社会性公关是指企业向文化、教育、体育、卫生等社会公益事业捐赠一定的金钱和实物，以提高其公众信誉。大企业通常会支持社会福利事业，参与国家、社区的重大活动。

⑤形象识别媒体。在一般情况下，公众通过企业的资料而形成的印象是散乱的，这对创造和强化企业形象极为不利。企业至少应努力创造一个公众能迅速识别的视觉形象，如麦当劳的标志就易于识别。

4. 公共关系效果测定

由于公共关系通常与其他促销工具一起使用，故测定公共关系的效果较困难。如果公共关系在其他促销工具使用之前使用，其使用效果就较容易测定。

①展露度。它是指计算企业宣传报道出现在媒体上的次数。它是衡量公共关系效果最简单的一种方法，但这种衡量方法的结果并不是十分令人满意。它不能确切知道触及信息的净人数，因为会有接触信息媒介物的人重复交叉的情况。

②知名度。测定知名度是指测定由公共关系活动而引起的公众在产品的知名度、理解、态度方面的变化（考虑了其他促销工具的影响之后）。例如，美国土豆协会获悉，同意"土豆具有丰富的维生素和矿物质"的人数由开始宣传活动前的36%上升到宣传活动后的67%，成功的宣传活动使公众对产品的理解有了较大突破。

③销售额和利润贡献。美国营销协会估计公共关系可增加总销售额的15%。

 【本章小结】

1. 促销是企业通过人员和非人员的方式，沟通自身与顾客之间的信息，引发、刺激顾客的消费欲望和兴趣，使其产生购买行为的活动。促销组合是指企业根据促销的需要，对商业广告、营业推广、人员推销、公共关系等各种促销工具的适当选择和综合编配。确定促销组合需考虑的因素有促销目标、产品因素、市场性质和促销预算。

2. 人员推销又称派员推销和直接推销，是指企业运用推销人员直接向顾客推销产品的一种促销活动。人员推销设计的主要内容是确定推销目标、推销战略、推销结构、队伍规模和队伍报酬等。推销队伍的管理主要包括招聘和挑选推销人员、推销人员的培训、推销人员的激励与评价。人员推销一般采用以下 3 种基本策略：试探性策略、针对性策略和诱导性策略。

3. 商业广告是指由广告主付费，将各种产品的信息通过各种传递手段（媒介），广泛进行宣传的活动，以达到扩大产品的影响，增强经营效果的目的。广播、电视、报纸、杂志并称"四大传统广告媒体"。广告媒体的选择依据包括产品的性质、顾客接触媒体的习惯、媒体传播的范围、媒体的费用和竞争对手广告策略。广告设计原则为真实性、社会性、针对性、艺术性和娱乐性。广告沟通效果的测定可分为事前测定和事后测定。

4. 营业推广，又称销售促进，是指企业运用除人员推销、商业广告和公共关系以外的各种短期诱因，鼓励顾客和中间商购买、经销或代理企业产品的促销活动。面向顾客的营销推广工具有样品、折价券、赠品印花、奖励券、产品展销和抽奖促销。面向中间商的营销推广工具有购买折扣、资助、销售竞赛、特许经营、业务会议和贸易展览。营业推广效果的测定方法有阶段比较法和跟踪调查法。

5. 公共关系是企业在市场营销活动中正确处理自身与社会公众的关系，以树立良好的企业形象，从而促进产品销售的一种活动。其构成要素包括主体（实施公共关系的企业）、客体（即社会公众，包括企业的外部、内部公众）和媒体（即负责传播的广播、电视、报纸、杂志等）。公关工具有新闻宣传、事件、服务公关、社会性公关和形象识别媒体。企业可以通过展露度、知名度、销售额和利润贡献来测定公共关系效果。

 【重要概念】

促销　促销组合　营业推广　公共关系

【思考练习】

一、单选题

1. 一般来说，消费品促销较工业用品促销而言会更多地用到（   ）。
   A. 商业广告   B. 公共关系   C. 营业推广   D. 人员推销

2. 在一般情况下，由于商业广告与人员推销的特点有很大的不同，因此在促销时，前者主要在（   ）市场使用；后者主要在（   ）市场使用。
   A. 国内 国际   B. 工业用品 消费品
   C. 消费品 工业用品   D. 便利品 选购品

3. 在常见的四大传统广告媒体中，针对性最强的是（   ）。
   A. 电视   B. 广播   C. 报纸   D. 杂志

4. 某企业与某模特公司联系，提出让模特们在某商场进行时装表演，以此扩大企业产品的销售，这种方式是（   ）。
   A. 商业广告   B. 人员推销   C. 营业推广   D. 公共关系

5. 某珠宝店正举办一场有奖比赛，奖品是一只钻石戒指，消费者要猜出有多少颗钻石在一只水晶瓶中。这使用的促销工具是（   ）。
   A. 公共关系   B. 营业推广   C. 人员推销   D. 商业广告

二、简答题

1. 促销的作用是什么？
2. 选择促销组合应考虑哪些因素？
3. 人员推销有什么特点？企业应如何建立或完善推销人员的激励机制？
4. 企业如何利用公共关系来提高整体市场营销水平？
5. 商业广告设计应遵循什么原则？
6. 你是如何理解营业推广的？你认为应怎样对消费者进行营业推广？

三、案例分析题

茅台经销商的冬季营销

2022年11月，全国22个省区市的茅台经销商开展了141场市场活动，让"i茅台"持续升温。

1. 品茅台，享美食，话温情

冬日品鉴正当时，各地茅台经销商在全国建立美酒品鉴文化的交流阵地，品茅台，享美食，话温情。河南经销商举办"43度贵州茅台酒·温情满人家品鉴会"，20余位"茅粉"欢聚赏桂花诗，品桂花茶。福建经销商也在立冬时节组织"茅粉"们一起动手包饺子。安徽经销商以"弘扬茅台文化 彰显青春力量"为主题开展立冬篮球嘉年华活动。浙江经销商邀请30余位"茅粉"走进文化体验馆，探秘茅台酒传统酿造工艺、匠心品质以及悠久的历史文化。

2. 茅台读书会以书会友

广西经销商邀请青年企业家、"茅粉"开展"奋进新征程·建功美时代"立冬读书会，围炉煮茶以书会友。云南经销商借势第八届汉服文化节开展"i茅台"应用程序推广活动，将汉服文化和茅台文化相结合。江苏经销商在立冬之日举行"立冬健步行，健康美生活"的"i茅台"应用程序推广活动，将推广场景融入消费者的日常生活，也传达了健康生活的理念。安徽经销商在公园里开展"情暖立冬，i茅台如约而至"宣传活动，结合立冬节气文化与茅台文化设置有奖问答环节，游客正确回答问题即有可能获得小茅公仔、雨伞等精美礼品。北京、福建经销商分别走进当地商场，进行主动营销，赠送精美礼品，吸引消费者目光。

3. 茅台公益初冬暖人心

活动期间，茅台各地经销商到养老院、社区工作站等开展公益活动，用实际行动在微寒的初冬为社会送上一丝暖意，传承茅台公益精神。福建经销商来到安溪县特产城，为守护城市环境与城市安全的环卫工人和安保人员送上棉被，传递温暖。吉林经销商走进社区，开展"致敬·坚守"立冬送温暖活动。上海经销商精心挑选暖水壶作为捐赠物资，来到养老院开展"立冬传温暖，弘扬敬老情"冬日慰问活动，实力践行爱老、敬老、助老。

问题

试分析案例材料中茅台经销商所采用的促销策略及对茅台品牌的影响。

 【实训演练】

1. 实训主题

请选择一个你喜欢的品牌，在某个节日期间为其设计一则广告、一场公关活动或一个营业推广方案。

2. 实训步骤

（1）教师布置实训任务，指出实训要点和注意事项。

（2）建议学生4~6人为一个小组，全班学生分成若干小组，采用组长负责制，组员分工合作完成实训任务。

（3）小组内部充分讨论、认真研究、查阅资料。教师鼓励学生进行实地调查，形成实训分析报告。

3. 实训汇报

小组需制作一份PPT并在课堂上进行集中展示，展示时间为8~10分钟。展示完成之后，其他小组需进行点评和互动，教师对小组实训分析报告和小组展示情况进行点评和总结。

第10章 市场营销管理

在开展营销活动之前，企业需要根据相应的战略规则制订营销计划。而营销计划的制订和实施均离不开高效的市场营销组织。为确保企业营销目标的实现，营销人员还需要对营销计划进行系统的控制和检查，并在此基础上明确营销问题的关键所在，以提升整体营销效果。本章主要介绍市场营销组织、市场营销控制和市场营销审计的有关内容。

【学习目标】

1. 了解市场营销组织的发展过程及形式。
2. 掌握市场营销审计的相关内容。
3. 掌握市场营销控制的主要方法。

【开篇引例】

快递行业高速增长

2016—2021年全国快递业务均处于高速增长，2021年全国快递业务量首次突破1 000亿件，快递行业业务收入累计达10 332.3亿元，同比增长17.5%。整体来看，这6年快递业务量年复合增速为28.19%，而收入的年复合增速为21.06%，两者间有着不小的差距，这表明在行业快速增长的同时，竞争也在持续加剧。

5家快递公司中，中通的快递业务增幅最大，达到31.18%。其次为圆通，增幅达30.79%。这两家公司业务的增幅跑赢行业平均的29.99%；韵达、顺丰略低于行业平均水平；申通的增幅则较行业平均增幅有较大差距。

在市场份额方面，则是中通继续遥遥领先，其市场份额从2016年的14.38%跃至2021年的20.59%，稳居行业第一。而韵达、申通、顺丰的市场份额均略有缩水。

5家公司中，顺丰的营收最高，达到1 697.73亿元，最低的是中通。圆通的收入增幅最为亮眼，达到31.29%，其次为韵达、中通和申通，这4家公司2021年的收入增幅均超行业平均水平，顺丰的增幅则略低于行业平均水平，仅有17.38%。

思考：请结合案例材料和你的观察，分析快递行业的市场格局和竞争态势。

10.1 市场营销组织

市场营销组织是为了实现营销目标，发挥市场营销职能，由从事市场营销活动的各个部门及其人员所构成的一个有机体系。在现代市场经济条件下，企业从事市场营销活动，实施市场营销战略和策略，都离不开有效的市场营销组织。健全、有效的市场营销组织是实现企业营销目标的可靠保证。

10.1.1 营销部门的发展过程

经过多年的探索与不断的发展变化，才形成了今天的现代营销组织。这一长期的发展过程，大致可以分为5个阶段，每个阶段都可在当今社会中找到与之相对应的企业。

1. 简单销售部门阶段

所有的企业在创立的时候，一般都必须具有4种简单的功能，它们分别是筹措和管理资金（财务）、生产产品或提供服务（运作）、推销产品或服务（销售）以及记账（会计）。销售经理主管销售，他不仅要管理推销队伍，在必要时也从事推销工作，开展市场调研，或者负责广告业务。这个阶段销售组织机构的设置情况如图10-1（a）所示。

2. 具有其他辅助功能的销售部门阶段

企业经过初创阶段之后，步入正轨，进一步发展壮大，在市场调研、广告宣传和顾客服务等方面提出了更高的要求。这时就需要一些专业人员加入，使这些方面的工作能够具备经常性、连续性、专门性。对于各种在销售职能之外的工作，则可以聘请一位市场主管来对其进行计划和控制。这个阶段的组织机构设置情况如图10-1（b）所示。

3. 独立的营销部门阶段

企业日趋成长，相对于推销队伍的工作来说，市场调研、新产品开发、广告和促销、顾客服务等营销职能也日渐重要。由此部门内部产生了矛盾：一方面根据企业的发展状况，市场主管会主张增加其他营销职能的预算；另一方面，销售经理仍要为推销队伍花费大量时间和精力。

因此，建立一个相对独立于销售经理的营销部门，就成为企业总经理的明智选择。营销经理负责此营销部门，并且和销售经理共同对企业总经理负责并履行副总经理职责。此时，销售部门和营销部门处于企业组织机构中的独立、平等地位，相互紧密协作。这个阶段的组织机构设置情况如图10-1（c）所示。

4. 现代营销部门阶段

销售部门与营销部门由于联系紧密，本应协调一致搞好工作，但因职能、目标不同，结果往往相互扯皮，导致矛盾日益突出。销售经理往往侧重于短期目标和致力于完成当前的工作任务，而营销经理则注重长期市场营销战略和开发满足顾客长远需要的产品。解决销售部门和市场营销部门之间矛盾冲突的过程，形成了现代营销部门的基础，即由销售副总经理全面负责其下的营销部门和销售部门，具体设置如图10-1（d）所示。

5. 现代营销企业阶段

企业可以拥有一个现代营销部门，但我们还不能说它就像一个现代营销企业那样运行。两种说法的关键在于该企业的其他管理者对营销职能持何种观点。如果他们认为营销只是一种推销功能，那么他们就还没有看清问题的实质。要想使企业成为一个现代营销企业，他们必须意识到所有部门都是以"为顾客工作"为宗旨的，认识到营销不只是一个部门，更是一个企业的经营哲学。

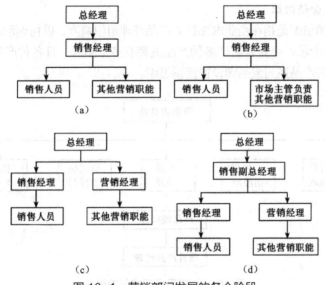

图 10-1 营销部门发展的各个阶段

10.1.2 市场营销组织的形式

市场营销组织的形式包括职能式营销组织、地区式营销组织、产品经理式营销组织和市场管理式营销组织 4 种。

1. 职能式营销组织

这是最常见的一种组织形式（见图 10-2）。营销副总裁的工作内容就是协调各职能部门的活动。职能部门的数量可根据需要随时增减。

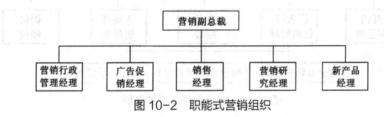

图 10-2 职能式营销组织

2. 地区式营销组织

从事全国性销售业务的企业通常按地理位置组织其销售力量，以适应不同地区市场的特点，做好不同地区的营销工作。地区式营销组织如图 10-3 所示。

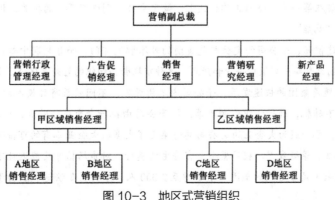

图 10-3 地区式营销组织

167

3. 产品经理式营销组织

产品经理式营销组织是指在企业内部建立产品经理组织制度，以协调职能型组织内部的部门冲突，如图10-4所示。企业若生产多种产品或拥有多个品牌，且各种产品或各个品牌之间差异较大，则适宜按产品系列或品牌设置营销组织。

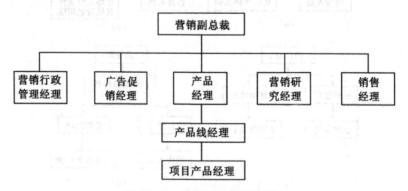

图10-4　产品经理式营销组织

4. 市场管理式营销组织

市场管理式营销组织即由一个市场经理管理若干个细分市场经理，如图10-5所示。除承担产品经理的职责外，市场经理还需负责市场拓展、顾客服务、不同市场独具特色的营销战略与策略的制定等工作。

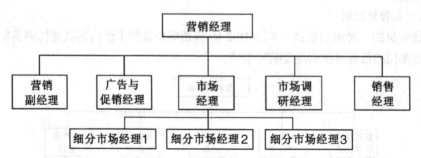

图10-5　市场管理式营销组织

【案例10-1】

Z公司的市场营销组织

Z公司总裁吴某在第一次全公司工作会议上，做了自称"刮骨疗毒"的报告，报告历数该公司市场营销组织的几大"病症"。

Z公司集团创建伊始，子公司的定位就是集团的外派职能部门，而非利润中心。管理方法采用高度中央集权制，集团总部统一划拨广告费和产品。这种市场营销组织的好处是保证了集团利益最大化和资金快速周转。但随着集团的快速发展，子公司内不讲效率、不问效益盲目投入的现象越来越严重。后来，Z公司不得不转轨，进行组织体制改革，把子公司由执行者变成经营者，让其进行独立核算。

在组织结构上，已经成为大企业的Z公司同时染上了大多数大企业都有的可怕的"恐龙症"——机构臃肿、部门林立、等级森严、程序繁杂，官僚主义盛行，对市场信号反应迟钝不已。集团内各个部门画地为牢，原来不足200人的集团一下子增至2 000人，子公司如法炮制。由于管理不善，损失惨重，最后出现了全面亏损。

不仅如此，Z公司还出现了更为严重的问题——"干的不如坐的，坐的不如躺的，躺的不如睡大觉的"；干部终身制，能上不能下，一个岗位干得不好，过几天又到另一个岗位上去了。认识到市场营销组织的弊端后，Z公司自上而下地进行了一系列整顿，去掉富余人员，减员增效，把2 000人压缩至几百人，增强子公司自负盈亏的能力。

10.2　市场营销控制

市场营销控制是指市场营销管理人员检查市场营销计划的执行情况，检查实际情况是否与计划一致，如果不一致，就要找出原因所在，并采取适当措施和正确行动，以保证市场营销计划的实施。市场营销控制主要包括年度计划控制、盈利能力控制、效率控制、策略控制等4部分的内容。

10.2.1　年度计划控制

1. 年度计划控制过程

年度计划控制的目的是保证企业实现年度计划规定的销售、利润目的和其他目标，核心是目标管理。它包括以下4个步骤，如图10-6所示。

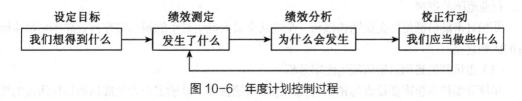

图10-6　年度计划控制过程

①年度计划分解成月度、季度目标。
②对市场绩效加以测定。
③找出造成严重绩效偏差的原因。
④采取正确措施，如改变行动方案甚至目标来缩小目标与实际之间的差距。

这一控制模式适用于企业内的各个层次，区别仅在于最高管理层控制的是整个企业年度计划的执行，而各部门或地区经理只控制局部年度计划的执行。

2. 年度计划执行情况检查

（1）销售分析

①销售差额分析，即测定不同因素对销售差额的影响。

【案例10-2】

销售差额分析

假定年度计划要求第一季度按每件1元售出产品4 000件，即计划销售额为4 000元；但到第一季度末只以单价0.8元卖出了3 000件，即实际销售额为2 400元，实际销售差额为1 600元。这个差额有多少是降价造成的？有多少是销量下降造成的？分析计算方法如下。

降价引起的差额：$(1-0.8) \times 3\,000 = 600$（元）（占 37.5%）

销量下降引起的差额：$1 \times (4\,000 - 3\,000) = 1\,000$（元）（占 62.5%）

结论是，约有 2/3 的销售差额是由未能达到销量目标造成的，故企业应仔细调查未能达到预期销量目标的原因。

②微观销售分析，即分别从产品销售及有关方面来考虑未达到预期销量的原因。

【案例 10-3】

企业微观销售分析

假定某企业在 3 个地区销售产品，预期销量为地区 A 1 500 单位、地区 B 500 单位、地区 C 2 000 单位；实际销量分别为 1 400 单位、525 单位、1 075 单位。这样，地区 A 实际销量比预期销量少 7% 左右，地区 B 实际销量比预期销量多 5%，地区 C 实际销量比预期销量少 46% 左右，显然，地区 C 是销量未达成目标的主要原因。营销经理应调查该地区情况，弄清原因：究竟是销售人员工作不努力？还是遇到了强有力的竞争对手？或是该地区收入水平下降？

（2）市场份额分析

①总的市场份额是指企业销售额在行业总销售额中所占的比例。通过总的市场份额进行市场份额分析应注意两点：第一，市场份额是用销量表示还是用销售额表示，用销量表示可以反映竞争企业之间在产品销量方面的变化，用销售额表示可以反映销量和价格的综合性变化；第二，行业范围的确定。

②相对市场份额是指企业销售额与一个或几个最大竞争对手的销售额在行业总销售额中所占的比例之差。

（3）市场营销费用对销售额的比率分析

年度计划控制也需要检查与销售有关的市场营销费用，以确定企业达成销售目标所需的费用支出。市场营销费用与销售额之比是一个主要的检查比率，其中包括推销队伍开支与销售额之比、广告费用与销售额之比、促销费用与销售额之比、销售管理费用与销售额之比等。市场营销管理人员的工作就是密切注意这些比率，以发现是否有任何比率失去控制。当一项费用与销售额之比失去控制时，必须认真查找原因。

（4）财务分析

企业越来越倾向于利用财务分析来寻找增加利润的战略，而不是仅限于制定扩大销售的战略。市场营销管理人员应就不同的费用与销售额的比率和其他的比率进行全面的财务分析，以决定企业如何以及在何处展开活动，尤其应利用财务分析来判别影响企业资本净值收益率的各种因素。

（5）顾客态度追踪

上述几种方法主要以财务和量化分析为特征，它们十分重要，但还不够，定量分析还应与定性标准相结合，以便及早反映出企业市场份额的变化。机警的企业一般会通过不同手段监控顾客、中间商及其他市场营销组织参与者的态度，主要有顾客投诉和建议制度、典型顾客调查、随机调查等。

（6）纠正措施

企业在发现实际绩效与年度计划发生较大偏差时，可考虑采取如下措施：削减产量，降低价格；削减杂项支出；调整企业簿记，削减投资；出售企业财产，甚至是出售整个企业。

10.2.2　盈利能力控制

盈利能力控制是测算出企业的各类产品在不同地区、不同市场，通过不同分销渠道出售时的实际获利能力，以帮助市场营销管理人员决定哪些产品生产或市场应当扩大，哪些应该取消。

10.2.3　效率控制

如果通过盈利能力分析发现企业在特定的产品、销售地区或市场上获取的利润不高，就需要为这些业绩不佳的营销实体，寻找更有效的营销方法。

1. 推销队伍效率

地方、地区、区域等各级销售经理，必须密切注意所管辖的推销队伍的效率，并相应提出一些问题，如推销人员每天的访问次数是不是太少？所花的接待费用是不是太高？获取的订单多不多？是不是既能吸引足够的新顾客，又能维系老顾客？

推销队伍的效率指标如下：①每天每个推销人员推销访问的平均次数；②每次推销访问的平均时间；③每次推销访问的平均收入；④每次推销访问的平均成本；⑤每次推销访问的接待成本；⑥每百次推销访问获得订单的百分比；⑦每阶段新增顾客数；⑧每阶段流失顾客数；⑨总成本中推销成本的占比。

2. 广告效率

很多销售经理觉得很难准确判断他们的广告支出能带来多少收益。管理部门应当积极努力，更好地安排产品定位、明确广告目标。

广告效率指标包括：①广告成本；②各种中介媒体中，注意、看到、联想和阅读广告的人在其总观众中所占的比例；③顾客如何评价广告内容和有效性；④顾客对产品的态度在观看广告前后有何差异；⑤由广告引发的顾客咨询次数。

3. 促销效率

管理部门应当坚持记录每次促销活动的成本和它对销量的影响，以便提高促销效率，尤其需要注意促销效率指标，通过对不同促销活动成效的总结，帮助销售经理找出最具成效的促销方式。

促销效率指标包括：①优惠销售的百分比；②每1元销售额中的展示成本；③赠券的回收比例；④一次实地示范所引发的咨询次数。

4. 分销效率

管理部门还需要研究分销这一经济活动，提高存货控制、仓储和运送的效率。

10.2.4　策略控制

企业应经常对其营销目标和效果进行严格审查。在市场营销领域中，由于客观环境的不断变化，常常会出现目标、政策、策略、计划过时等情况，企业应定期对其进入市场的策略方法重新评价。

企业可以从顾客宗旨、整体营销组织、充分的营销信息、策略导向和营销效率5个方面进行市场营销效果的等级评价。部门营销经理或其他经理对衡量指标进行评估，然后将评估分数汇总评出等级。若哪一个方面得分低，就应引起足够的重视，及时采取措施改进。

【案例 10-4】

盼盼：洛阳事件

洛阳一名用户购买了一款盼盼牌防撬门，回家安装后，发现带拉手这边的门边与门框之间的缝隙稍大，感觉拉手安装得不太合理。用户拨通24小时咨询服务电话，说明此事。经销处的人员立即赶到了该用户家，拍照并把照片迅速传回公司。

经过公司技术员的鉴定，门边与门框之间的缝隙超过了质量规定的标准公差，但不会影响防撬门的防撬、防钻、防拨等性能。尽管如此，公司依然决定给用户换一扇新门，并且给予900元的经济赔偿。该用户感慨地说："这个问题解决得这么快，可见盼盼效率之高，你们的行为无愧于'盼盼到家，安居乐业'的宗旨。"

洛阳事件发生后，根据产品附带档案制度，盼盼很快查出生产和质检责任人，予以经济上的罚款和通报批评。罚款和通报批评不是目的，目的在于增强生产者和质检者的责任心，教育他人，避免类似事件再发生，使产品质量再上一个新台阶。

10.3 市场营销审计

市场营销审计是现代审计在市场营销领域里的延伸，是企业战略控制与营销管理的重要工具。企业开展市场营销审计，可以为建立科学的现代企业制度创造有利条件，也是我国市场营销健康发展的需要。

10.3.1 市场营销审计的要求与程序

1. 市场营销审计的要求

市场营销审计是对企业的营销环境、目标、策略和活动进行的全面、系统及定期的检查。其目标在于确定营销问题之所在，提出短期和长期的行动建议，以增强企业的整体营销效果。

（1）全面性

市场营销审计覆盖各项业务的主要营销活动，而不仅仅是出现问题的地方。如果审计的内容只是推销队伍、定价或其他一些营销活动，那么它就应被称为功能性审计。虽然功能性审计很有用，但是它有时会误导管理部门，使其无法找到问题产生的根本原因。因此，一次全面的市场营销审计在查找企业营销问题的根本原因方面十分有效。

（2）系统性

市场营销审计包括一系列有严格顺序的诊断步骤，覆盖企业的营销环境、内部营销制度和具体的营销活动等方面。在进行诊断之后，企业应制订一个包括短期目标和长期目标在内的，旨在提高整体营销效益的纠正措施计划。

（3）独立性

市场营销审计可以选择包括自我审计、交叉审计、企业审计部门审计、上级审计、企业任务小组审计、外部审计在内的 6 种方法。一般情况下，外部审计是最有效的方法之一，外部审计机构具有审计所必需的客观性和独立性，对许多行业都有一定的了解，且能集中时间和精力开展审计工作。

（4）定期性

如果企业在出现问题后才开始对营销运作情况开展审计，那么企业将面临危机。定期开展市场营销审计不仅有益于企业的健康发展，而且有利于陷入困境的企业摆脱困境。

2. 市场营销审计的程序

市场营销审计的程序大致可以分为以下 3 个步骤。

①企业高级人员与营销审计人员共同拟定审计的目标、范围、深度、资料来源、报告形式和审计期限等，制订出一个包括会见谁、要询问什么问题、会晤时间与地点等内容的详细计划。

②收集资料、评价比较。此时不能仅仅依靠企业的资料数据及意见观点，还应从顾客、中间商及企业外部的其他群体中获取资料和意见。

③当资料收集结束后，营销审计人员要提出发现的主要问题及解决问题的建议。

10.3.2　市场营销审计的内容

市场营销审计是营销战略控制的主要工具。一次完整的市场营销审计活动的内容是十分丰富的，概括起来主要包括以下 6 个方面。

①营销环境审计，主要包括对宏观环境如人口统计、经济、生态、技术、政治、文化，任务环境如市场、顾客、竞争者、中间商、其他社会公众等的审计。

②营销战略审计，审计内容包括企业使命、营销目标和目的、战略等。

③营销组织审计，审计内容包括组织结构、功能效率、部门间联系效率等。

④营销制度审计，审计内容包括营销信息系统、营销计划系统、营销控制系统、新产品开发系统。

⑤营销效率审计，审计内容包括盈利率分析、成本效率分析等。

⑥营销职能审计，审计内容对营销的各个因素如产品、价格、分销渠道和促销策略的检查评价。

企业应通过定期开展市场营销审计，全面分析并及时发现企业营销活动中存在的问题，提出整改方案，为营销战略的制定和修改提供依据，促使营销水平不断提高。

【案例 10-5】

从 A 公司看营销审计

A 公司是一家近年来迅速崛起的大型乳制品生产企业，由于其雄厚的奶源保证、高强度的传播和对液态奶市场的准确切入，其已经成为中国乳制品行业中举足轻重的企业。奶粉事业部是 A 公司最早的业务部门，也是最先形成规模和具有全国销售网络的部门，但相比其他事业部，如今奶粉事业部在相应产品品类的全国市场地位和销售收入等主要经营指标已远远落后于其他部门。

A 公司奶粉面临的外部挑战：预计 2023—2025 年国内奶粉市场会以 10% 以上的速度递增，其中，甜奶粉的整体市场份额将减少，其他奶粉的市场份额将增加，婴儿奶粉的增长率将达到 15% 以上。

影响奶粉市场发展的两种因素交替作用，使奶粉市场的未来发展充满不确定性：一方面，人均乳品消费量的提高使奶粉市场有扩大的趋势；另一方面，液态奶的飞速发展侵蚀着奶粉市场。营养、口味、价格、品牌等成为顾客做出购买决策前主要的考虑因素。婴儿奶粉市场集中度相对较高，而其他奶粉市场集中度偏低。奶粉的营销渠道正在发生深刻变化。一是各厂商开始重视二、三级网络的建设；二是新型零售渠道的作用越来越强大，而批发的作用正逐步减弱。

A公司奶粉营销相关环节分析：从目标制定到品牌建设、营销4P策略，到营销队伍管理、客户渠道管理，到内部的组织架构、管理流程，到与其他相关部门的配合，再到信息系统、售后服务都存在或大或小的问题，可以陈述的问题多达上百个。例如，在目标的制定及方法中存在的问题为：①制定目标的方法需要增强科学性；②由于关键目标是自上而下传达的，其制定缺少执行层的参与，合理性缺乏足够的保证，关键是无法保证执行层深入理解；③没有把关键目标分解为容易控制的经营指标，使得整体目标的实现缺乏运营层面的保证；④指标体系的不完善，导致从中期战略到年度计划的断层；⑤指标体系的不完善，导致从整体策略到区域市场策略的断层。

【本章小结】

1. 市场营销组织是为了实现营销目标，发挥市场营销职能，由从事市场营销活动的各个部门及其人员所构成的一个有机体系。现代营销组织是经过长期演变而形成的。市场营销组织的形式可以分为职能式营销组织、地区式营销组织、产品经理式营销组织、市场管理式营销组织等。

2. 市场营销控制就是市场营销管理人员为确保营销活动按计划运行，用以跟踪企业营销活动各个环节的一套工作程序，是企业营销管理的一个重要职能，也是实施企业营销计划的一项必要措施。企业的市场营销控制主要包括年度计划控制、盈利能力控制、效率控制、策略控制。

3. 市场营销审计是对企业的营销环境、目标、策略和活动进行的全面、系统及定期的检查。其目标在于确定营销问题之所在，提出短期和长期的行动建议，以增强企业的整体营销效果。

【重要概念】

市场营销组织 市场营销控制 市场营销审计

【思考练习】

一、单选题

1. 以下选项中不属于效率控制的是（　　　）。
    A. 服务效率　　　B. 分销效率　　　C. 广告效率　　　D. 促销效率

2. 以下选项中不属于市场营销审计内容的是（　　　）。
    A. 营销环境审计　B. 营销战略审计　C. 营销组织审计　D. 营销人员审计

3. 以下不属于年度计划执行情况检查内容的是（　　　）
    A. 销售分析　　　B. 财务分析　　　C. 市场份额分析　　　D. 产品分析

二、简答题

    1. 市场营销组织是如何演变的?

    2. 市场营销组织有哪些形式?

    3. 市场营销组织应如何处理与其他部门的关系?

    4. 怎样检查年度计划执行情况?

    5. 效率控制应主要做好哪些工作?

    6. 营销审计的基本内容有哪些?

三、案例分析题

偶像与牛奶瓶盖

    2021年5月4日下午,新华社发表了一则评论,评论的对象是选秀节目中设置的投票规则导致的浪费现象:粉丝需要购买某品牌牛奶,使用牛奶瓶盖里面的投票卡投票,因为购买的奶太多喝不了,牛奶不得不被大规模倒掉。

    与这一评论相关的其实是《青春有你》第二季热播期间发生的事情。因为当时投票卡印在瓶盖里面,为了给偶像投票,粉丝们必须打开牛奶瓶盖,而打开了的牛奶非常容易变质,最后只能全部倒掉。根据曝光视频,倾倒牛奶及整理牛奶瓶盖的是一群大爷大妈,很明显有人雇佣他们专门做这些事。如果卖牛奶瓶盖比卖牛奶要赚钱,会不会有人直接收集牛奶瓶盖而倒掉牛奶呢?至于是谁买了这些用于投票的牛奶瓶盖,有可能是粉丝,也有可能是偶像背后的经纪公司。之所以会出现倒掉牛奶这么荒诞的现象,无疑是品牌方的广告策划有误。

    有专业律师对此事进行了解读,认为粉丝的行为违反了环保相关法律,而偶像和平台有义务制止粉丝的这种行为。这种浪费不仅违法,也违背了做人的良知。而相关法律主要针对机构和平台,无法对粉丝个人进行处罚,偶像和平台知情而不制止,应该承担相应的法律责任。事实上,为偶像投票而发生的浪费现象一直屡禁不止。而选秀早已从选拔艺人的渠道,变成了"割韭菜"的镰刀。

    问题

    1. 请结合营销学相关理论知识分析倒掉牛奶事件对平台及涉事企业的影响。

    2. 请从企业营销管理的角度对案例中企业营销存在的问题进行总结分析。

 【实训演练】

    1. 实训主题

    请选择一个你熟悉的企业,分析其市场营销组织包括哪些部门以及各部门之间有何联系。

    2. 实训步骤

    (1)教师布置实训任务,指出实训要点和注意事项。

    (2)建议学生4～6人为一个小组,全班学生分成若干小组,采用组长负责制,组员分工合作完成实训任务。

    (3)小组内部充分讨论、认真研究,查阅资料。教师鼓励学生进行实地调查,形成实训分析报告。

    3. 实训汇报

    小组需制作一份PPT并在课堂上进行集中展示,展示时间为8～10分钟。展示完成之后,其他小组需进行点评和互动,教师对小组实训分析报告和小组展示情况进行点评和总结。

第11章 市场营销新发展

20世纪80年代以来，随着科技的进步和经济全球化进程的加快，企业面临的营销环境发生了深刻的变化。面对新的形势，人们开始从不同角度研究市场营销问题，并提出了一些新的营销方式和观点，使得营销理论和实践交互作用，共同发展。本章主要介绍全球营销、绿色营销、网络营销、新媒体营销、数字化营销等内容。通过本章的学习，我们可以了解市场营销的发展趋势，理解营销界的新观点、新范式、新变化，为洞察企业营销实践奠定坚实的理论基础。

【学习目标】

1. 了解全球营销的含义与内容。
2. 理解企业开展绿色营销的方法。
3. 了解网络营销的特征和运作方式。
4. 掌握新媒体营销的含义和策略。
5. 了解数字化营销的含义和用户画像的构建流程。

【开篇引例】

奥利奥——最会"玩"的小饼干

第十二届金投赏国际创意节颁奖典礼在上海举行。奥利奥夺得全场大奖及年度品牌大奖，成为全场最大赢家。奥利奥是如何用一块小饼干征服众多消费者的呢？它的营销有何独特之处呢？

跨界营销，奥利奥变身"宫廷御点"。奥利奥携手当红IP故宫，不仅为故宫量身定制了一系列好吃又有文化品位的"宫廷御点"，还用10 600块小饼干搭建了一个好吃又好玩的"故宫"，视觉效果震撼。此外，奥利奥还以中西点心文化相融的理念推出了跨界产品和限量版文创定制礼盒，由品牌大使携手文化名人以一块走入故宫的小饼干为切入点，展示中华糕点的传统美学与习俗，传递奥利奥促进文化创新和文化融合的价值理念。在传播方面，奥利奥借助一系列"国风"海报与产品设计，在产品上市后，相关话题阅读量突破了12.9亿次，奥利奥故宫大片的播放次数也超过了1亿次。

场景营销，与"Z世代"玩在一起。2019年，奥利奥携手支付宝，共同打造"黑科技2.0"玩法，重新定义AR游戏场景营销新方式。借由"黑科技"赋能，奥利奥对陪伴了许多人童年的"扭一扭、舔一舔、泡一泡"进行升级，延展出新的花式玩法，引发粉丝共鸣，并向粉丝提出问题："你是最会玩奥利奥的人吗？"让奥利奥好玩、与年轻人玩在一起的形象落地生根。奥利奥还邀请3位公众人物加入，请他们分别推荐"完美扭开奥利奥""舔掉利利只剩奥""谁能泡到奥利奥"3款AR小游戏，游戏首发当天就收获了千万粉丝流量。用支付宝的AR扫描功能识别奥利奥包装上的庄园小鸡，由此便能进入奥利奥与支付宝开展的定制公益互动项目，带上支付宝庄园小鸡和奥利奥一同在田埂上飞奔，充分表达自己的公益热情。

引领零食潮流，与年轻消费者对话。充分引领零食潮流的奥利奥，同样注重当下社交媒体矩阵的搭建和运营。对于当下"Z世代"流量聚集的"双微一抖小红书",奥利奥深谙其渠道属性。奥利奥在微信上进行内容推送,充分利用小程序进行季节性的限定营销——上线夏日甜品店小程序。在小红书平台上,但凡奥利奥一推出"高颜值"新品、新口味或进行跨界合作,都能掀起一股"种草"风并迅速转化,奥利奥因而成为实至名归的"网红"。而在抖音上,奥利奥的衍生内容、花样吃法和玩法,引发了年轻人复制和模仿的潮流。

总之,奥利奥用一系列的创意营销活动打破受众局限,和不同年代的人都能玩在一起。奥利奥将一块简单的小饼干升级成具备社交属性的好吃又好玩的产品。

思考:奥利奥是如何成为"网红"小饼干的?其在营销方面有哪些值得借鉴之处?

11.1 全球营销

随着科技的进步,各国之间的交往日益频繁,世界经济社会一体化趋势进一步加强,各国市场需求也越来越相似。企业要想在激烈的竞争中生存发展,就必须以世界市场为导向进行全球营销。

11.1.1 全球营销的含义与内容

1. 全球营销的含义

全球营销指企业通过全球性布局与协调,使其在世界各地的营销活动一体化,以便获取全球性竞争优势。全球营销有3个重要特征:全球运作、全球协调和全球竞争。因此,开展全球营销的企业在评估市场机会和制定营销战略时,不能以国界为限,而应该放眼全球。

2. 全球营销的内容

（1）产业的全球化

产业的全球化是指产业组织在全球范围内的扩张和活动,产业结构在全球范围内的演变和升级。一国的产业政策和产业转型往往受全球产业发展的影响,企业只有紧紧把握产业全球化的脉搏,并大力推进产业全球化,才能走向经济全球化。

（2）市场的全球化

目前,市场经济体制已为多个国家接受。市场开放程度不断提高,各国政府对外国产品进口及外国企业直接投资的限制逐渐减少。国际金融市场全球化,各国货币可自由兑换,区域经济一体化。此外,随着世界贸易组织及其他国际组织的成员不断增加,越来越多的国家（地区）的经济政策将受到国际法规与条约的约束。

（3）消费者的全球化

一方面,世界各国消费者的需求日益趋同;另一方面,国际商务旅行和旅游度假也日益增多,消费者希望在世界各地都能买到他们熟悉的值得信赖的品牌的产品,享受到标准化服务。

（4）竞争的全球化

产业、市场、消费者的全球化使企业面临的不是要不要全球经营的问题,而是如何全球经营的问题。企业在所面临的全球竞争中只有凭借较低的成本或其他明显的优势才能够生存下去,否则在竞争中势必会处于劣势,甚至会威胁到自身的生存。

11.1.2　全球营销的营销环境

全球营销的营销环境可以从国际贸易体系、经济环境、政治法律环境、社会文化环境几个方面进行描述。

（1）国际贸易体系

企业要把产品销往其他国家或地区的市场，就会碰到各种贸易限制。最常见的贸易限制是关税，其次是非关税方面的限制，如进口配额、进口限制、外汇管制、歧视性技术标准。

（2）经济环境

①经济制度。当前各国经济制度的一个新特点是私有制主导的经济中也会存在公有制经济，公有制经济不排斥私有经济成分，它们相互补充、相互促进。

②经济发展水平。国家经济发展水平不同，国民收入水平不同，对产品的需求就会有很大差异，从而会对国际营销的各个方面产生影响。

③市场规模。从人口方面来看，总人口是最主要的指标，在其他条件相同的情况下，总人口数越大，表明市场规模越大。从收入方面来看，国民生产总值是衡量国家（或地区）总体经济实力与购买力的指标，对于评价工业品市场规模尤其重要；人均收入以及个人可支配收入、个人可自由支配收入与消费品购买力呈正相关关系。

④经济特征。经济特征包括自然条件、消费模式、基础设施及城市化程度等。

（3）政治法律环境

①政治环境。政治环境包括社会性质和政治体制、行政体制、政治稳定性、政府干预程度及东道国的国际关系等。

②法律环境。法律环境主要是指东道国的法律属于何种体系。世界上的法律体系大致可分为英美法系和大陆法系。

（4）社会文化环境

社会文化环境是一个社会的民族特征、风俗习惯、语言、意识、道德观、价值观、教育水平、社会结构、家庭制度的总和。不同国家营销环境的差别，主要体现为不同国家社会文化环境的差异，可以说社会文化环境是国际营销实践中最富有挑战意义的环境要素之一。

11.1.3　全球营销战略的内容

企业的全球营销战略主要包括 3 个方面：确定全球营销任务、全球市场细分战略、全球市场竞争战略。

（1）确定全球营销任务

全球营销任务的内容是确定主要目标市场、市场细分原则及在各个市场上的竞争定位。全球营销对于企业实现其全球性战略目标有着重要的作用，所以，企业的全球营销战略应与其总体战略相适应。

（2）全球市场细分战略

全球市场细分战略有 3 种可供选择。

①全球性市场细分战略。此战略重在找出不同国家的消费者在需求上的共性，如相同的购买习惯和偏好等，而不重视国籍和文化差异。

②国别性市场细分战略。此战略强调不同国家之间文化和品位上的差异性，市场细分主要以地理位置和国籍为基准。

③混合型市场细分战略。它大体上是前两种战略的结合。

（3）全球市场竞争战略

除了确定市场细分战略外，企业还要确定其在每一个市场上的竞争地位。4种主要的竞争定位战略是市场领导者战略、市场挑战者战略、市场追随者战略和市场利基者战略。如果企业在所有的外国市场采取同样的竞争定位战略，则称为全球性竞争定位战略；如果企业在不同市场采取不同的竞争定位，则称为混合型竞争定位战略。

11.1.4　全球营销的方式

根据全球市场的相似性和差异性，全球营销既可采用标准化市场营销组合，也可采用适应性市场营销组合。

（1）标准化市场营销组合

标准化市场营销组合就是在世界范围内，销售大致相同的产品并使用相同的营销方法。企业在全球性的营销活动中通过标准化产品引导消费需求，可以进一步取得竞争优势。通过产品标准化，企业可以在全球营销活动中降低成本，统一协调全球营销活动。

（2）适应性市场营销组合

适应性市场营销组合就是企业根据不同目标市场调整其市场营销组合。

产品标准化是全球营销的重要手段，但是全球营销并不等于标准化。企业可以只对核心产品及其生产技术实行标准化，而不是对全部产品实行标准化。

〖案例 11-1〗

华为公司的"全球化+本地化"营销

华为公司的营收七成来自海外，海外员工占比达到75%，是中国全球化程度最高的企业，它的全球化发展经验值得学习。华为公司经常用 Glocalization 这个词，意为全球化与本地化的结合。"全球化+本地化"是一个极其复杂的系统工程，不能简单地把在中国市场获得成功的经验复制到全球市场上，否则必然失败。

华为公司的做法是本着3个遵从原则。

一是管理遵从。主动融入由西方人主导的全球商业秩序。10多年来，华为公司构造了与西方公司接近乃至于完全相同的一整套制度和流程，这是华为公司能够在全球市场立足并获得成功的根本原因。

二是法律遵从。遵守国际公约。另外，华为公司还严格遵守所在国家或地区的法律。

三是文化遵从。华为公司有一个道德遵从委员会，其主要职能就是引导和规范华为公司员工在语言、习俗、生活习惯等方面主动适应和融入所在国家或地区。

本地化不仅意味着在本地雇佣员工、纳税和提供满足本地需求的产品，更高层次的本地化是通过与本地优秀企业分工合作，将他们的创新能力整合到企业的全球价值链中去，在全球市场上发挥价值，这是华为公司"全球化+本地化"的要义所在。

11.2　绿色营销

目前，像"绿色经济""可持续发展"这样的理念再也不是空中楼阁，各类企业都愈发关注环境问题、承担绿色责任。遵循"可持续发展"理念，实施绿色营销的企业，开始受到越来越多全球消费者的青睐。

11.2.1　绿色营销的含义与特征

1. 绿色营销的含义

绿色营销指的是企业在充分满足消费者需求，争取适度利润和提高发展水平的同时，注重自然生态平衡，减少环境污染，保护和节约自然资源，维护人类社会长远利益及其长久发展，将环境保护视为企业生存和发展的条件和机会的一种新型营销观念和活动。

2. 绿色营销的特征

绿色营销相对于传统营销而言，主要有以下几个方面的特征。

（1）营销的目标是追求可持续消费

绿色营销要求在可持续消费的前提下实施营销活动，即营销应在追求充分满足消费者需要的同时，提高消费的质量，减少物质消费的数量，降低人类对资源的耗费程度，使消费达到可持续增长的要求。

（2）营销服务的对象从消费者扩展到消费者和社会

在绿色营销中，企业在满足消费者需要的同时，其行为还必须符合环境保护的要求，符合社会合理、有序发展的要求。当消费者的需求与社会的需求相冲突时，企业不能损害社会的利益，而应妥善处理好这一矛盾，协调好两者的关系。

（3）消费者的性质发生重大变化

传统营销仅仅把人看作消费者，其出发点是如何通过营销活动及时满足消费者的需要。绿色营销研究的是如何通过企业的营销活动满足人在物质和精神等多方面的需要，研究如何从毫无约束地消费物质资源转向保护自然资源。

（4）需要的含义进一步延伸

传统营销所指的需要是消费者单一的欲望或需要。而绿色营销认为，人的需要和欲望是多样的，其中某些需要和欲望可能是相互冲突的。绿色营销追求的是满足消费者一系列可能相互冲突的欲望或需要。

（5）重新定义消费者满意

传统营销所指的满意集中于产品在被消费时消费者得到满足，而绿色营销要求达到的满意，不仅指产品被消费时，还包括提供产品时和产品被消费后。

（6）企业文化发生本质变化

在传统营销条件下，企业文化的本质是竞争文化。在绿色营销概念下，企业实施绿色文化，即更多地注意人的导向、人的价值。企业应把竞争对手更多地看作伙伴，尤其是环境保护的合作伙伴。

（7）为整体营销管理增加了新的内容

整体营销管理指企业应以实现消费者满意为出发点，进行管理和营销。在绿色营销概念下，企业在整体营销中必须考虑绿色产品与包装、产品生产和营销过程中产生的污染和废弃物、原料和能源的节约、企业的外部环境，以及供应商的环境业绩等方面的问题，并以此实施对企业的整体营销管理。

11.2.2 绿色营销的实施

绿色营销的实施是一个系统工程，需要政府、企业与消费者的协同，也需要广泛的国际性合作。

1. 政府、企业与消费者的协同

（1）政府方面

首先，政府要树立可持续发展的战略观念。可持续发展战略是指社会经济发展必须同自然环境及社会环境相联系，使经济建设与资源环境相协调，使人口增长与社会生产力发展相适应，以保证实现社会发展的良性循环。

其次，政府要根据国情，参照国际惯例，不断完善环保法律法规。

最后，政府要制定绿色政策，诸如环境保护政策、绿色市场培育政策、资金及税收支持政策、土地使用政策等。

（2）企业方面

企业要树立绿色营销观念，从全球绿色营销观念出发，协调环境、社会、企业三者间的利益，制定绿色营销战略。它必须既有利于自然环境良性循环发展，又有利于满足消费者的现实及未来的绿色需求。从长远来看，企业还要考虑合理的"绿色盈利"。企业要进行绿色营销策略整合，即考虑绿色消费者的需求与支付能力，从整体上设计与开发绿色产品，实施绿色产品定价、绿色产品广告宣传及绿色产品分销。

（3）消费者方面

消费者要自觉树立环境保护观念及绿色消费观念，推动企业绿色营销的实施以及促进政府绿色法规的制定、完善及执行。

只有发挥政府、企业与消费者在绿色营销实施中的协同作用，才能促进我国企业绿色营销迅速、健康发展。

2. 实行广泛的国际合作

由于自然环境的恶化是全球性的，如全球温室效应、臭氧层被破坏、物种灭绝、水源及空气污染等，因此，各国政府需要广泛合作，从全球及宏观方面保证企业绿色营销的实施。

〖案例 11-2〗

新能源汽车的普及

目前，新能源汽车正在普及之中，形式包括纯电动、油电混动、插电混动、氢燃料电池车等。全球汽车制造商都在努力落实政府的计划，即从汽油发动机汽车转向更新、污染更少的电动汽车——这是制造汽车行业正在经历的最重大的变革之一。

英国和法国已经表示，他们将在 2040 年禁止生产新的汽油发动机和柴油发动机汽车。

11.3　网络营销

随着互联网技术的成熟与普及，互联网好比一种"万能胶"，将企业、团体、组织以及消费者跨时空地联结在一起，使得他们之间的信息交换变得轻而易举。网络营销以互联网为基本手段营造网上经营环境，并利用数字化的信息和网络媒体的交互性来辅助企业实现营销目标，是一种新型营销方式。

11.3.1　网络营销的含义与特征

1. 网络营销的含义

网络营销是企业为实现营销目标，借助计算机、通信、联机网络和数字交互式媒体开展营销活动的营销方式。网络营销作为一种新型营销方式，在实现企业最终营销目的，即通过满足消费者需求进而满足企业自身需求（即获得利润）上与传统营销并无二致。有所不同的是，在网络营销中，营销者可充分运用十分发达、畅通的通信网络技术为企业达成营销目标服务，国际互联网和商业在线服务成为强有力的营销工具。

2. 网络营销的特征

网络营销具有如下 6 个方面的特征。

（1）市场全球化

互联网在全球范围内的迅速崛起给企业带来新的商机，使企业商业活动向着区域化、全国化、国际化、全球化的方向发展，使企业面临一个更广阔、更具有选择性的全球市场。

（2）产品个性化

传统的营销产品都采用规模生产来满足消费者的一般需求，消费者的个别需求往往得不到满足。网络营销能够对消费者的个别需求作出一对一的反应，企业因而能生产出具有个性的产品以满足消费者的个别需求。

（3）价格公开化

消费者可通过网络对所需的产品进行全球性的比较和选择，这样将大大提高价格的透明度，使价格竞争更加激烈。

（4）渠道直接化

由于企业通过网络直接与消费者进行联系，产品可直接从企业到达消费者手中，这缩短了产品流通过程，使销售渠道更加直接，加速了商品流、资金流、信息流，因此削弱了中间商的作用。

（5）服务大众化

企业通过网络，一天 24 小时、每周 7 天不停歇地为消费者服务。每一个消费者，无论其规模大小，无论其位于世界的哪一个角落，只要联网，都可享受全方位的服务。

（6）交易虚拟化

在网上，企业是虚拟的，商场是虚拟的，产品也是虚拟的。在网上看起来很大的一家企业可能只有几个人，甚至是一家皮包企业；在网上看起来很漂亮的产品可能是假冒伪劣产品，甚至根本不存在；在网上支付的也是虚拟的电子货币。

11.3.2　网络营销的运作方式

网络营销作为在互联网上进行的营销活动，它的基本营销目的和营销工具与传统营销是一致的，只不过在实施和操作过程中与传统营销有很大的区别。

1. 网上市场调查

网上市场调查主要利用互联网的交互式的信息沟通渠道来实施调查活动。它包括直接在网上通过问卷进行调查，还包括通过网络收集市场调查需要的一些二手资料。网络调查工具可以提高调查效率和调查效果。互联网作为信息沟通渠道，是一个信息海洋，因此企业在利用互联网进行市场调查时，重点是如何有效利用工具和手段实施调查和收集整理资料，从而获得想要的资料和分析出有用的信息。

2. 网上消费者行为分析

互联网作为信息沟通渠道，正成为许多兴趣、爱好趋同的群体聚集交流的地方，并且形成一个个特征鲜明的网上虚拟社区，了解这些虚拟社区群体的特征和偏好是网上消费者行为分析的关键。

3. 网络营销策略制定

不同企业在市场中处在不同地位，企业在进行网络营销时，必须采取与自身相适应的营销策略。因为网络营销虽然是非常有效的营销工具，但企业实施网络营销是需要投入成本并且有风险的。同时企业在制定网络营销策略时，还应该考虑产品生命周期对网络营销策略制定的影响。

4. 网上产品和服务策略制定

互联网作为有效的信息沟通渠道，可以成为一些无形产品如软件和远程服务的载体，这改变了传统产品的营销策略特别是对分销渠道的选择。制定网上产品和服务营销策略，必须结合互联网特点考虑产品和服务的设计、开发、包装等。

5. 网上价格策略制定

网络作为信息交流和传播的工具，网上市场的价格策略大多为免费或者低价策略。因此，制定网上价格策略时，企业必须考虑到互联网对企业定价的影响和互联网本身独特的免费思想。

6. 网上渠道选择与直销

基于互联网的网上直销模式改变了传统渠道中的多层次选择和管理与控制问题，最大限度地降低了营销费用。

7. 网上促销与网络广告

互联网作为一种双向沟通渠道，最大优势是可以使沟通双方突破时空限制直接进行交流，而且简单、高效、费用低。网络广告作为最重要的促销工具之一，具有传统的报纸、杂志、无线广播和电视等传统媒体发布的广告无法比拟的优势，即网络广告具有交互性和直接性。

8. 网络营销管理与控制

网络营销作为在互联网上开展的营销活动，必将面临许多传统营销活动从未碰到的新问题，如网络产品质量保证问题、信息安全与保护问题等。这些问题都是网络营销必须重视和进行有效控制的问题，否则网络营销会适得其反，甚至会产生很大的负面影响，这是由于网络信息传播速度非常快，而且网民对负面问题的反应比较强烈和迅速。

【案例 11-3】

螺蛳粉的微博营销

小马在北京的蓟门桥开了一家螺蛳粉小店。为了招揽一些广西老乡来店消费，小马注册了微博账号"螺蛳粉先生"，没想到仅几个月的时间，他的小店就在网上出名了。

刚刚开通微博，小马就主动寻找目标客户，关注柳州人。他首先关注潜在的消费群体，并及时与他们互动。他刚开始使用微博的时候，就是在微博上通过搜索功能搜索有关"螺蛳粉"的人及微博，如果看到谁的微博发了"螺蛳粉"相关的微博内容，又在北京，就关注他，和他天南地北地聊，顺势宣传自己即将开业的螺蛳粉店。下面是小马发的第一条微博："螺蛳粉先生蓟门店计划于 7 月 25 日开业，开业期间有优惠哦，敬请各位喜欢螺蛳粉的朋友关注、支持！具体地址：北京市海淀区北三环西路＊＊＊，毗邻中国政法大学、北京电影学院、首都体育学院、北京大学生体育馆、政法大厦等，联系电话：1890124＊＊＊＊。"下面是部分评论及回复。

"到时候带着老婆一起去吃！"

马上小马就进行了回复："谢谢捧场哦。"

另一条评论："一定要去试吃！"

小马回复："哈哈，你的头像（真搞笑）！"

就这样，在与螺蛳粉爱好者们的互动中，小马潜移默化地向他们宣传自己的螺蛳粉店。于是，很多人慕名而来，为的就是尝一尝小马家的螺蛳粉。

"螺蛳粉先生"账号在开业后第 7 天就成功获得了新浪的认证——被加 V 了，加 V 意味着获得了官方的肯定和认可，这样可以大大提高粉丝们的信任度。小马将微博作为他螺蛳粉小店的咨询服务中心、意见反馈中心、自我批评和道歉中心，他在微博上耐心幽默地回答粉丝们的疑问，同时也对做得不好的地方做自我批评。

11.4　新媒体营销

随着科技日新月异的发展，产品的广告策略也在不断发生变化。广告媒体从最初的纸质媒体，到后来的电视广告，变成现在的新媒体。这整个过程不仅是投放平台的变化，还有运营策略、效果、成本等全方位的转变。

11.4.1　新媒体与新媒体营销

1. 新媒体的含义

新媒体是相对于传统媒体而言的，是指基于数字网络的媒体形态。凡是利用数字技术、网络技术，通过互联网、宽带局域网、无线通信网等渠道，以及计算机、手机、数字电视机等数字或智能终端，向用户提供信息和服务的传播形态，都可以看作新媒体。

新媒体的本质在于每个人都可以是生产者，同时也可以是传播者。传统媒体如报纸、电视、杂志、电台等，其生产者绝大多数都是专业的编辑、制片人、主播等。普通人在其中充当的角色只是接收者或传播者。新媒体出现后，人人都可以通过各种新媒体平台，如知乎、微信、今日头条等发出自己的声音，成为生产者。

2. 新媒体的特点

相比传统媒体，新媒体具有以下特点。

①海量性。新媒体的出现不仅扩大了用户的参与范围，而且带来了海量的传播信息。每个人都可以使用各式各样的社交平台分享信息，信息的表现形式也更为丰富多样。新媒体集文字、图片、音频、视频等多种信息表现形式于一体，能带给用户更加震撼的视听享受。

②交互性。新媒体的出现使用户不仅可以从社交平台获取各种信息，还可以在社交平台上发表自己的观点，分享自己的感悟。

③精准性。新媒体能够为不同的用户提供多样化的信息，且用户可以自主选择所需的内容和服务。同时，网络市场上的公司或信息服务商也可以通过对用户进行进一步细分，分别向不同类型的用户提供个性化的产品和服务，从而增强信息传播的专业性、精准性和有效性。

④及时性。新兴的移动社交应用，如微博、微信及各大短视频软件让用户可以将想要分享的内容第一时间发布出去，让信息直达受众。

3. 新媒体营销的含义

新媒体营销是企业通过新媒体渠道所开展的营销活动。具体来讲，新媒体营销指的是在信息化、网络化、电子化环境下开展的一种营销活动。

4. 新媒体营销的特点

由于新媒体具有海量性、交互性、精准性和及时性的特点，因此新媒体营销具备如下特点。

①应用载体广泛。新媒体营销是以互联网和智能手机、平板电脑等移动终端为传播载体的新兴媒体形态。

②呈现形式多样。新媒体营销以文字、图片、视频、音频等各种媒体形态呈现，传播效果更好。

③营销成本较低。相比传统媒体营销而言，企业利用新媒体开展营销活动不仅简单方便，而且宣传推广费用也相对更低。

④信息传播更精准。新媒体营销通过各种新媒体工具和技术可实现针对目标用户随时随地的信息传播，信息传播更为精准，极大地提高了营销活动的效率。

11.4.2 新媒体营销工具

新媒体涵盖所有数字化的媒体形式，目前常用的新媒体工具包括网站、社交媒体平台、网络视频平台、新闻资讯平台、各种垂直类应用程序和小程序。

（1）网站

网站包括各种行业网站、门户网站、品牌官方网站、电商平台网站等，使用网站这一工具时，需考虑网站的流量，人气旺的网站往往具有较高的广告投放价值。

（2）社交媒体平台

社交媒体平台是指互联网上基于用户社交关系的信息分享、传播及获取平台。常见的社交媒体平台包括QQ、微信、微博、知乎、论坛等。随着社交工具的广泛使用，社交媒体传播的信息已成为人们在互联网中浏览的重要内容。社交媒体平台中蕴含着巨大的商机，对企业进行品牌建设、提高品牌和产品曝光度具有重要价值。

（3）网络视频平台

网络视频平台包括：①传统的长视频平台，如腾讯视频、优酷视频、爱奇艺等；②短视频平台，具有代表性的如抖音、快手、秒拍等，用户碎片化的使用习惯和平台丰富的优质内容促成了短视频用户黏性的提升；③自媒体视频平台，代表性平台如今日头条旗下的西瓜视频，从视频的长度上来看，其中的内容介于长视频和短视频之间。近年来，网络视频在互联网中具有极高的人气和流量，是企业进行新媒体营销的重要工具之一。

（4）新闻资讯平台

如今多数用户都是从手机上获取信息的，各种新闻资讯平台已逐渐取代了传统报刊媒体，如今日头条、网易新闻、腾讯新闻等。新闻资讯平台可以根据用户的阅读习惯，有针对性地向用户推送其喜欢阅读的内容，但内容的传播性较差。

（5）各种垂直类应用程序和小程序

垂直类应用程序和小程序区别于平台类业务，它直接面向用户在某些特定领域的特定需求，如美食、旅行、团购、天气、导航等，提供有关该领域的全部深度信息和相关服务。

11.4.3　新媒体营销的实施方式

（1）微博营销

微博营销基于社交关系和优质内容，帮助企业构筑自己的用户群和新渠道，持续为合作伙伴的社会化营销赋能。其具有开放性强、传播属性强、广告投放资源丰富等优点。微博营销有助于企业进行品牌推广、产品销售及与用户互动。

（2）微信营销

微信营销是综合利用微信公众平台、微信群、朋友圈等开展企业营销活动的一种新媒体营销实施方式。微信公众号已形成广告推广、电商、内容付费、付费打赏等商业模式，并围绕公众号产业链集聚了大量第三方运营企业。微信群是进行用户社群运营和客户服务的重要载体。企业利用微信群进行营销，就是借助平台用户基数大、用户活跃度高的特点进行包括品牌推广、活动策划、企业形象包装、产品宣传等一系列的营销活动。

（3）社群营销

这里的社群是指网络社群，即以互联网为主要沟通渠道，拥有线上线下多种互动与运营方式，有较为固定的平台或渠道便于成员进行交流分享的社群。社群营销是基于相同或相似的需求，通过某种载体聚集群成员，通过产品或服务满足群体需求而产生的商业形态。

（4）直播营销

直播一般指网络直播，网络直播是指在现场同步制作和发布信息，是具有双向流通特征的网络信息发布方式，如淘宝直播、抖音直播等。直播可以使信息或事件直达用户，促使营销活动开展。直播最大的特点是可以让用户与直播现场实时连接，使用户获得真实、直接的体验，方便用户参与和互动。手机直播因其方便、快捷的特点，成为主流直播形式。在众多直播平台中，随着平台内容的多样化，各种类型的直播平台之间的界限逐渐变得模糊。直播内容整体向强互动、专业化方向发展。

（5）短视频营销

短视频在注意力经济中更具有竞争力，相较于静态的长篇图文信息，短视频能够承载的内容更丰富，用户的感官体验也更好。短视频营销的传播依托于微博、微信等社交媒体平台。短视频平台会根据每个用户不同的喜好向其推荐视频，同时它也自带搜索功能。短视频营销既可以选择一个垂直的领域生产优质内容进而进行营销，也可以找到同类型账号投放广告。

11.4.4　新媒体营销策略

常用的新媒体营销策略主要有场景营销、口碑营销、事件营销、病毒营销和互动营销。

1. 场景营销

场景营销根据不同用户的使用习惯和关注点，丰富产品的使用场景，意在把营销与人们的生活结合起来，在提升用户体验的同时提高企业营销的转化率。成功的场景营销主要包括如下3个要素。

①独特的场景设计。场景营销需要在洞察目标用户需求的基础之上设计独特的使用场景，通过产品和服务的创新来提供极具个性的场景体验。

②体验和分享。场景体验要具有社交属性，在吸引目标用户积极参与的同时使其自发地在社交媒体上进行传播和分享。

③情感共鸣。好的场景营销能让用户产生代入感，能触动用户的情绪，使其产生共鸣。

2. 口碑营销

口碑营销是企业在调查了市场需求的情况下，为用户提供他们所需要的产品和服务，同时制订一个口碑推广计划，让用户自发传播对企业产品和服务的良好评价，让人们通过口碑了解本企业的产品和服务，最终达到企业销售产品和提供服务的目的。

3. 事件营销

事件营销是指通过策划、组织和利用具有新闻价值、社会影响以及名人效应的人物或事件，吸引媒体、社会团体和用户的关注，以提高企业或产品的知名度、美誉度，树立良好的品牌形象，并最终促成产品的销售。事件营销效果往往受以下几方面因素的影响。

①事件的显著性。事件中的人物、地点和事件的知名度越高，越能吸引媒体、社会团体和用户的关注，其传播价值就越大。

②事件与企业品牌和产品的关联度。事件与企业品牌和产品的关联度越高，其价值就越大。

③事件的反差性。绝大多数用户对新奇、有反差的人或事更感兴趣，事件营销要善于抓住用户的心理和兴趣点。

④事件的性质。正面事件的传播有助于提高企业和品牌的知名度。

4. 病毒营销

病毒营销是指利用公众的积极性和人际网络，让营销信息像病毒一样传播和扩散的营销策略。开展病毒营销前应注意以下事项。

①标题。标题要紧紧地抓住用户的心理，使用户在潜意识的控制下点开内容。

②优质内容。在干货盛行的互联网时代，了解用户的需求，分享一些对其有帮助的或极具认同感的"病毒"，对于信息的传播更有帮助。

③图片。图片要充满正能量，图片配色美观也可以增加用户点击的概率。

④精准投放。准确定位用户群体，了解用户的行为习惯、兴趣偏好以及需求，在此基础上制订合理的投放计划。

⑤多平台分享。单一平台的传播速度及范围有限，要想"病毒"的传播速度快、影响范围大，企业需要在多个平台投放。

5. 互动营销

在互动营销中，互动的一方是用户，另一方是企业。互动营销只有抓住双方共同的利益点，找到巧妙的沟通时机和方法，才能将双方紧密地结合起来，达到互助推广的效果。互动营销的常见形式有投票、抽奖、留言送礼、红包"吸粉"、互动游戏、趣味问答等。

【案例 11-4】

让消费者"穿越"到现场，做特色餐饮

"宫宴"餐厅位于北京前门大街，离故宫特别近。该餐厅的菜品并不是传统中餐，而是改良过的具有一些法餐风格的创新中餐，"宫宴"餐厅实行一餐制，消费者不能单点，餐厅在不同季节利用当季食材烹饪应季菜品，并且提供儿童餐。消费者必须提前预约才能用餐，还得在演出开始前至少半小时到店。整个餐厅采用了"文化＋餐饮"的模式，融合了汉服文化、舞台演绎、宫廷餐饮文化等多种元素，打造沉浸式体验。

1. 就餐环境

在"宫宴"餐厅的店铺设计中，品牌利用门头、餐具、装修等各方面外部设计建立起古典空间，让消费者在感受浓厚的文化氛围之余，全方位地体验宫廷文化氛围，这奠定了个性化体验的基础。

2. 服饰

"宫宴"餐厅像古代举办宫廷宴会一样，给服务员配置统一的服饰。加上具有文化氛围的音乐，很容易感染消费者。每上完一次菜品，服务员就会统一向消费者行礼，极具仪式感，而消费者也可以真切地感受到古人在宫廷用膳的氛围。

3. 菜品

在门店的菜品上，"宫宴"餐厅选择以精致、形象的方式展出菜品。叉烧银鳕鱼、鸽子豆腐汤、雪梨南瓜羹等极具艺术气息的菜品，均被搬到了餐厅的餐桌上，给消费者提供了味觉与视觉的双重美好体验。

4. 礼仪

为了给消费者营造更真实的宫廷就餐环境，"宫宴"餐厅尽可能复刻宫廷礼仪，如餐前的一对一服务，包括净手焚香等。而在开宴之后，"宫宴"餐厅更是将宫廷中的就餐礼仪，以及古典的舞礼、乐礼、曲礼等"搬"到门店中。

5. 传统文化输出

"宫宴"餐厅传统文化将京剧、古筝、习俗舞蹈等具有代表性的传统文化元素融入门店中，在给消费者带来具有传统文化气息的就餐体验的同时，建立了一个当代人与传统文化"交流"的窗口。无论是就餐环境，还是门店装修，或者菜品的配置与节目的表演，"宫宴"餐厅都竭尽所能地还原具有宫廷韵味的就餐氛围。

"宫宴"餐厅充分融入了消费者感兴趣的文化元素，让消费者在这样的沉浸式环境中，真正体验到"宫宴"餐厅的特色，以此去感染更多的消费者。除了在消费者体验层面做到极致外，在品牌形象塑造上，"宫宴"餐厅也给人独树一帜的印象，很容易形成品牌特有的市场竞争力，从而在打造品牌的生机与活力之余，助力品牌迅速发展。

11.5　数字化营销

如今，数字化已经成为人们日常生活的一部分，它改变了用户与企业之间的互动方式，用户行为的数字化特征越来越突出。这就要求企业必须打破传统，积极利用现代信息网络平台，向数字化营销转变和发展。

11.5.1　数字化营销的含义与特征

1. 数字化营销的含义

数字化营销是一种基于互联网平台，以数据和技术为核心，借助大数据和数字化多媒体渠道对产品进行推广的营销实践活动。通过数字化营销，企业可以以一种及时、相关、定制化和节省成本的方式与用户进行沟通。数字化营销需要企业以用户为对象进行数字化、网络化、可视化和智能化的信息继承、应用与共享系统建设，利用数字化的媒体、工具和目标用户进行互动，向其推广品牌或产品信息，从而激发目标用户的购买兴趣。

2. 数字化营销的特征

数字化营销主要包括如下 4 个方面的特征。

①用户导向。以用户为导向意味着企业所有的业务、资源调配、工作都是围绕用户的需要开展的。数字化营销以大数据、社群、价值观营销为基础，开展营销活动时应该积极与用户互动，尊重用户作为"主体"的价值观。

②智能化。随着互联网技术的不断更迭和发展，智能化成为数字化营销的重要特征。基于数字技术发展的人工智能营销是数字化营销的最新发展，企业需要借助互联网和人工智能技术，以更加精细的数据达到精准营销的目的。

③定量化。企业基于对海量数据的统计和分析，获取未来市场产品的发展趋势和用户需求变化规律，从而有效避免库存积压和供给不足这两种极端情况。

④动态发展。我国的数字化环境日新月异，企业数字化营销也是动态多变和不断迭代的。

11.5.2 用户画像与数字化营销

精准识别用户，才能精准服务用户。用户画像是数字化营销的灵魂，没有用户画像，数字化营销将形同摆设。

1. 用户画像的含义

用户画像即用户信息标签化，是企业通过收集用户的社会属性、消费习惯、偏好特征等各个维度的数据，进而对用户或产品特征属性进行刻画，并对这些特征进行分析、统计，挖掘潜在价值信息，并抽象出用户信息全貌的过程。用户画像主要包含用户角色和用户标签。

①用户角色（User Persona），是一种虚拟用户画像，是基于对用户的真实需求虚拟出的典型人物角色，是对某一类人的抽象化、故事化的描述，旨在快速建立用户认知。用户角色适用于了解用户、匹配产品等宏观场景。

②用户标签（User Profile），是一种数据用户画像。基于用户数据，企业结合相应的需求和场景构建出一系列标签，为运营提供数据支撑。用户标签适用于用户运营、营销等实用场景。

2. 用户画像的意义

用户画像能够帮助企业完成产品优化升级，能够增强营销活动的精准性，能够帮助企业做好用户研究与管理。

①助力产品优化升级。企业可以在了解用户真实需求的基础之上，针对产品存在的不足之处进行优化改进，并形成针对具体业务场景的解决方案，更好地满足用户需求，从而提升用户满意度。

②增强营销活动的精准性。目前，线上广告的成本越来越高，企业需要考虑如何低成本地触达用户。用户画像可以帮助企业分析用户特征、定位用户行为偏好，通过产品或内容的个性化广告推送来提高用户的点击转化率。

③帮助企业做好用户研究与管理。用户画像可以帮助企业更好地了解特定用户的消费行为和偏好，帮助企业进行细分领域的深入洞察，帮助企业维护现实用户、激活沉淀用户并寻找潜在用户。此外，用户画像还可以帮助数据分析人员做好用户流失预警工作。

3. 用户画像的标签类型

用户画像的核心工作就是给用户贴标签。标签通常是人为规定的、高度精练的特征标识，比如用户的年龄、性别、收入、兴趣等，这些标签汇集在一起就能抽象出一个用户的信息全貌。用户画像的标签可以分成如下 3 类。

①静态信息标签。静态信息标签是用户的人口属性标签，也是用户最基础的信息要素之一。它包括用户的人口属性，如用户的姓名、年龄、性别、体重、身高等；用户的社会属性，如地理位置、职业、收入、婚姻状况、受教育水平等；用户的心理属性，包括用户的需求、购买动机等。这类标签构成了用户画像的基础。

②动态信息标签。动态信息标签是基于用户行为产生的、会发生变化的数据，包括用户的网络行为、社交状况、交易情况等。

③机器学习类标签。这类标签主要用来对用户的某些属性和行为进行预判，如根据一个用户的消费数据判断其对某种产品的偏好程度。这类标签需要通过算法挖掘产生。

4. 用户画像的构建

用户画像构建流程共分为 5 个步骤，如图 11-1 所示。

图 11-1　用户画像构建流程

①收集用户数据。基于对真实用户的调研和访谈来收集用户信息，并且通过后台业务数据库、埋点数据、日志数据等进行在线数据收集。

②数据挖掘。通过数据仓库对收集来的用户数据进行整理和加工，挖掘数据背后的价值。

③标签开发。通过数据调研，确认数据口径，根据用户在目标、行为方面的差异，将用户信息按静态信息和动态信息归类，赋予名字、照片、人口统计学要素、场景等方面的描述，然后从每种类型的信息中抽取典型特征，形成用户原型，赋予数据生命。

④生成用户画像。对数据仓库中与用户相关的数据进行二次建模，对用户原型进行完善，生成用户画像。

⑤用户画像应用。用户画像最终的价值在于营销人员通过应用画像数据进行用户分析和应用推广，多渠道触达目标用户，提升用户活跃度和转化率。营销人员只有在工作中真正应用画像数据，才能更好地推动画像标签的迭代优化，从而在提升用户价值的同时带来流量提升和业绩增长。用户画像的应用场景包括用户特征分析、短信、邮件、站内信息、Push 消息的精准投放、针对高价值用户的极速退货退款等。

【案例 11-5】

数字藏品营销

现今，元宇宙概念已经全面进入消费领域，越来越多的品牌借助数字藏品营销进入元宇宙，通过数字藏品的艺术性和唯一性提升品牌价值。2022 年 5 月，飞鹤联合腾讯新闻与 AI 加密艺术家宋婷，共同发布了数字藏品。婴儿奶粉与数字藏品的结合对于广大的"宝爸宝妈"而言有无与伦比的纪念意义。它可以是一张宝宝的出生照，也可以是一句对宝宝的祝福语，从情感上和精神上凸显了"宝爸宝妈"对宝宝"未来"的期许。

2022年6月，农夫山泉发售1000份数字藏品，"大自然的搬运工"也正式踏入了元宇宙。这次数字藏品的主题为"独特心意，独属于你"，数字藏品IP形象以和品牌紧密关联的高山、湖泊、东北虎、猫头鹰等自然元素为灵感进行艺术创作。画作以自然元素为主，搭配农夫山泉天然饮用水、长白雪等产品来进行绘制，体现品牌的理念。

品牌通过设计数字藏品，开发数字藏品衍生品，吸引消费者的注意。数字藏品的创新则有助于品牌更好地占据消费者心智，从而获得消费者的价值认同和归属感。

 【本章小结】

1. 全球营销是产业全球化、市场全球化、消费者全球化和竞争全球化的结果。影响全球营销的营销环境因素有国际贸易体系、经济环境、政治法律环境和社会文化环境。

2. 网络营销是企业为实现营销目标，借助计算机、通信、联机网络和数字交互式媒体开展营销活动的营销方式。它具有市场全球化、产品个性化、价格公开化、渠道直接化、服务大众化和交易虚拟化6个方面的特征。

3. 新媒体营销是企业通过新媒体渠道所开展的营销活动，即在信息化、网络化、电子化环境下开展的一种营销活动。

4. 数字化营销是一种基于互联网平台，以数据和技术为核心，借助大数据和数字化多媒体渠道对产品进行推广的营销实践活动。通过数字化营销，企业可以以一种及时、相关、定制化和节省成本的方式与用户进行沟通。

 【重要概念】

全球营销　绿色营销　新媒体营销　数字化营销　用户画像

【思考练习】

一、单选题

1. 以下不属于用户画像构建流程的是（　　）。
  A.收集用户数据　B.标签开发　　　　C.产品升级　　　　D.用户画像应用

2. 用户画像标签的类型不包括（　　）。
  A.机器学习类标签　B.静态信息标签　C.动态信息标签　D.可视化标签

3. 以下不属于新媒体营销特点的是（　　）。
  A.应用载体广泛　B.呈现形式多样　C.营销成本高　　D.信息传播更精准

4. 以下不属于网络营销特征的是（　　）。
  A.市场全球化　　B.产品个性化　　C.价格公开化　　D.渠道间接化

二、简答题

1. 请简述全球营销的方式。

2. 怎样实施绿色营销？

3. 网络营销的特征有哪些？

4. 新媒体营销的策略有哪些？

5. 请简述构建用户画像的流程。

三、案例分析题

A公司的数字化营销布局

近年来，休闲零食行业领导品牌A公司持续进行企业信息化、数字化的战略布局。公司将资金用于信息系统数字化升级，同时对公司业务、门店、产品、用户、人力资源等进行全面升级，提升内部经营管理能力、数据分析能力，整合线上线下系统，提高运营效率。

全渠道均衡发展是A公司落地高端战略的重要抓手，数字化有效实现渠道销量提升。在渠道前端——供应链中，A公司实现仓库和门店两级库存管理的系统化、流程化、自动化、数字化、科学化，确保决策可追踪、可持续优化，从而减少断货并实现销量提升。同时，A公司控制库存成本，减少报损并降低供应链管理和运营成本，为全渠道发展构筑起坚实的后勤保障。

数字化在销售渠道中也有具体运用。在门店运营领域，A公司利用数字化、精细化运营为门店业务成长赋能，打造标签引擎，建立人、货、场标签体系，并利用算法模型支撑单店单品单客的精准运营策略，提升整体运营效率及门店销量。

在传统线上电商平台，A公司通过数字化精准营销和大单品打造及"站外种草，站内整合营销"策略，在京东实现了销量的增长。面对短视频及直播电商的兴起，A公司加速布局抖音、快手等渠道，构建了账号矩阵、"达人"主播资源矩阵及自播主播矩阵，形成了规模化连接"达人"主播进行直播及自播精细化运营的能力。在数字化技术赋能下，A公司运营效率及渠道销量将持续提升，A公司也能为消费者带来更便捷、更高品质的消费体验。

问题

请结合案例分析A公司开展数字化营销的特点及可优化之处。

 【实训演练】

1. 实训主题

请选择一个你熟悉的企业，试分析其利用新媒体手段开展营销活动的方式及效果。

2. 实训步骤

（1）教师布置实训任务，指出实训要点和注意事项。

（2）建议学生4~6人为一个小组，全班学生分成若干小组，采用组长负责制，组员分工合作完成实训任务。

（3）小组内部充分讨论、认真研究，查阅资料。教师鼓励学生进行实地调查，形成实训分析报告。

3. 实训汇报

小组需制作一份PPT并在课堂上进行集中展示，展示时间为8~10分钟。展示完成之后，其他小组需进行点评和互动，教师对小组实训分析报告和小组展示情况进行点评和总结。